HEYNE ‹

ROBERT BETZ

Wahre
LIEBE
lässt FREI!

Wie Frau und Mann zu sich selbst
und zueinander finden

WILHELM HEYNE VERLAG
MÜNCHEN

MIX
Papier aus verantwor-
tungsvollen Quellen
FSC® C014496
www.fsc.org

Verlagsgruppe Random House FSC® N001967
Das für dieses Buch verwendete
FSC®-zertifizierte Papier *Holmen Book Cream*
liefert Holmen Paper, Hallstavik, Schweden.

6. Auflage
Taschenbucherstausgabe 05/2014

Printed in Germany 2014
Umschlaggestaltung: Guter Punkt, München
Autorenfoto: © Brigitte Sporrer, München
Redaktion: Dr. Juliane Molitor
Herstellung: Helga Schörnig
Gesetzt aus der 10/13 Punkt Sabon bei Schaber Datentechnik, Wels
Druck und Bindung: GGP Media GmbH, Pößneck

ISBN 978-3-453-70252-3

http://www.heyne.de

Das Buch ist wie eine Rose,
beim Betrachten der Blätter
öffnet sich dem Leser das Herz.

Persisches Sprichwort

Für Conny

Inhalt

Ich freue mich sehr, dieses Buch schreiben zu dürfen. Ich schreibe es für alle Frauen und Männer, die sich danach sehnen, Liebe zu leben und sie in den Mittelpunkt ihres Lebens zu stellen und nicht an den Rand. Liebe zu leben heißt für mich, die Liebe zu sein und nicht, die Liebe zu machen. Mein Herz sagt, dass wir alle von Haus aus Liebe sind, dass wir aus Liebe bestehen und dass es jeden von uns tief innen danach drängt, sich wieder zu erinnern, wer und was wir in Wirklichkeit sind. Darum drängt es den Mann zur Frau und die Frau zum Mann – damit sie gemeinsam finden, was sie allein weit schwerer finden können.

In diesem Buch geht es vordergründig um die Beziehung zwischen Frau und Mann, in der die meisten von uns mehr Probleme entdecken als Positives. Hintergründig geht es in diesem Buch um die Frage, wer wir sind, wozu dieses Leben da ist und wie wir glücklich leben können. Ich bin zutiefst der Überzeugung, dass dieses Leben hier in diesem Körper dazu da ist, Freude zu empfinden, Freude auszudrücken, Freude zu teilen und Freude zu sein. Und Freude kommt immer von Liebe.

Über die Liebe – ebenso wie über Beziehung und Partnerschaft – kursieren so viele verrückte Ideen und unwahre Überzeugungen, dass ich manchmal nicht weiß, ob ich darüber lachen oder weinen soll. Ich habe mich für das Lachen entschieden. Mit ein wenig Abstand kann man unser Beziehungsleben als großes Theaterstück betrachten, das von zeitweilig Wahnsinnigen gespielt wird, die anscheinend nichts anderes zu tun haben, als sich ständig selbst und gegenseitig zu verletzen. Wir leben in einem Wahnsinn, denn wir leiden ausgerechnet dort, wo wir auf Freude, Liebe und Lust hoffen.

Ich habe die Hoffnung, dass mehr und mehr Menschen bald Schluss machen mit diesem Wahnsinn, dass sie die Täuschungen und Irrungen durchschauen und durch Sinnhaftes ersetzen – durch die Wahrheit und die Liebe.

Meine Vision ist, dass sich Männer und Frauen in Zukunft als sich selbst liebende und wertschätzende Wesen begegnen, anstatt sich wie Süchtige aufeinanderzustürzen; dass sie miteinander eine Wegstrecke gehen, um im anderen die Herrlichkeit Gottes zu erkennen: ein göttliches, ein heiliges, ein unschuldiges Wesen, das sich nach Liebe sehnt und das in seinem Wesenskern Liebe ist; dass sie das Leben miteinander feiern, ohne sich vom anderen abhängig zu machen und ohne sich für den anderen aufzuopfern. Dies wird kommen, da habe ich keinen Zweifel. Einige haben bereits begonnen, so zu leben. Wie auch Sie dort hinkommen, davon handelt dieses Buch.

Mit Sicherheit werden Sie sich an vielen Stellen selbst erkennen – in Ihrem Denken, Fühlen und Verhalten. Bitte achten Sie während des Lesens auf Ihre Gedanken und besonders auf Ihre Gefühle und Körperempfindungen. Nehmen Sie sie beobachtend wahr, und erlauben Sie ihnen, da zu sein. Sie zeigen Ihnen den Weg zu all den Verletzungen und Irrtümern, die auf Heilung bzw. Korrektur warten.

Mir ist klar, dass ich mit meinen Ansichten nicht bei allen Menschen offene Türen einrenne. Es ist nur natürlich, dass sich unser Verstand – der sich an bestimmte Gedanken, Einstellungen und Überzeugungen gewöhnt hat, die oft seit Generationen weitergereicht und übernommen wurden – heftig wehrt, bis er sich für neue Sichtweisen öffnet. Diese Öffnung ist bei vielen Menschen erst möglich, nachdem sie häufig schmerzhafte Erfahrungen in ihren Beziehungen gemacht haben.

Mein Wunsch ist, dass wir Beziehungen mit Freude, Mut und Neugier, mit Achtsamkeit und Liebe eingehen und dass wir intensive Erfahrungen darin machen. Unsere Beziehungen – egal wie sie verlaufen – tragen auf jeden Fall zu unserem seelischen Wachstum bei. Oft sind sie sogar der größte Antrieb zum inneren Wachsen hin zu Selbsterkenntnis, Selbstachtung und Selbstwürde. Darum begrüße und wertschätze ich jede Art von Beziehung zwischen Menschen, selbstverständlich auch die zwischen Frau und Frau oder Mann und Mann.

Kaum etwas erlaubt uns die Erfahrung und das Fühlen von Emotionen so sehr und so intensiv wie die Beziehungen zwischen Mann und Frau oder auch gleichgeschlechtliche Paarbeziehungen. Und intensive emotionale Erfahrungen gehören zum Wesentlichen, was unsere Seelen hier auf der Erde erleben wollen – unabhängig davon, ob wir diese Erfahrungen als angenehm oder unangenehm empfinden, ob wir sie begrüßen und wertschätzen oder ablehnen und vor ihnen davonlaufen wollen.

Mögen der äonenlange Krieg und die Missverständnisse zwischen Frauen und Männern, die so viel Schmerz und Leid bereitet haben, bald enden. Mögen Frauen den Gott im Mann und Männer die Göttin in der Frau wiedererkennen und damit das Göttliche in sich selbst. Mögen Frauen und Männer wieder den großen Tanz tanzen, den Gott/Göttin in ihnen tanzen will.

Kapitel 1
Von der Ware Liebe zur wahren Liebe

Jeder Mensch trägt tief in sich ein Wissen um die Liebe. Wir spüren, wenn ein Mensch voller Liebe ist, wenn er liebevoll spricht oder handelt. Unser Herz kennt die Sprache der Liebe, aber unser Verstand kennt sie nicht. Wir sehnen uns nach der Liebe und nach Menschen, die uns zeigen und sagen: »So wie du bist, liebe ich dich.« Aber nicht viele Menschen haben Menschen um sich, die dies tun, ohne Bedingungen an ihre Liebe zu stellen. Jeder einzelne Mensch und auch die Menschheit als Ganzes sind durch eine lange Erfahrung der Unliebe gegangen. Aber die Sehnsucht nach der Liebe und einer heilen Welt ist ungebrochen. Das kommt nicht nur in Romanen, Filmen und Liedern zum Ausdruck.

Wir sehnen uns nach dem Lächeln des anderen, nach Freundlichkeit und Zärtlichkeit und danach, in unserem Sosein verstanden und angenommen zu werden. Wenn Sie freundlich lächelnd durch eine Fußgängerzone gehen und den Menschen in die Augen schauen, erkennen Sie diese Sehnsucht sehr schnell. Die meisten reagieren spontan und lächeln zurück.

Wir haben vergessen, dass die Liebe immer da ist und immer um uns war. Sie ist in jedem Menschen, ob er es weiß oder nicht. Sie ist in allem, was uns umgibt – vor allem in Mutter Erde und in allem, was auf ihr wächst und lebt. Jeder Baum, jede Blume, jedes Tier ist lebendige Liebe, auch wenn wir es nicht wahrnehmen, weil wir verschlossen oder ohne Achtsamkeit sind. Aber wenn wir es wahrnehmen, berührt es unser Herz, das nichts als lieben will. Mutter Erde ist eine unendlich und bedingungslos liebende

Wesenheit. Sie verschenkt sich in all ihrer Schönheit, ihrer Lebendigkeit, ihrer Fruchtbarkeit, in ihrem Nähren und ständigen Gebären.

Die Menschheit ist einen langen Weg gegangen, tief hinein in die Erfahrung der Unliebe, der scheinbaren Abwesenheit von Liebe. Über viele Menschengenerationen hinweg haben wir das Verurteilen, das Ausgrenzen und das Hassen gelernt. Viele Millionen Menschen sind in den letzten Jahrtausenden keines natürlichen Todes gestorben. Sie wurden in zahllosen Kriegen von anderen Menschen abgeschlachtet, auf Scheiterhaufen verbrannt, in Gaskammern vernichtet. Den Höhepunkt dieser Geschichte der Unliebe haben wir in den beiden Weltkriegen erlebt. Und daraufhin sahen sich viele veranlasst, den Menschen als böses Tier zu betrachten, das man domestizieren, kontrollieren und beherrschen muss und das lernen muss, sich zusammenzureißen, die Zähne zusammenzubeißen, sich kleinzumachen und der Meinung der Masse anzupassen.

Diese Geschichte der Unliebe geht jetzt zu Ende, und zwar schneller, als Sie sich vorstellen können. Es hat zweitausend Jahre gebraucht, bis die radikale Botschaft Jesu wie ein Samen nach einem langen Winter aufgeht: »Liebe dich selbst, liebe deinen Nächsten und liebe deine Feinde.« Also: »Liebe alle und alles, denn du bist ein Kind der All-Liebe, ein Kind Gottes.« Jesus hat nicht das Kreuz und die Unterwerfung gelehrt, sondern die Liebe des Herzens. Bisher waren die meisten Menschen jedoch nicht reif, um diese Botschaft zu begreifen und zu leben. Die Kirchen, die sich auf Jesus berufen, sind Institutionen der Unliebe und des trennenden Denkens, die den Menschen bis heute Angst, Schuld und Scham einjagen und von Verurteilung sprechen. Sie begreifen selbst noch nicht, dass sie auf dem Scheiterhaufen der Zeit liegen.

Und weil sich das Leben im Außen so lieblos, schwer und hart zeigte, hoffte der Mensch stets, in der Liebe zu zweit seine Insel der Glückseligkeit zu finden und damit die Liebe, nach der er sich wirklich sehnte.

Doch was Männer und Frauen der letzten Jahrhunderte in ihren Beziehungen und Ehen veranstaltet haben, war von der Liebe so weit entfernt wie die Erde vom Mars. Sie haben die Liebe zur Ware gemacht, zum Gegenstand von Verträgen, zum Objekt eines Tauschhandels. Und noch immer lernen die meisten Kinder in ihren Familien, dass man für Liebe bezahlen muss. Liebe einfach zu verschenken, ohne Bedingungen zu lieben, jemanden zu lieben, der vielleicht gerade keinen Zugang zur Liebe hat – all das ist den meisten immer noch ein fremder Gedanke. Für das, was wir Liebe nennen, wollen wir etwas haben. Wir knüpfen die Liebe und das Lieben an Bedingungen.

Wir haben die Liebe zur Ware gemacht, für die man bezahlen muss, im Puff mit Geld, in der Ehe mit Anpassung, Aufopferung, Selbstverleugnung und Verrat am eigenen Herzen. Von diesem Theater der Unliebe haben vor allem die Frauen langsam genug. Seit Jahrzehnten sind immer mehr von ihnen im Aufbruch, im Aufbegehren, in der Verweigerung und auf der Suche nach einem anderen Leben. Inzwischen beginnen aber auch mehr und mehr Männer, ihnen zu folgen. Viele Frauen glauben, die Männer müssten sich ändern, damit sie sie lieben können, doch mit diesem Glauben machen sie sich weiterhin zum Opfer jener liebesunfähigen Männer.

Es geht in der Liebe weniger um die Veränderung des eigenen Verhaltens, sondern eher darum, zu erkennen, wer wir sind und wozu das Leben da ist. Es geht darum, uns über unser Herz wieder daran zu erinnern, dass die Liebe immer da war, mitten in uns und um uns herum. Die wahre

Natur des Menschen ist Liebe. Dieses Wissen ist im Herzen eines jeden Menschen gespeichert, und in diesen Jahren erinnern sich immer mehr Menschen – Frauen und Männer – an diese Wahrheit, an ihre göttliche Liebesnatur. Die Erinnerung an das Wissen, dass wir alle Liebe sind und dass die Liebe die größte Macht im Himmel und auf Erden ist, wird diese Welt radikal verändern. Und diese Veränderungen sind bereits im Gange. Was nicht mit der Liebe in Harmonie ist, hat auf dem Planeten Erde das Zeitliche bereits gesegnet. Die Krise, die wir zurzeit in der Wirtschaft wahrnehmen, ist keine Krise des Kapitalismus, sondern eine Krise der ganzen Menschheit, die etwas Neues gebären wird. Sie zeigt an, dass alte Strukturen, die nicht von der Liebe getragen wurden – ob in Ländern, Firmen, Organisationen oder Familien –, von der Bildfläche verschwinden werden. Und für Paare gilt: Sie können ihre Hochzeit noch so pompös in Szene setzen, mit weißer Kutsche und Party auf den Balearen – ohne die wahre Liebe liegt diese Ehe in Scherben, bevor sie überhaupt begonnen hat.

Wir Menschen haben über lange Zeit vergessen, woher wir kommen und wozu wir auf Mutter Erde sind. Wir haben vergessen, dass wir mächtige Wesen sind, ausgestattet mit unendlicher Schöpferkraft und einem Herzen, das nichts will, als zu lieben. Diese Schöpferkraft setzen wir jeden Tag ein, allerdings ohne das wache Bewusstsein eines Schöpfers und ohne die bewusste Liebe zur Erde, zu Gott und der Menschheit. Auf diese Weise sorgen wir immer wieder dafür, dass wir die Erfahrungen eines Opfers machen. Über den meisten Lebensläufen müsste stehen: Sie wissen nicht, was sie tun. Auf unbewusste Weise erschaffen wir eine Lebenswirklichkeit in materiellem Wohlstand, aber mit nur wenig Freude und Begeisterung am Leben. Wir erzeugen Leiden – in unseren Körpern wie in unserer Psyche, in unseren Firmen wie in unseren Beziehungen. Warum? Weil wir all dies ohne die Liebe tun und weil wir aus der Verbindung zu Gott und zur Erde gefallen sind. Wir haben vergessen, dass wir von Gott kommen, um die Liebe auf die Erde zu bringen. Dies war und ist der Auftrag des Menschen.

Mann und Frau sind Ausdruck von Gott/Göttin, dem männlichen und dem weiblichen Aspekt Gottes. Obwohl Gott eins ist und nicht trennbar, drückt er sich in seinen Schöpfungen auf vielfältige Weise aus und erfährt sich zugleich durch sie. Dies war früheren Generationen der Menschheit bewusster als uns. Mann und Frau sind gekommen, um die Liebe auf die Erde zu bringen, um die Liebe zu verkörpern, die sie von Natur aus sind. Dies ist ihr göttlicher Auftrag, den sie lange vergessen haben. Nun ist die Zeit gekommen, sich wieder daran zu erinnern.

Wir haben das Leben auf Mutter Erde in einem herrlichen Körper geschenkt bekommen, um mit ihm, mit unserem Geist und mit unserem Herzen zu lieben. Aber die Lust am Leben ist vielen ebenso abhandengekommen wie die Lust am Lieben. Wir haben das Leben zu einer anstrengenden und leidvollen Angelegenheit gemacht. Die wenigsten Menschen wachen morgens auf mit einer unbändigen Lust zu leben. Ihr Denken ist geprägt von »müssen, sollen, nicht dürfen, brauchen« usw. Wir verurteilen das Leben als ungerecht, hart, schwer und leidvoll, weil wir und Generationen vor uns es so erfahren haben. Und uns selbst haben wir entwürdigt und in Kleinheit und Minderwertigkeit hinuntergedacht. Für diese Schöpfung übernehmen bisher erst wenige Menschen ihre Verantwortung als Schöpfer. Jetzt ist die Zeit gekommen, um aus diesen »alten Schuhen« auszusteigen und die Leid erzeugenden Lebensformen so vieler Menschheitsgenerationen hinter uns zu lassen.

Die Menschheit steht – zusammen mit Mutter Erde – vor einem großen Sprung aus einer langen dunklen Nacht in das Licht, aus Äonen der Unliebe in die Liebe, aus dem Vergessen in das Erinnern, woher sie kommt, wer sie ist und was sie hier will. Und wir alle sind dabei.

Ich möchte Sie – ganz gleich wie alt Sie heute sind – ermutigen, Ihr Leben mit Liebe und Lust zu füllen, indem Sie begreifen, dass Sie das Herrlichste und Wunderschönste sind, was Gott je erschaffen hat und dass er sich durch Sie in Lust und Liebe erfahren will. In Mann und Frau begegnet Gott sich selbst als Gott und Göttin scheinbar getrennt, um mit sich selbst zu tanzen und sich selbst und das Leben zu feiern. In den Ohren mancher mag dies wie ein spirituelles Märchen klingen. Aber sie werden sich die Augen reiben, wenn sie sehen, wie schnell Menschen aufwachen und ein neues Leben beginnen, weil sie plötzlich etwas Wesentliches verstanden haben. Ich habe dies bereits hundertfach erlebt und bin voller Freude und Zuversicht. Wenn Hunderte dies können, können es auch Hunderttausende und Millionen.

Die erste Lektion der Liebe *

»Die erste Lektion der Liebe besteht darin, nicht um Liebe zu bitten, sondern nur zu geben. Werdet zu einem Gebenden. Die Menschen machen aber genau das Gegenteil. Selbst wenn sie geben, tun sie es mit dem Hintergedanken, Liebe zurückzubekommen. Es ist ein Tauschhandel. Sie verströmen sich nicht, sie verschenken sich nicht freigiebig. Sie teilen aus, aber nicht vorbehaltlos. Aus dem Augenwinkel beobachten sie, ob es erwidert wird oder nicht. Arme Leute ... sie haben keine Ahnung von dem Naturgesetz der Liebe. Wer Liebe verströmt, zu dem wird sie zurückkommen.

Und wenn sie nicht kommt, macht euch keine Sorgen. Ein Liebender weiß, dass Lieben glücklich macht. Wenn es erwidert wird – gut, dann vervielfacht sich das Glück. Doch selbst wenn es nicht erwidert wird, macht der Akt des Liebens euch so glücklich und ekstatisch – wen kümmert es da, ob die Liebe erwidert wird?

Die Liebe hat ihre eigene, ihr innewohnende Glückseligkeit. Sie stellt sich ein, wenn man liebt. Man braucht nicht auf das Ergebnis zu warten. Fangt einfach an zu lieben, und allmählich werdet ihr sehen, wie viel Liebe zu euch zurückkommt. Man kann nur erleben und erfahren, was Liebe ist, indem man liebt. Genau wie man schwimmen lernt, indem man schwimmt, so lernt man lieben, indem man liebt.

Aber die Menschen sind sehr knausrig. Sie warten auf die große Liebe – dann, ja dann werden sie lieben! Sie bleiben verschlossen und in sich gekehrt. Und sie warten. Irgendwann, irgendwo wird ihre Kleopatra auftauchen, und dann werden sie ihr Herz öffnen. Aber bis es so weit ist, haben sie völlig verlernt, ihr Herz zu öffnen.

Lasst keine Gelegenheit vorbeigehen, um zu lieben! Selbst auf der Straße, im Vorbeigehen, kann man liebevoll sein. Selbst zu

* Zitatüberschrift von Robert Betz

einem Bettler kann man liebevoll sein. Es ist nicht nötig, ihm etwas zu geben, aber lächeln kann man. Es kostet nichts. Doch euer Lächeln öffnet euer Herz; es bringt Leben in euer Herz. Nehmt jemanden bei der Hand – einen Freund, einen Fremden. Wartet nicht, bis erst der Richtige kommt, den ihr lieben könnt. So wird der Richtige nie kommen. Liebt einfach. Und je mehr ihr liebt, desto größer ist die Wahrscheinlichkeit, dass der Richtige zu euch findet, weil euer Herz anfängt zu blühen. Ein Herz in voller Blüte lockt viele Bienen an, viele Liebende.«

*Osho**

* Osho: *Das Buch der Frauen*, © Ullstein Buchverlage GmbH, Berlin 2004, S. 217f. (© OSHO International Foundation, Switzerland – www.osho.com)

Kapitel 2
Die Vertreibung aus dem Paradies

Alle Menschen sehnen sich danach, geliebt zu werden. Wir sehnen uns nach Wärme, Geborgenheit, Anerkennung, Bestätigung, Schutz, materieller Sicherheit, nach einem guten Lebensgefühl und nach befriedigenden oder gar beglückenden sexuellen Erfahrungen. Kurz: Wir sehnen uns danach, glücklich zu sein. Und all das soll uns vor allem unsere Beziehung, unsere Partnerschaft oder Ehe bringen – die Beziehung als Lieferant für Glück.

Ich frage Sie: Wie glücklich sind Sie in Ihrem bisherigen Leben geworden, und sind Sie heute ein glücklicher Mensch? Wenn ja, würden Sie dieses Buch vermutlich nicht lesen. Aber Sie wissen, Sie befinden sich in guter Gesellschaft und sind keineswegs die Ausnahme. Es gibt kaum Menschen, die mit einem satten, echten Lächeln durch den Tag gehen. Schauen Sie sich nur die Gesichter draußen an. Und machen Sie sich bewusst, was Sie selbst für ein Gesicht machen. Scheuen Sie sich nicht, sich mehrmals am Tag im Spiegel anzuschauen. Blicken Sie sich mutig und ehrlich in die Augen, und hören Sie, was Ihre Augen sagen. Die meisten Augen sprechen von Trauer, Einsamkeit, Enttäuschung und unerfüllter Sehnsucht.

Als Sie ein kleines Kind waren, hatten diese Augen einen anderen Ausdruck und sprühten oft vor Glanz. Es waren neugierige, wache Kinderaugen, voller Lebenslust. Das Kind, das wir einmal waren, war ein fühlendes, liebendes Wesen, das mit offenen Armen und offenem Herzen in die Welt ging. Es hatte den Wunsch nach Aufmerksamkeit, Annahme, Berührung und Liebe. Und das haben wir noch heute mit diesem Kind gemein: Wir wünschen uns, so angenommen und geliebt zu werden, wie wir sind – ohne Gegenleistung, ohne Kompromisse.

Aber das Kind, das wir einst waren, lernte sehr früh, dass es so, wie es war, nicht geliebt wurde. Es lernte schnell, dass die Liebe der Eltern und anderer Erwachsener an Bedingungen geknüpft war. Mit seinem offenen, liebenden Herzen rannte das Kind in offene Messer. Das klingt hart, und genau das war es auch – für uns alle. Es war die Vertreibung aus dem Paradies der unschuldigen Kindheit.

Jede Form von Aufmerksamkeit ist für das Kind pure Nahrung. Selbst aus Zuwendung negativer Art, etwa aus Schlägen, bezieht das Kind noch Energie für sich, während das ignorierte Kind am wenigsten erhält und psychisch dahinsiecht. Doch für die Aufmerksamkeit und Gegenliebe der Eltern muss das Kind bezahlen. Womit? Mit Anpassung, Gehorsam und der Erfüllung einer Vielzahl von Erwartungen seitens der Eltern: Bravsein, Stillsein, Saubersein, Fleißigsein, Nettsein und viele andere. Nach wie vor erhält jedes Kind mehr Liebe und positive Zuwendung, wenn es pflegeleicht ist, nachts durchschläft, nicht zu viel schreit, häufig lächelt, sich nicht zu oft schmutzig macht und früh selbstständig ist. Später wird es mehr geliebt, wenn es sein Zimmer aufräumt, seine Hausaufgaben selbstständig macht, gute Noten nach Hause bringt, Mama oder Papa unterstützt und ihre Erwartungen erfüllt.

Ich stelle nicht infrage, dass jedes Kind lernen muss, sich einer Familie und seiner Umwelt anzupassen; dass es nicht wie ein kleiner Tyrann seine Umwelt erpressen kann, um alle Wünsche erfüllt zu bekommen. Das Tragische ist jedoch, dass die Erfüllung der elterlichen Erwartungen und Wünsche mit der Verknappung von Liebe und Zuwendung erzwungen wird. *Auf diese Weise lernt jedes Kind, dass man sich Liebe durch Leistung und Wohlverhalten verdienen muss.*

In den ersten vier bis sechs Lebensjahren geschieht etwas, das tragische Auswirkungen auf den weiteren Verlauf unseres Lebens und auf unsere späteren Erfahrungen in Partnerbeziehungen hat.

Erstens lernt das Kind aus den Reaktionen der Eltern, dass es so, wie es natürlicherweise ist, nicht geliebt wird und folglich nicht liebenswert ist. Es lernt, sich Gedanken wie »So wie ich bin, bin ich nicht in Ordnung, nicht liebenswert und nicht attraktiv für meine Mitmenschen« über sich zu machen. Das führt zu einem hohen Maß an Trauer. Die Rückmeldungen, die Kinder in Elternhaus, Kindergarten und Grundschule heute wie vor Jahrzehnten erhalten, sind überfrachtet mit negativen, kritischen, korrigierenden und oft herabsetzenden, mit anderen Kindern vergleichenden Kommentaren. Daraus schließt das Kind auf seinen eigenen Wert und entwickelt ein negatives Selbstbild, geprägt von Sätzen wie: »Ich muss mich bessern, ich muss mich ändern, ich muss ein guter Mensch werden, denn so, wie ich bin, werde ich nicht angenommen.« Diese Gedanken prägen später auch das meist unbewusste Selbstbild des Erwachsenen, denn weder Gedanken noch Gefühle kennen Zeit und Raum. Werden solche Selbstbilder nicht bewusst überprüft, wirken sie nach vierzig Jahren noch genauso wie im Denken und Bewusstsein des Kindes.

Zur Trauer des Kindes gesellen sich jetzt noch Schuld-, Scham- und Kleinheitsgefühle sowie Angst. Es muss ja Angst entwickeln, den Anforderungen und Bedingungen seiner Umwelt nicht genügen zu können und am Ende zu scheitern. Es muss ja befürchten, dass seine Sehnsucht nach Liebe nicht erfüllt wird.

Das Kind erzeugt also durch seine sich selbst herabsetzenden Gedanken eine Menge unangenehmer Emotionen. Und kommt es mit diesen Emotionen zu seinen Eltern, stößt es erneut auf Ablehnung und Unverständnis. Das traurige Kind muss sich Sätze anhören wie: »Du musst doch nicht traurig sein.« Das ängstliche Kind hört: »Du brauchst doch keine Angst zu haben.« Oder: »Das ist doch nicht so schlimm.« Oder: »Stell dich nicht so an!« In allen Fällen fühlt sich das Kind mit seinen Gefühlen unverstanden und nicht angenommen. Die Folge im Innern: Es fühlt sich schon wieder »nicht in Ordnung«. Die Folge im Außen: Es verschließt sich und behält seine Gefühle in Zukunft für sich, damit es sich nicht mehr mit Zurückweisungen oder hilflosen Reaktionen seiner Eltern auseinandersetzen muss. Den Spitzenreiter unter diesen Elternsätzen haben Sie selbst vermutlich noch gut im Ohr: »Reiß dich zusammen!«, nicht selten gefolgt von: »Ich halt das nicht mehr aus!«

Das Nein zum Fühlen und zum Leben

Jedes Kind handelt aus seiner Sicht logisch, wenn es sein Herz zu verschließen beginnt, um seinen Schmerz zu reduzieren. Es sagt sich: »Das tut mir zu sehr weh. Ich will das nicht mehr fühlen!« Dieser Entschluss kommt einem Schwur gleich und wirkt sich oft ein Leben lang katastrophal aus – auch auf die Paarbeziehung. *Das Kind schneidet sich mehr und mehr vom Fühlen ab, verschließt sein liebendes und sich nach Liebe sehnendes Herz und beginnt, sein Leben strategisch denkend zu bewältigen.* Es geht vom Herzen in den Verstand und macht diesen zum Chef, während es ein Bündel an Grundüberzeugungen entwickelt wie beispielsweise: »Ich muss aufpassen, dass ich nicht so oft anecke.

Ich muss es anderen recht machen. Ich muss ein besserer Mensch werden. Ich will perfekt sein, dann werde ich nicht mehr zurückgewiesen, sondern anerkannt. Ich muss mich anstrengen. Ich darf mich nicht gehen lassen. Ich muss mich zusammenreißen.«

Darauf, dass das Leben aus seiner Sicht immer kälter wird, das Umfeld immer mehr Bedingungen aufstellt und es immer öfter kritisiert wird, reagiert das Kind in den ersten Jahren mit der Ausbildung eines inneren Kritikers und Druckmachers, dessen Aufgabe es ist, nicht nur es selbst, sondern später auch den Erwachsenen ständig mit Druck machenden und herabsetzenden Gedanken anzutreiben und kleinzuhalten. Diese innere Figur ist nicht fiktiv, sondern konkret wahrnehmbar. Jeder kann diese – von ihm selbst gezüchtete und beauftragte – Wesenheit in seinem Innern kennenlernen (siehe meine Meditation auf CD: *Schluss mit Hetze, Druck & Co.*). Sie ist keine von außen in uns hineingesetzte Instanz, sondern eine systematisch durch unsere immer gleich lautenden Gedanken von uns selbst erzeugte und beauftragte Gestalt, der wir innerlich begegnen können und die darauf wartet, ihren undankbaren Job endlich aufgeben zu können.

War die Grundeinstellung des kleinen Kindes zur Welt, zum Leben und zu sich selbst anfangs meist noch ein eindeutiges Ja, so entwickelt es in den ersten Jahren immer mehr ein ausdrückliches Nein zum Leben und zu sich selbst. Diese ablehnende Haltung dem Leben und sich selbst gegenüber führt auf einen Lebensweg, der von Konflikten, Unsicherheiten, Enttäuschungen und Leidenszuständen – besonders in unseren Beziehungen – geprägt ist. Die meisten Menschen fahren mit angezogener Handbremse und nur zwei von zwölf Zylindern durchs Leben. Sie stehen nicht mit beiden Beinen auf der Erde oder bekommen kein Bein auf den Boden, um es in anderen Bildern zu sagen.

Für diese schöpferische Leistung des Kindes, für sein grundlegendes Nein darf der Erwachsene später die Verantwortung übernehmen, indem er seinen schwierigen Lebensweg im Lichte dieses frühen Neins als seine eigene Kreation begreift. Zwar erschafft das Kind nicht seine eigene schwere Kindheit, wohl aber eignet es sich in dieser Zeit der Abhängigkeit das wesentliche Schöpfungsmaterial in Form von Gedanken, Überzeugungen und Einstellungen sich selbst, dem Leben und anderen Menschen gegenüber an, mit welchem der junge Erwachsene später seine eigene Lebenswirklichkeit gestaltet. Diese schöpferische Leistung des Kindes wird bis heute von der klassischen Psychologie nicht gesehen.

Ich lade jeden ein, sich dieses frühen Neins zum Leben bewusst zu werden und die Verantwortung dafür zu übernehmen, statt weiterhin seiner schweren Kindheit oder seinen unzureichenden Eltern die Schuld für später im Leben erlittenes Leid zu geben. Dieses Nein sowie die gesamte bisherige Lebensleistung eines Menschen will gewürdigt und wertgeschätzt werden, und zwar als großartige kreative Leistung in einer Welt der verletzten Kinder in Erwachsenenkörpern. Den meisten Menschen ist überhaupt nicht bewusst, dass ihre eigene Kindheit die schwerste Zeit ihres Lebens war. Ich sage: »Herzlichen Glückwunsch, Sie haben Ihre Kindheit überlebt.«

Überlegen Sie doch nur einmal, wie viele Wünsche, Erwartungen, Forderungen, Gebote und Verbote Sie seit Ihren ersten Lebensjahren bis ins junge Erwachsenenalter täglich beachten mussten. Wie sehr haben Sie sich angestrengt, es Ihren Eltern und Ihrer Umwelt recht zu machen, um jene Anerkennung und Wertschätzung zu erhalten, nach der sich die meisten Menschen bis heute sehnen und von der sie glauben, abhängig zu sein. Ich frage Sie: Ist Ihr Vater oder Ihre Mutter am Ende Ihrer Jugendzeit zu Ihnen gekommen und hat gesagt: »Kind, ich muss dir einmal sagen: Du hast es geschafft! Du hast dich all die Jahre angestrengt, ein so guter Sohn, eine so gute Tochter zu sein, wie du konntest. Heute entlasse ich dich und nehme meine Forderungen und Erwartungen an dich zurück. Hier ist der Champagner. Lass uns feiern!«?

Solche Entlassungsfeiern, die einen angemessenen Übergang ins Erwachsenendasein markieren würden, finden in unserer Gesellschaft nicht statt. Die Folge hiervon ist, dass die meisten Menschen im Alter von dreißig, vierzig Jahren immer noch unter dem Druck dieser Erwartungen durchs Leben gehen und weiterhin versuchen, es ihren Eltern und anderen Menschen recht zu machen. Viele Menschen suchen ihr Leben lang nach Anerkennung und Bestätigung aus ihrer Umwelt und entwickeln hieraus eine regelrechte Sucht. Sie gehen nicht den Weg ihres eigenen Herzens, sondern folgen den Vorstellungen des Verstandes, der zum »Normalsein« aufruft. Der Normalmensch tut ein Leben lang, was »man« tut, und unterlässt, was »man« nicht tut. Was glauben Sie, geschieht, wenn »Normal-Frau« und »Normal-Mann« aufeinandertreffen und versuchen, glücklich miteinander zu werden? Schauen Sie sich die Beziehungen und Ehen an, dann sehen Sie das Ergebnis.

Zwei hungrige Kinder kommen zusammen

Jedes Kind legt also – in Reaktion auf die dosierte, bedingte Zuwendung seiner Eltern oder eines Elternteils – die Grundlage für jenes Drama, das sich später in den meisten Paarbeziehungen abspielt und für das der erwachsene Mensch einige Jahrzehnte später die Schöpferverantwortung übernehmen darf. Das Kind gewöhnt sich einerseits daran, eine Vielzahl unwahrer, sich selbst herabsetzender, entwertender Gedanken zu denken und erschafft durch eben diese Gedanken Emotionen wie Schuld, Scham, Kleinheit, Trauer, Wut und Ohnmacht, die es wiederum nicht ausdrücken darf, sondern verdrängen muss. Diese Kombination aus negativen Gedanken über sich und die lieblose Welt sowie unangenehmen, unterdrückten Emotionen sind die wesentlichen schöpferischen Energien, mit denen sich der später Erwachsene ein Leben erschafft, das von Mangelzuständen im Innern wie im Außen geprägt ist.

So kommen in den meisten Paarbeziehungen zwei hungrige Kinder zusammen, die sich zutiefst nach Nahrung sehnen. Sie empfinden eine große Sehnsucht nach bedingungsloser Liebe, nach Geborgenheit, nach Angenommen- und Bestätigtwerden, nach der Botschaft: »Du bist in Ordnung. Du bist gut. Du bist wunderbar. Du bist liebenswert. Ich liebe dich so, wie du bist!«

Diese Sehnsucht nehmen viele – wenn sie einmal bewusst in sich hineinspüren – als große innere Leere wahr oder buchstäblich als Loch, das gefüllt werden möchte. Die meisten versuchen dieses Loch auch in ihrem Berufsleben zu füllen, indem sie sich vom Chef oder von der Firma Anerkennung und Bestätigung wünschen und sich in die Arbeit stürzen, um sie zu bekommen. Aber die größte Hoffnung in Bezug auf das seelische Sattwerden setzen die meisten

Menschen auf den Beziehungspartner. *Die ständige, fast immer unbewusste, ja chronisch gewordene Suche nach Liebe, Anerkennung und Bestätigung ist bei den meisten Menschen zur Sucht geworden – zur größten Sucht, unter der die Menschen des Westens leiden.* In meinen Augen leben alle anderen Süchte – die nach Alkohol, nach Nikotin, nach Ablenkung durch Arbeit, Sport, Fernsehen, Video, Spiele, nach Ablenkung durch ständiges Reden oder Telefonieren oder auch durch den ungeheuren Lärm in den Diskotheken und Bars – von nichts anderem als dieser allen zugrunde liegenden Sucht nach Liebe, Anerkennung und Bestätigung.

In einer Beziehung kommen zunächst fast immer zwei Menschen zusammen, die etwas haben wollen, nicht zwei, die etwas geben wollen. Zwei Hungrige treffen hier aufeinander, zwei Bedürftige, ja zwei Bettler in der Hoffnung, der andere möge sie doch bitte satt machen. Dies ist den meisten nicht bewusst. Sie sagen zum anderen: »Ich liebe dich!«, aber sie meinen in Wirklichkeit: »Ich brauche dich! Ich will etwas von dir haben. Vielleicht bist du dieses Mal der Richtige, der mich satt machen kann. Und wenn du mir sagst, dass du mich liebst, dann habe ich wieder Hoffnung, diesmal wirklich satt zu werden. Bitte sage mir, dass du mich liebst. Sag es mir bitte oft, damit ich es wirklich glauben kann.«

Beziehungen, die in den ersten zwei Jahrzehnten des Erwachsenenlebens eingegangen werden, sind daher in fast allen Fällen zunächst einmal Notgemeinschaften zweier Menschen, die es aus Sehnsucht und Hunger nach Liebe zueinandergetrieben hat. Aus dieser Notgemeinschaft wird dann bald eine Handelsgesellschaft mit einem stillschweigenden – oder in der Ehe einem schriftlichen – Vertrag, der kurz gefasst lautet: »Wenn du mir versprichst, mir das zu geben, was ich brauche, verspreche ich, dir das zu geben, was du brauchst.« Das heißt: »Wenn du mich liebst, dann liebe ich dich auch. Wenn du nett zu mir bist, dann will ich auch versuchen, nett zu dir zu sein.« Ich nenne diese Gesellschaft gern »GGBB« (Gesellschaft zur gegenseitigen Befriedigung von Bedürfnissen). In einer weniger verdächtigen Form heißt dies: »Eine Beziehung ist ein Geben und Nehmen.« Dieser Satz wird fast ausschließlich von Menschen zitiert, die das Gefühl haben, in ihrer Beziehung zu kurz gekommen zu sein. Von Menschen, die sich innerlich satt und glücklich fühlen, die gerne aus ihrer Fülle heraus geben und sie mit anderen teilen wollen, kommt dieser Satz nicht. Anstatt zu nehmen, empfangen diese, indem sie geben.

Aufgrund unserer vielen Beziehungserfahrungen wissen wir mittlerweile, dass die beiden hungrigen Kinder nie satt werden. Wenn sich zwei Bettler gegenseitig in die Tasche greifen, werden sie erstaunt feststellen, dass der andere auch nichts in der Tasche hat, wie Osho, der größte Liebeslehrer des letzten Jahrhunderts, es so schön formuliert hat. Zwei Hungrige können einander nicht satt machen, denn sie haben sich nichts zu geben. Die natürliche Folge dieses Irrtums, dieser Täuschung lautet: Ent-Täuschung, Frust, Wut und meist Trennung und viele erneute Versuche der gleichen Art.

Merkwürdig, wie lange wir brauchen, um aus diesem Teufelskreis auszusteigen und zu begreifen, dass wir auf diesem Weg nicht glücklich werden können. Die meisten haben es bis heute nicht gelernt, und ich hoffe, dass viele Menschen bald aufhören, sich diese schmerzhaften Blessuren zu holen.

Das Kind in uns hasst sich selbst

Für das Glück in der Zweierbeziehung erschwerend kommt hinzu, dass die Kinder, die sich hier in den Erwachsenen begegnen, nicht nur nach Liebe und Geborgenheit hungern, sondern sich darüber hinaus selbst auf das Tiefste verurteilen, niedermachen und hassen. Auch wenn manch einer dies heute noch für übertrieben halten mag, eines Tages wird es jeder erkennen: Tief in uns hassen wir uns selbst. Wir liegen im Krieg mit uns selbst. Wie kamen wir zu diesem Selbsthass?

Ein Kind kommt auf die Welt und erfährt durch seine Umwelt täglich Zuwendung mit der Auflage von Bedingungen, die es zu erfüllen hat – das heißt Liebe, die an Wünsche, Erwartungen und Forderungen geknüpft ist und immer wieder vorenthalten, also nicht gegeben wird, solange eben diese Erwartungen und Forderungen nicht erfüllt sind. Muss dieses Kind daraus keine Rückschlüsse über sich selbst und seinen Wert ziehen? Ein Kind, das nicht um seiner selbst willen geliebt wird, also mit allem, was es zeigt und ist, muss zu der Schlussfolgerung gelangen: »Mit mir stimmt etwas nicht! Ich bin nicht in Ordnung, sonst würden die Erwachsenen mich anders behandeln! Ich bin nicht liebenswert! Ich bin schlecht und muss mich anstrengen, um besser zu werden. Ich bin schuld, dass es meinen Eltern schlecht geht bzw. daran, dass sie so viel Ärger und Arbeit haben. Ich bin eine Belastung. Ich bin zu viel. Es wäre besser, wenn ich nicht da wäre, wenn ich nicht geboren worden wäre.«

Gedanken wie diese, welche auch die meisten, mittlerweile erwachsenen Kinder über sich haben, ohne dass sie es preisgeben würden, führen dazu, dass sie sich tief innen selbst hassen. Dieser Selbsthass ist so unerträglich und schmerzhaft, dass das Kind ihn verdrängen und gleichzeitig projizieren muss. Opfer dieser Projektion sind entweder die Geschwister oder der Vater, der auch häufig von der Mutter als »Täter« für dies und jenes schuldig gesprochen und angeklagt wird – nicht selten in Anwesenheit des Kindes. Und natürlich ist die meist anwesende Mutter das erste Objekt dieser Projektion kindlichen Hasses. Da das Kind aber weiß, dass seine Existenz in erster Linie von dieser Frau abhängt, muss sein Hass auf sie allergrößte Existenzängste in ihm auslösen. Daher tut es alles, um diesen Hass zu verbergen.

Die Folgen, die sich aus diesem Selbsthass für das zwanzig oder dreißig Jahre später stattfindende Beziehungs-(un)glück ergeben, sind fatal. Die erwachsene Frau oder der erwachsene Mann sind sich ihres negativen Selbstbildes und ihrer destruktiven Gedanken über sich selbst selten bewusst. Wir spüren zwar oft, dass wir uns selbst im Wege stehen; aber dass wir uns zutiefst selbst verachten und hassen, entdecken wir oft erst in einem Selbsterfahrungsseminar.

Das kleine Kind in jedem Erwachsenen sehnt sich nach wie vor unendlich danach, von jemand anderem bedingungslos geliebt zu werden, obwohl es gelernt hat, sich selbst zutiefst zu hassen. Der sich selbst hassende und gleichzeitig nach Liebe sehnende erwachsene Mensch trifft nun auf einen Partner, dem es genauso geht.

Zwei Bedürftige, zwei Bettler treffen aufeinander, aber nicht zwei Liebende. Sie sagen: »Ich liebe dich!«, aber sie meinen: »Ich brauche dich!« Ist es ein Wunder, dass dieses »Brauchen« schon bald nach der Honeymoon-Phase des Verliebtseins zum Missbrauchen wird? Hierbei ist, vordergründig betrachtet, der eine das Opfer und der andere der Täter. Bei näherer Betrachtung ist jedoch nicht schwer zu erkennen, dass sich hier immer zwei Menschen gegenseitig missbrauchen; jede Missbrauchsgeschichte ist eine gemeinsame Schöpfung, bei der Opfer und Täter in einem Boot sitzen.

Demjenigen, der das kleine Kind in sich selbst kennenlernen und von seiner Angst, Trauer oder Einsamkeit befreien will, sei die Meditation *Befreie und heile das Kind in dir* sehr ans Herz gelegt.

Kapitel 3
Du bist der allerwichtigste Mensch
in deinem Leben!

Im ersten Kapitel habe ich erläutert, wie und warum sich jeder von uns als Kind von der Liebe entfernt hat. Wir alle haben schon in den ersten Lebensjahren eine Schule der Unliebe und Verurteilung durchlaufen und gelernt, eine Vielzahl unwahrer Gedanken über uns selbst und das Leben zu denken und zu glauben. Und mit diesen Gedanken stehen wir auch noch heute jeden Tag auf, gehen ins Leben und erzeugen Gefühle der Trauer, der Wut, der Scham, der Schuld und vor allem Angst – Angst und noch einmal Angst. Denn Gedanken und Gefühle haben kein Verfallsdatum. Haben wir uns nach jahrelangem »Training« in der Kindheit einmal an sie gewöhnt, begleiten sie uns über viele Jahrzehnte. Wir leiden vor allem unter unseren Gedanken und den dadurch erzeugten Gefühlen – also unter unseren eigenen Schöpfungen – und begreifen es oft ein Leben lang nicht.

Wer Liebes- und Lebensglück erfahren will, dessen erste Aufgabe ist es, sich all den Gedanken zuzuwenden, die er/sie über sich denkt, oder besser, die »es« in ihm/ihr denkt – über sich als Frau/Mann, als Mensch, über den eigenen Wert, über den eigenen Körper, über Fähigkeiten und Attraktivität, den eigenen Lebenslauf und vor allem über die Beziehung zu sich selbst. Mit all diesen Gedanken werden die Emotionen genährt, die uns tagsüber begleiten und besonders dann auftauchen, wenn wir uns verletzt, enttäuscht, verlassen oder ungeliebt fühlen.

Ich bitte Sie, sich einem Gedanken zu öffnen, den Ihnen als Kind niemand zu denken angeboten hat und den noch heute viele als unmöglich, egoistisch oder unchristlich bezeichnen. Dieser Gedanke heißt: »*Ich bin der allerwichtigste Mensch in meinem Leben.*« Sein Gegenteil ist vielen vertraut. »Wer bin ich denn schon?«, denkt es in Millionen Menschen. Aber gibt es in Ihrem Leben wirklich etwas, das größere Aufmerksamkeit, Liebe und Fürsorge verdient hätte als Sie selbst? Sie spielen die Hauptrolle im Theaterstück Ihres Lebens und sind gleichzeitig Drehbuchautor, Regisseur und Kritiker. Die meisten von uns betätigen sich vor allem als Kritiker. Ist es da ein Wunder, dass sich der Hauptakteur – Sie selbst – oft so schlecht und ungeliebt fühlt? Wer sich selbst nicht würdigt, ehrt und liebt, wer sich selbst nicht mit größter Aufmerksamkeit und Wertschätzung behandelt und zum Mittelpunkt seines Lebens macht, der hat den Schlüssel zum Lebensglück bisher nicht gefunden und zieht Enttäuschung, Verletzung und Einsamkeit in sein Leben.

Natürlich hat jeder Mensch eine Beziehung zu sich selbst. Es denkt in uns Gedanken über uns, wir haben Gefühle in uns und über uns selbst, aber diese Beziehung ist weitgehend von Unbewusstheit geprägt. Wir stehen am Morgen auf und begrüßen uns nicht selbst. Wir freuen uns nicht darüber, dass es uns gibt und entscheiden uns nicht, uns heute wie einen besten Freund liebevoll durch den Tag zu begleiten und uns selbst mit Neugier, Aufmerksamkeit, Liebe und Zärtlichkeit zu begegnen. Doch genau darin liegt der Schlüssel zum Glück in der Partnerschaft wie im Leben.

Leben wir in einer Beziehung, ob in derselben Wohnung oder auf Distanz, kreisen unsere Gedanken immer wieder um den anderen. »Was macht er gerade? Was will er von mir? Was kann ich für ihn tun? Was tut er für mich? Wie geht es ihm?«, sind nur einige der Dauergedanken, mit denen sich vor allem Frauen innerlich beschäftigt halten, statt sich der Hauptperson ihres Lebens – sich selbst – zuzuwenden. In vielen Partnerschaften kann man geradezu von einer Du-Sucht sprechen, die einen der Partner oder beide erfasst hat. Diese gedankliche und gefühlsmäßige Konzentration auf den anderen muss auf Dauer zum Gegenteil dessen führen, was die Partner sich wünschen. Beziehungen scheitern heute vor allem daran, dass sich die Partner sich nicht um das Wesentliche in ihrem Leben kümmern: um sich selbst. Sie nehmen sich selbst nicht besonders wichtig und sitzen dem alten Irrtum auf: »Wenn ich mich genug um den oder die anderen kümmere, dann komme ich auch irgendwie auf meine Kosten und werde hierfür belohnt.« Das ist eine Illusion, die für Millionen Frauen und Männer zu Enttäuschung, Verbitterung, Wut und Ohnmacht geführt hat.

Natürlich ist in einer intakten Beziehung jeder für den anderen da. Partner unterstützen sich auf vielen Ebenen, vertrauen auf die Hilfe des anderen und bewältigen in einer Familie eine Menge an Aufgaben gemeinsam. Das ist wunderbar, wenn beide sich dabei glücklich und erfüllt fühlen. Dies kann aber dann nicht der Fall sein, wenn einer oder beide das Gefühl haben, innerlich zu kurz zu kommen, wenn sie nur noch am Schaffen und Machen sind und sich über die Jahre seelisch immer leerer und hungriger fühlen.

Über viele Generationen haben Frauen und Männer gelernt, sich selbst nicht wichtig zu nehmen, ihre eigenen inneren und äußeren Bedürfnisse zurückzustellen und vor allem für den und die anderen da zu sein. Das geht nun schon so lange, und viele fragen sich immer noch nicht, warum mit diesem Lebenskonzept noch niemand glücklich geworden ist. Nicht einmal Mutter Teresa war glücklich damit, wie nach ihrem Tod aus ihren eigenen Aufzeichnungen bekannt wurde.

Jeder von uns kann sich hier neu entscheiden. Wir können uns entscheiden, neu über uns selbst zu denken. Wir können uns die alten lieblosen und herabsetzenden Gedanken anschauen und sie korrigieren. Ich lade Sie ein, sich für den Gedanken zu öffnen, dass Sie ein unendlich geliebtes und liebenswertes Wesen sind, voller Schätze, voller Liebe und von unschätzbarem Wert. Sie sind ein Juwel im Universum, das seine eigene Schönheit und Brillanz noch nicht entdeckt hat. Diese Entdeckung Ihrer selbst liegt noch vor Ihnen, auch wenn Ihr Kopf denken mag, das klinge ja ganz nett, sei aber nicht realistisch.

Bitte begreifen Sie als Erstes, dass Sie selbst schon als Kind begonnen haben, sich innerlich zu verlassen, dass Sie sich von der Liebe zu sich selbst getrennt haben. Das war kein Fehler, sondern eine wichtige Erfahrung, die alle Menschen machen, weil sie zunächst dem Glauben schenken, was andere über sie sagen. Auf die vielen kritisierenden, herabsetzenden und zurückweisenden Mitteilungen unserer Umwelt haben wir entsprechend reagiert – mit Selbstverurteilung und Unliebe. »Ihr unliebt euch alle zu Tode.« Das hat P'taah, einer meiner Lehrer aus der Geistigen Welt, einmal gesagt. Wenn wir die Verantwortung für diese eigene Schöpfung übernehmen, können wir jederzeit neu anfangen in der Beziehung zu uns selbst. Aus einer weitgehend unbewussten können wir eine bewusste Beziehung zu unserem Selbst herstellen, gestalten und pflegen.

Wer beginnt, sich selbst ins Zentrum seiner Aufmerksamkeit zu stellen, der bemerkt schon nach wenigen Tagen, dass sich in seinem Lebensgefühl etwas Wesentliches verändert und dass andere plötzlich anders auf ihn reagieren. Das berichten mir unendlich viele Menschen, die Hinweise aus meinen Vorträgen, Meditationen, Büchern und Seminaren aufgegriffen und in aktive Lebens- und Liebespraxis umgesetzt haben. Wer sich selbst nicht würdigt, respektiert und liebt, kann nicht erwarten, dass andere ihn würdigen, respektieren und lieben. Er muss vielmehr damit rechnen, dass die anderen auf seiner Stirn die Botschaft lesen: »Verletze mich, enttäusche mich, verlasse mich – denn ich tue es auch schon seit vielen Jahren. Ich habe deine Liebe und Wertschätzung nicht verdient.«

Die meisten Menschen verbringen etwa 80 Prozent ihrer Zeit mit ihrer Arbeit, ob in der Firma oder im Haus, und in der restlichen Zeit sind sie mit ihrer Familie, ihrem Partner oder anderen Menschen beschäftigt. Der wichtigsten Person im Leben wird oft weder Zeit noch Raum eingeräumt. Wir haben und pflegen Beziehungen zu vielen Menschen. Aber zur wichtigsten Person in unserem Leben – zu uns selbst – haben wir oft keine bewusst gelebte und gestaltete Beziehung. Viele empfinden allein den Gedanken, sie selbst seien der bedeutendste Mensch in ihrem Leben, als unanständig oder egoistisch, weil sie gelernt haben, sich selbst nicht wichtig zu nehmen. »Nimm dich nicht so wichtig!«, lautet die Aufforderung des vermeintlich christlichen Abendlandes. Doch mit Christlichkeit, mit Liebe hat dieser Glaubenssatz rein gar nichts zu tun – im Gegenteil: Er ist eine Anleitung zur Unliebe, die nach einigen Jahrzehnten ins Unglück und in die Krankheit führt.

Wenn sich der einzelne Mensch nicht absolut wichtig nimmt, sich also nicht im besten Sinne um sich selbst kümmert, um seine Gedanken, seine Gefühle, seine Wünsche, seinen Körper, seine Erfahrungen, seine Gesamtbefindlichkeit, seine Lebensgestaltung, dann schafft er auf unbewusste Weise reichlich Chaos in sich und seinem Leben und wird zu einer Belastung für seine Mitmenschen. Partner, die keine Verantwortung für ihr eigenes Glück übernehmen und sich nicht an die erste Stelle ihrer Aufmerksamkeit setzen, sorgen in ihrer Beziehung für Konflikte, Enttäuschung und Unglück.

Es ist unsere heilige Pflicht, ein bewusstes, lebendiges und liebevolles Verhältnis zu uns selbst aufzubauen und zu leben. Wer dies versäumt, wird sich in seinem Leben immer wieder auf einem Schlingerkurs wiederfinden und wird sich immer wieder enttäuscht und alleingelassen fühlen.

Machen Sie sich zunächst einmal klar, wie Ihre innere Beziehung zu sich selbst heute aussieht. Wir denken eine Unmenge von Gedanken über uns, die alles andere als wertschätzend und liebevoll sind, denn wir haben über Jahrzehnte gelernt, uns innerlich zu kritisieren, herunterzumachen und abzulehnen. Durch diese vielen negativen Gedanken haben wir Emotionen wie Angst, Scham, Schuld, Minderwertigkeitsgefühle, Wut, Trauer und Ohnmacht in uns erschaffen – Emotionen, die regelmäßig nach oben drängen und denen wir uns hilflos ausgeliefert fühlen. Denn kaum jemand hat gelernt, konstruktiv mit diesen Gefühlen umzugehen. Unser Partner und unsere Kinder sind die wichtigsten »Knöpfe«-Drücker, die diese Gefühle mit ihrem Verhalten immer wieder in uns auslösen. Sie lösen sie zwar aus, aber sie verursachen sie nicht, wie unser Kopf immer wieder glaubt. Und es ist ein Segen, dass sie uns immer wieder mit dem Unfrieden und der Unordnung in unserem Innern konfrontieren.

Es führt kein Weg an der Erkenntnis vorbei, dass wir uns für so vieles nicht lieben und verurteilen. Wer sich aber selbst nicht liebt, kann nicht erwarten, dass andere ihn lieben können. Diese Erwartung muss immer wieder enttäuscht werden.

Wir denken uns »abwärts«

Überprüfen Sie anhand der folgenden Liste, welche Gedanken Ihnen bekannt vorkommen:

- Ich bin nicht gut genug.
- Ich bin nicht schön.
- Ich bin nicht attraktiv.
- Ich bin nicht intelligent genug.
- Ich bin nicht erfolgreich genug.
- Ich habe nicht viel zu bieten.
- Ich bin eher Durchschnitt.
- Ich finde mich selbst etwas langweilig.
- Ich bin für andere zu anstrengend.
- Ich bin beziehungsunfähig.
- Ich bin nicht liebenswert genug.
- Ich bin viel zu chaotisch.
- Ich bin eine Zumutung für andere.
- Ich muss an mir arbeiten.
- Ich will ein guter Mensch sein.
- Ich habe viele Fehler gemacht.
- Ich sollte disziplinierter sein.
- Ich sollte fleißiger sein.
- Ich sollte mich nicht so hängen lassen.
- Ich sollte mich mehr zusammenreißen.
- Ich sollte mehr Ordnung halten.
- Ich sollte wissen, was ich will.
- Ich sollte schon weiter sein, als ich bin.

Diese und viele ähnliche Gedanken prägen das grundlegende Verhältnis der meisten Menschen zu sich selbst. Was wir über uns denken, das »hört« die ganze Welt, das strahlen wir aus, das steht auf unserer Stirn geschrieben – und wird entsprechend beantwortet. Die Gedanken über uns selbst sind das wichtigste Schöpfungsmaterial, mit dem wir unsere Lebenswirklichkeit und auch unsere Beziehungen erschaffen und gestalten. Es sind die verurteilenden, ablehnenden Gedanken, die wir uns seit der Kindheit angewöhnt haben zu denken und die noch drei, vier Jahrzehnte später genauso wirksam sind, wenn wir sie bis dahin nicht bewusst geändert und zurückgenommen haben.

Ich lade Sie herzlich ein, Ihr gedankliches und gefühlsmäßiges Verhältnis zu sich selbst gründlich zu untersuchen. Verfassen Sie doch einmal eine dreiseitige Beschreibung, in der Sie schildern, wie Sie sich selbst sehen. Bei dieser Übung merken Sie sehr schnell, wie es um Ihre Beziehung zu sich selbst steht. Schreiben Sie alles auf, was Sie an sich selbst ablehnen. Sammeln Sie alle Sätze, die mit »Ich sollte, ich muss, ich brauche, ich darf nicht, ich kann nicht, ich bin nicht ... genug« beginnen. Schreiben Sie alle Eigenschaften und Verhaltensweisen auf, die Sie an sich ablehnen. Und listen Sie möglichst viele Situationen aus Ihrem Leben auf, in denen Sie angeblich Fehler gemacht haben. Damit haben Sie einige Abende zu tun, aber ich garantiere Ihnen: Das ist fruchtbarste Selbsterforschung, die zu Ihrem Lebensglück beitragen wird. Es geht bei diesem Schritt darum festzustellen, wie viel destruktives, ablehnendes, herunterziehendes Gedankenmaterial über sich selbst in Ihnen steckt. Aus diesem Material ist über die Jahre eine Figur in Ihnen entstanden, die ich den inneren Kritiker, Druckmacher und Destrukteur nenne. Dieses innere Wesen können Sie in einer Meditation (*Schluss mit Hetze, Druck & Co.*) sogar ganz konkret kennenlernen. Dieser Person haben Sie durch Ihre verurteilenden Gedanken den Auftrag gegeben, Ihnen Druck zu machen und Sie herabzusetzen. Wenn Sie ihr innerlich begegnen, werden Sie feststellen, dass sie von dieser Arbeit schon völlig fertig ist und sich danach sehnt, endlich in die Rente entlassen zu werden.

Die destruktiven Gedanken in uns sind also zunächst als Reaktion auf das entstanden, was andere über uns sagten und wie sie uns behandelten. Wir haben ihnen geglaubt und dann begonnen, uns selbst innerlich zu beschimpfen und fertigzumachen. Das klingt pervers – und das ist es auch. Aber wir wussten es einfach nicht besser. Wenn Ihnen niemand sagt, dass Sie ein unschätzbar wertvolles, liebenswertes Wesen sind voller Schätze und Talente und Liebe, woher sollen Sie dann ahnen, dass dem so ist? Die destruktiven Gedanken als unwahr zu erkennen gehört zum Selbstliebe-Programm, das ich jedem Menschen empfehle. Wir müssen diese Gedanken nicht bekämpfen, sondern wir können uns für ein neues Bild von uns und damit für neue Gedanken entscheiden, bei denen unser Herz spürt: Das stimmt. Die Wahrheit können wir nur mit dem Herzen erkennen.

Sich selbst lieben lernen

Das meiste von dem, was wir bisher über uns denken und glauben, ist einfach nicht wahr. Unser Selbstbild und unsere Selbstabwertung beruhen auf den vielen negativen Rückmeldungen und Zurückweisungen, die jeder von uns in Kindheit und Jugend erfahren hat und die sich im Laufe des Lebens wiederholt haben; nicht nur in unseren Partnerbeziehungen, sondern in allen Bereichen, wo wir mit Menschen zusammenkommen. Oder haben Ihre Eltern Ihnen gesagt: »Meine Kleine, mein Kleiner, weißt du, dass du ein ganz wunderbares Wesen bist? Du bist ein großes Wunder, das Gott erschaffen hat und dem er alles mitgegeben hat, um hier auf der Erde glücklich zu werden. Und das größte Geheimnis ist, dass du Liebe bist und dass du unendlich geliebt wirst vom Leben, von Gott. Du bist unendlich liebenswert, und das Leben möchte, dass du glücklich bist hier als Mädchen/Junge und durch dein ganzes Leben hindurch. Ich freue mich sehr, dass du meine Tochter/mein Sohn bist, und ich liebe dich so, wie du bist. Meine Liebe begleitet dich, egal was du tust oder nicht tust.« Solche Worte hat kaum jemand in seiner Kindheit gehört.

Ich werfe das keiner Mutter und keinem Vater vor, denn sie waren selbst zutiefst verletzte Kinder, die ebenfalls gelernt haben, sich gründlich zu verurteilen. Seit vielen Generationen geschieht immer wieder dasselbe: Unschuldige Kinder kommen voller Lebensfreude und Liebe, voller Neugier und Gefühlsausdruck auf die Welt, und dann meinen die Großen, diese kleinen, lebendigen Wesen müssten nun erzogen werden, damit sie in der Welt zurechtkommen. Sie geben an sie weiter, was sie am eigenen Leib erfahren haben und wovon sie meinen, es habe ihnen nicht geschadet. Dabei haben fast alle vergessen, was für ein herrliches, natürliches Wesen sie einmal waren und wer sie in Wirklichkeit sind.

Jeder von uns ist von seiner Natur her pure Liebe und pure Freude. Wir sind von Hause aus Herzwesen, deren Herz vor Freude singen und tanzen will in dieser Welt. Aber das Singen und Tanzen wird uns schon früh ausgetrieben, denn die Großen haben vergessen, dass auch ihr Herz immer noch singen und tanzen und lieben will – auf Gott komm raus. Der Mensch ist Liebe und will vor allem lieben, und zwar alles, ohne Unterschied. Das im kleinen Kind noch offene Herz sehnt sich nach Verbindung, nach

Kontakt, nach Berührung, nach Aufmerksamkeit und Annahme.

Da es aber so, wie es ist, nicht angenommen, sondern immer wieder durch Kritik, Herabsetzung, Beschämung, Beschuldigung, Bestrafung und andere »erzieherische Maßnahmen« zurückgewiesen wird, muss es anfangen, schlecht über sich zu denken. Schon mit sechs Jahren glaubt kaum noch ein Kind, dass es ein Kind des Lebens und der Liebe ist, sondern ein Wesen, das sich anstrengen und sich Liebe verdienen muss durch Wohlverhalten, Anpassung, Gehorsam und durch die Unterdrückung vieler Impulse. Wir nennen es Erziehung, aber es ist und bleibt in Wirklichkeit Domestizierung wie bei einem Hund. Ob Sie »Platz!« sagen oder »Fuß!« ist nichts anderes, als wenn Sie ein Kind mit Sätzen wie »Sei still! Halt den Mund! Sei nicht so vorlaut! Frag nicht, iss! Stell dich nicht so an! Reiß dich zusammen! Was glaubst du eigentlich, wer du bist! Mach uns keinen Ärger! Mach deine Hausaufgaben! Zieh dich mal richtig an! Räum dein Zimmer auf!« usw. anschreien. Am häufigsten werden Kinder mit Worten geschlagen.

Mit zehn Jahren haben fast alle Kinder die Freude am Leben verloren. Es sind weitgehend gebrochene Wesen mit oft traurigen Augen, die sich da morgens mit kiloschweren Ranzen zur Schule schleppen, um auch dort wieder gesagt zu bekommen, sie müssten sich mehr anstrengen, sie seien faul und so, wie sie sind, nicht akzeptabel.

Sie glauben, ich übertreibe? Dann prüfen Sie doch einmal, an wie viel von Ihrer eigenen Kindheit vor dem sechsten Lebensjahr Sie sich noch erinnern. Bei den meisten klafft in der Erinnerung ein schwarzes Loch, nur wenige Bilder sind im Gedächtnis geblieben, und die gehören selten zu den schönen. Andere idealisieren ihre Kindheit im

Nachhinein. Wir vergessen das meiste, was in unserer Kindheit vorgefallen ist, oder beschönigen es, weil es zu wehgetan hat. Kinder wurden und werden bis heute täglich in ihrem Selbstwert herabgesetzt und fühlen sich zutiefst verletzt.

Aus dieser Behandlung durch Eltern, Kindergärtner, Lehrer, andere Erwachsene und ältere Geschwister zieht das Kind den einzig logischen Schluss, nämlich: »Ich bin nicht in Ordnung! Mit mir stimmt etwas nicht!« Die Gefühle, die dieser und Hunderte ähnlicher Gedanken im Kind verursachen müssen, sind Trauer, Angst, Wut, Ohnmacht und vor allem Scham, Schuld und Minderwertigkeitsgefühle. Der normale Erwachsene ist bis oben hin angefüllt mit genau diesen Emotionen und muss sie immer wieder verdrängen, weil er sich mit ihnen schlecht fühlt und auch nicht gelernt hat, sie grundlegend zu verwandeln. Was glauben Sie geschieht, wenn dieser junge Mensch jetzt eine Liebesbeziehung beginnt und hofft, die Liebe seines Lebens zu finden?

Wer mit einem anderen Menschen Liebesglück erfahren will, muss und wird irgendwann erkennen, wie sehr er sich selbst die Liebe entzogen hat und dass er ein völlig falsches Bild von sich und seinem Wert hat. *Sich selbst zu erkennen, anzunehmen und lieben zu lernen, ist die wichtigste Aufgabe jedes Menschen.* Denn nur der, der sich selbst liebt, der wieder mit offenem und fröhlichem Herzen, mit Dankbarkeit und Freude durch die Welt geht, wird auch andere so lieben und annehmen können, wie sie sind. Nur der sich selbst liebende Mensch kann die Herrlichkeit des Lebens und seiner Mitmenschen erkennen und das Leben auf Mutter Erde als Paradies empfinden. Aus diesem Paradies haben wir uns selbst vertrieben, aber es wartet auf jeden von uns.

Auch wenn Sie schon zwanzig Jahre verheiratet sind und ein halbes Leben gelebt haben, ist es für die Liebe nicht zu spät. Im Gegenteil: Bei uns im Westen leben wir fast alle vier oder fünf Jahrzehnte lang ein Leben in Unbewusstheit und Selbstverurteilung. Bis wir endlich darauf kommen, dass die Probleme unseres Lebens vor allem ein Resultat unserer verkorksten Beziehung zu uns selbst sind, brauchen wir offenbar viel Zeit. Darum beginnt das eigentliche Leben für die, die endlich aufwachen und das Wesentliche im Leben erfassen, meist erst um die fünfzig herum.

Nachdem Sie sich bewusst gemacht haben, wie herzlos und hart Ihre Beziehung zu sich selbst in den letzten Jahrzehnten gewesen ist, dürfen Sie sich entscheiden, diese Beziehung grundlegend neu zu gestalten. Ich fordere Sie auf, diese Entscheidung so bewusst und klar wie möglich zu treffen. Formulieren Sie schriftlich, wie Sie mit sich selbst umgehen, welche Gedanken Sie über sich denken und welche Gefühle Sie sich selbst gegenüber haben. *Bringen Sie mit viel Liebe Licht in alle dunklen Bereiche Ihrer Beziehung zu sich selbst.*

Entscheidung für Selbstliebe und Selbstvergebung

Wenn wir uns das ganze Ausmaß unserer Selbstverurteilung anschauen – und dazu möchte ich Sie ermutigen –, begreifen wir, dass nur wir selbst uns aus dieser selbst erschaffenen Hölle befreien können. Der erste Schritt besteht in der Zurücknahme aller Urteile, die wir über uns selbst gefällt haben. Das nennt man Selbstvergebung. Sich selbst all das zu vergeben, was Sie sich in Ihrem Denken und Handeln angetan haben, wird die größte Liebestat Ihres Lebens sein. Es ist keine Aktion, die Sie einmal durchführen werden. Selbstvergebung ist vielmehr eine grundlegende Einstellung und Erkenntnis, die besagt: »Ich habe es zu jedem Zeitpunkt meines Lebens so gut gemacht, wie ich konnte.« Diese Erkenntnis ist eine große Tür in die Freiheit. Auch wenn Ihr Verstand Ihnen immer noch einzureden versucht, Sie hätten ach so viele Fehler in Ihrem Leben gemacht und müssten sich anstrengen, ein besserer Mensch zu werden – glauben Sie ihm nicht! Ihr Verstand ist nur das Echo all der kritisierenden und herabsetzenden Gedanken, die Sie von anderen über sich gehört haben und die Sie gelernt haben, für wahr zu halten.

Ihre Entscheidung könnte sich zum Beispiel so anhören: »*Ich entscheide mich, mir selbst ab jetzt größte Aufmerksamkeit und Liebe zu schenken und mich und mein Lebensglück in den Mittelpunkt meines Lebens zu stellen. Ich übernehme die Verantwortung für all meine bisherigen Schöpfungen, für meine Gedanken, Gefühle und Handlungen sowie für die Erschaffung meiner gesamten bisherigen Lebenswirklichkeit. Ich erkenne, dass ich mich bisher oft für vieles verurteilt habe, was ich tat und was mir widerfuhr. Heute nehme ich alle Urteile mir selbst gegenüber wieder zurück und öffne mich der Wahrheit, dass ich es immer so gut gemacht habe, wie ich konnte. Meine Unbewusstheit im Umgang mit mir selbst will ich durch Bewusstheit ersetzen, meine Härte durch Milde, meine Ablehnung durch Verständnis, meine Ablehnung durch Annahme und Liebe. Ich öffne mein Herz und meinen Geist für eine beständige Liebesbeziehung zu mir selbst. Ich will mir selbst all das schenken, was ich bisher von anderen erwartet habe.*«

Mit einer solchen Entscheidung legen Sie die Grundlage für ein glückliches Leben und für wunderbare Beziehungen

zu anderen Menschen – nicht nur zu einem Lebenspartner. Die Entscheidung, sich selbst annehmen und lieben zu
lernen und ein dauerhaftes, tiefes Liebesverhältnis zu sich
selbst aufzubauen, ist die vielleicht wichtigste Entscheidung
Ihres Lebens.

Kapitel 4
Die Irrtümer über Beziehung und Partnerschaft

Die Überbetonung und Überlastung der Paarbeziehung

Wenn wir am Ende unseres Lebens zurückblicken – und ich hoffe, wir alle werden hierfür genügend Zeit und Muße haben –, werden wir vielleicht feststellen können: »In meinen Beziehungen zu den Männern/Frauen in meinem Leben habe ich die glücklichsten und schönsten Stunden erlebt, aber auch die enttäuschendsten und schmerzhaftesten.«

Die Beziehung zwischen Mann und Frau ist eines der spannendsten Themen der Menschheit seit Adam und Eva. Wir beziehen uns im Leben immer auf etwas oder jemanden. Wir beziehen uns vor allem auf vier Objekte: auf uns selbst, auf andere Menschen, auf das Leben und auf Gott. Auch wenn diese Beziehungen oft sehr unbewusst gelebt werden: Wir können uns nicht *nicht* beziehen. Das ist unmöglich.

Die Beziehung zwischen Frau und Mann nimmt in unserer westlichen Kultur einen übergroßen Raum ein, der ihr nicht gebührt. Wir sind verrückt nach diesem Thema und haben auch ziemlich verrückte Ansichten darüber, was diese Beziehung alles für uns leisten soll. Die meisten Romane, Filme, Zeitschriftenartikel und so viele Gespräche kreisen um die Themen »Mann und Frau« sowie »Partnerschaft und Liebesbeziehung«.

Wir unterhalten natürlich auch Beziehungen zu anderen Menschen: zu unseren Kindern, Freunden, Bekannten, zu Kollegen am Arbeitsplatz, im Klub oder im Verein, zu Nachbarn, Eltern, Geschwistern und anderen Verwandten. Aber die Beziehung zu »meinem Mann«, »meiner Frau« oder »meinem Schatz« nimmt im Bewusstsein der meisten Menschen, die von diesem Thema noch nicht genug haben, den allergrößten Raum ein – bei den Frauen vielleicht noch etwas mehr als bei den Männern.

Das ist in vielen anderen Gesellschaften nicht so. Nicht nur bei sogenannten Naturvölkern oder – wie manche noch gerne sagen – »primitiven« Völkern, auch in unserer eigenen Geschichte gab es diese Überbewertung nicht.

Ich halte die Überbetonung der Paarbeziehung für äußerst ungesund, sowohl für die Beteiligten als auch für unsere Gesellschaft. Sie trägt nicht zu unserem seelischen Gleichgewicht bei. Dieses Übergewicht, das sich in der Sehnsucht nach »dem Einen« oder »der Einen« ausdrückt, mit dem oder der ich glücklich werden will, ist in meinen Augen mitverantwortlich für die große Einsamkeit und das innere Leid vieler Menschen sowie für das mangelnde Gemeinschafts- und Solidaritätsgefühl, das wir in unserer Gesellschaft heute beobachten. Die zu große Bedeutung, die wir der Verbindung zweier Menschen beimessen, ist Ausdruck eines trennenden Denkens. Wir trennen uns hier zum einen von der wichtigsten Person in unserem Leben, von uns selbst, und andererseits von allen anderen Menschen, die in ihrer Wichtigkeit hinter dem Partner zurückstehen sollen.

Wir haben ein Dreiklassensystem der Liebe und der Beziehungen eingeführt. An erster Stelle stehen der Partner und die Kinder, an zweiter Stelle die Herkunftsfamilie und zuletzt kommen alle anderen. Die Liebe und die Beziehung zu uns selbst kommen im Bewusstsein der meisten Menschen überhaupt nicht vor.

Diese Überbetonung der Zweierbeziehung hat nichts Natürliches an sich. Sie existiert, wie gesagt, in vielen anderen

Gesellschaften nicht und ist – geschichtlich gesehen – sehr jung. Das, was die Masse der Menschen über Beziehung denkt, entspricht dem sogenannten romantischen Beziehungsideal, das im 17. Jahrhundert aufkam und sich erst in den letzten zweihundert Jahren so richtig in den Köpfen der Menschen eingenistet hat, das heißt als »normal« angesehen wird. Hierauf weist besonders der Therapeut und Autor Michael Mary hin. Das romantische Beziehungsideal besagt:

1. Da draußen gibt es einen Mann oder eine Frau, also einen ganz bestimmten Menschen, der zu dir passt und den du brauchst, um glücklich zu werden. Den musst du finden.
2. Jeder Mann braucht eine Frau, jede Frau braucht einen Mann, um glücklich zu werden.
3. Dieser eine Mensch kann dir alles geben, was du zu deinem Glück brauchst. Und du kannst ihm geben, was er zu seinem Glück braucht. Das nennt man Liebe.
4. Wenn du diesen Menschen findest, werden sich nicht nur deine Wünsche nach Sicherheit und Wohlstand erfüllen, sondern auch deine emotionalen (nach Zuwendung, Geborgenheit, Treue, Freundschaft usw.) und sexuellen Bedürfnisse werden befriedigt werden. Kurzum: Dieser andere ist dein Traumpartner, mit dem all deine Träume wahr werden können.
5. Allein bist du nicht ganz, nicht vollständig. Erst der andere, die Frau oder der Mann, macht dich ganz. Im Grunde bist du ein halber Mensch, der seine andere Hälfte finden muss, um ganz und vollständig zu werden.
6. Wenn du den »Richtigen« findest, sollte diese Beziehung ein Leben lang halten. Wenn dir das nicht gelingt, bist du gescheitert und darfst dich schämen.

7. Wenn du gegen dieses Beziehungsbild verstößt oder rebellierst, werden die Gesellschaft, der Staat und die »Normalen« es dich spüren lassen.

Dieses Beziehungsideal hat unsägliches Leid erzeugt und gehört »in die Tonne«. Da es jedoch seit Generationen weitergereicht wird und sich seine Kerngedanken in unzähligen Romanen und Hits finden, hält es sich hartnäckig in den Köpfen und im Massenbewusstsein und führt im täglichen Leben zwischen Mann und Frau zu Verletzungen, Enttäuschungen und sehr viel Schmerz.

Mehr und mehr Menschen beginnen zu begreifen, wie lebens- und liebesfeindlich diese Überzeugungen sind, aber die wenigsten haben den Mut zu sagen: »Ich mache diesen Unsinn nicht mehr mit. Ich entscheide mich, nicht mehr dem zu folgen, was man tut oder nicht tut, weil mir das nicht guttut. Ich höre auf mein Herz und folge seiner Stimme ...«

Ein oberflächlicher Blick auf unsere Ehen und Partnerschaften könnte den Eindruck erwecken, dass Beziehungen heute häufiger scheitern als früher. Wir registrieren mehr Scheidungen, es gibt mehr Singles und wir hören heute jeden Tag von Beziehungsdramen. Es ist der attraktivste Stoff, mit dem Zeitungen und Zeitschriften die höchste Auflage machen.

Ich halte die These vom häufigeren Scheitern von Beziehungen jedoch für einen Irrtum. Sicher gab es früher deutlich weniger Scheidungen. Das heißt aber nur, dass die äußere Form, die Fassade – zum Beispiel der Ehe – länger aufrechterhalten wurde. Was sich hinter dieser Fassade, in den Küchen, Wohnzimmern und Schlafzimmern unserer Groß- und Urgroßeltern an Dramen, Leid und Elend abspielte, möchte ich keinem heute lebenden Menschen als Erfahrung wünschen. Weitgehend hielt man nur aus wirtschaftlicher Not und aufgrund strengerer sozialer Normen an der Ehe fest. Noch vor wenigen Jahrzehnten konnte es sich eine Frau kaum leisten, aus einer unglücklichen Ehe auszubrechen und eigene, neue Wege zu gehen. Und im ländlichen Bereich ist dies noch heute ein schwerer und großer Schritt für viele, ein Schritt, der oft mit einem Wegzug in die nächste Stadt verbunden ist, um der sozialen Ausgrenzung, dem Tratsch und der Ächtung zu entgehen.

Unsere – im Vergleich zu anderen Ländern und Erdteilen – geradezu luxuriöse wirtschaftliche Situation ermöglicht uns erst, uns bewusst um Beziehungen zu kümmern. Wenn Sie jedoch zwölf bis sechzehn Stunden am Tag arbeiten müssen oder sich den ganzen Tag Sorgen machen, wo Sie morgen etwas zum Essen bekommen, wo Sie ums nackte Überleben kämpfen – und das ist zurzeit die Situation bei einigen Milliarden Menschen auf dieser Erde –, da haben Sie gar keine Aufmerksamkeit und Zeit, sich um die Qualität Ihrer Beziehung und Partnerschaft zu kümmern. Insofern leben wir hier auch in einer Art Beziehungsluxus. Wir können uns Zeit nehmen, um an uns selbst und unseren Beziehungen zu arbeiten, können Vorträge oder Seminare besuchen, unendlich viele Bücher lesen oder Psychotherapeuten in Anspruch nehmen. Das alles ist ein ungeheurer Luxus und Fortschritt. Wir können es uns leisten, uns zu fragen: »Was will ich aus diesem meinem Leben machen? Wie kann ich glücklich leben?« Das meine ich nicht zynisch. Ich bin vielmehr der Ansicht, dass wir für so viel Luxus sehr dankbar sein könnten, dankbar dem Leben gegenüber.

Aber wie viele stellen sich diese zentrale Frage nach dem Glück des Lebens ernsthaft und freiwillig und beantworten sie auch? Die meisten widmen sich dieser Frage erst, wenn sie durch Krisen, Schicksalsschläge, Krankheiten und häufig durch ihr Scheitern in Beziehung oder Beruf darauf gestoßen werden. Dieses Aufwachen beginnt in der Regel nicht vor Ende dreißig oder Mitte vierzig. Erst die vierziger Jahre bieten den meisten Menschen die Möglichkeit zur Wende und zur Wandlung des Alten. Ich lade Sie ein, sich selbst die folgenden Fragen zu stellen und am besten schriftlich zu beantworten:

- Wozu lebe ich dieses Leben?
- Was soll mir das Wichtigste in meinem Leben sein?
- Wozu will ich einen Partner bzw. warum lebe ich in einer Partnerschaft?

Frauen und Männer missbrauchen sich gegenseitig

Frauen und Männer suchen und finden sich, nicht weil sie lieben wollen, sondern weil sie eine Beziehung haben wollen, und das aus den unterschiedlichsten Motiven. Mit der Liebe hat das zunächst nichts zu tun. Sie versprechen sich von einem Mann oder einer Frau eine Verbesserung ihres Lebens. Ihre Bedürftigkeit, ihre innere Einsamkeit und ihre Sehnsucht, geliebt und genährt zu werden, treibt sie zum anderen Geschlecht. Wir wollen eine Beziehung haben, wir wollen eine Frau oder einen Mann haben, und das möglichst ganz für uns allein. So wie wir ein schönes Auto oder eine Wohnung haben wollen, so wollen wir einen Menschen für uns haben, der unsere Lebensqualität verbessert.

In den meisten Menschen denkt es: »Ich brauche einen Partner, um etwas zu bekommen, was ich nicht habe, wenn ich mit mir allein bin.« Wenn wir glauben, einen Menschen zu brauchen, dann muss es in dieser Beziehung zu einem gegenseitigen Missbrauchen kommen, und dies führt immer zu Schmerz und Leid. Aus diesem – meist unbewussten – Anfangsmotiv erklärt sich bereits der Verlauf vieler Beziehungen, an dessen Ende nur Enttäuschte zurückbleiben.

Wir gehen mit einer Menge nicht hinterfragter Erwartungen, Wünsche und Forderungen an den Partner in eine Beziehung. Dies ist selten der Beginn einer Liebesbeziehung, sondern meist der Anfang einer Handels- und Leidensgemeinschaft zweier Menschen. Zwei mit sich selbst nicht zufriedene, geschweige denn glückliche Menschen kommen zusammen in der Hoffnung, gemeinsam glücklich zu sein. Keiner von beiden ist erfüllt von dem Bewusstsein, ein großartiges, herrliches und sich selbst liebendes Wesen zu sein, ausgestattet mit innerem Reichtum und von großer Schönheit. Im Gegenteil: Unsicherheit, Selbstkritik, Minderwertigkeit und Ängste zeigen sich schnell hinter der Fassade, die der Mensch nach außen präsentiert.

Es beginnt ein Handel nach dem Motto: »Ich gebe dir etwas, wenn du mir auch etwas dafür gibst.« Ich sage dir: »Ich liebe dich.« Und du sagst mir bitte das Gleiche. Ich, die Frau, gebe dir meinen Körper und regelmäßigen Sex, und du gibst mir das Gefühl, attraktiv zu sein. Ich, der Mann, verpflichte mich, dir treu zu sein und nicht mehr nach anderen Frauen zu schauen, und du gibst mir das Gefühl, ein toller Mann zu sein. Ich liebe dich, solange du mich liebst. Wenn du mich nicht mehr liebst, werde ich dich auch nicht mehr lieben. Bist du nett zu mir, dann bin ich auch nett zu dir. Du gibst mir finanzielle Sicherheit, und ich gebe dir das Gefühl von Geborgenheit. Wir nehmen uns beide an den Händen und halten zusammen gegen die da draußen in dieser kalten, lieblosen Welt. Wir stützen uns gegenseitig und machen es uns in unserer Beziehung gemütlich. Diese Handelsbeziehung hat mit Liebe nichts zu tun.

Männer und Frauen kommen also nicht zusammen, weil sie sich innerlich überreich und glücklich fühlen und diesen Reichtum, diese Fülle und ihre Lebensfreude mit einem anderen Menschen teilen wollen, sondern aus einem tiefen Gefühl des Mangels. Nicht das Gebenwollen ist der Antrieb für Beziehung und Partnerschaft, sondern das Habenwollen. Wir wollen Liebe, Sex, Geborgenheit, Sicherheit, Bestätigung, Anerkennung, Wohlstand und Lebensglück vom anderen haben. Wir wollen einen anderen kennenlernen, obwohl wir uns selbst nicht kennen. Was wir von uns kennen, sind unsere Gedanken über uns selbst. Wir haben ein Bild von uns selbst und machen uns ein Bild vom anderen. Und wenn wir nach einer Zeit entdecken, dass der eine Partner nicht oder nicht mehr in unser Bild passt, sind wir enttäuscht und suchen uns einen anderen. Aus Täuschungen müssen immer Enttäuschungen entstehen.

Dieser Prozess der Enttäuschung ist zwar schmerzhaft, aber er ist menschlich und segensreich. Das heißt, er gehört zu unserem Weg, der am Ende immer zu uns selbst zurückführt. Wer genug enttäuscht wurde, wer sich genug Verletzungen zugezogen hat, der ist schließlich reif, sich selbst zu begegnen, sich kennen und lieben zu lernen. Darum ist jede Beziehung – auch die schmerzlichste – ein segensreicher Weg, der uns zur Liebe und zum Lieben führt.

Ich bitte Sie, Ihre Beziehungsgeschichten unter diesem Gesichtspunkt neu zu betrachten und zu bewerten. Jeder Partner, den Sie bisher hatten, war notwendig, damit Sie zu sich finden konnten und sich selbst erkennen und lieben lernten. *Fragen Sie sich bitte selbst:* »*Warum habe oder will ich einen Partner? Was erwarte ich alles von ihm? Was gebe ich ihm dafür? Wie lautet mein unausgesprochener Handelsvertrag mit ihm?*«

Die Irrtümer über die Beziehung zwischen Frau und Mann

Was die Mehrzahl der Menschen heute über Liebe, Beziehung, Partnerschaft und Ehe denkt, hat mit der Wirklichkeit weniger zu tun als die Märchen der Brüder Grimm. Ich lade Sie auf den folgenden Seiten ein zu überprüfen, an welche Märchen Sie selbst noch glauben, ohne dass es Ihnen bewusst ist.

Es ist erstaunlich, wie lange und hartnäckig sich unwahre Gedanken und Überzeugungen in unseren Köpfen halten können, obwohl sie über Jahre und Jahrzehnte von der Wirklichkeit widerlegt werden. Dies liegt vor allem daran, dass wir weder in der Schule noch später lernen, uns bewusst zu machen, was wir an grundlegenden Gedanken über uns und das Leben in uns haben, und diese Gedanken auf ihre Wahrheit oder Unwahrheit hin zu überprüfen. In puncto Bewusstheit leben wir bis heute in der Steinzeit. Der Normalmensch ist sich der Macht seiner Gedanken in keiner Weise bewusst. Er weiß und glaubt bis heute nicht, dass es in erster Linie seine eigenen Gedanken sind, mit denen er seine Lebenswirklichkeit erschafft. Dies wird von der breiten Öffentlichkeit bis heute als esoterischer Blödsinn abgetan.

Auf diesem Gebiet gebührt der Amerikanerin Byron Katie große Anerkennung für ihre Anleitung, unsere Gedanken auf Wahrheit zu überprüfen. Sie nennt diesen Weg ein-

fach The Work (»Die Arbeit«). Mit dieser schnell zu er-
lernenden Methode gelingt es jedem Menschen, der Ursache seines Leidens in seinen Gedanken auf die Spur zu
kommen. Denn jeder Gedanke, der nicht wahr ist, führt zu
Schmerz, Enttäuschung, Mangel- und Leidenszuständen.

Unsere Lebenswirklichkeit ist das Spiegelbild unseres bisherigen, meist unbewussten Erschaffens durch Gedanken,
Worte und Handlungen. Hinzu kommen die Gefühle, die
durch unsere Gedanken erschaffen werden. Diese vier –
Gedanke, Gefühl, Wort und Tat – sind kraftvolle Energien,
die jeder von uns täglich in die Welt schickt und die sich
in unserer erlebten Wirklichkeit manifestieren und zeigen:
im Zustand unseres Körpers, unserer Beziehungen, unseres
Bankkontos sowie in allen Ereignissen, die uns persönlich
betreffen.

Wenn wir täglich die gleichen oder sich sehr ähnelnde
Gedanken denken, die wir zum Beispiel seit der Kindheit
von anderen übernommen haben, dann können diese Gedanken nicht anders, als sich in unserer erfahrenen Lebenswirklichkeit widerzuspiegeln. Wer zum Beispiel gelernt hat
zu glauben, das Leben sei ein Kampf, weil er seine Eltern
und andere ein anstrengendes und mühsames Leben hat
führen sehen, der kann kein leichtes Leben erwarten. Er
bestellt immer wieder Schwierigkeiten, Hindernisse und
Feinde, gegen die er kämpfen kann, in sein Leben. »Denn
nach deinem Glauben geschehe dir«, sagte schon Jesus.
Achten Sie darum während der Lektüre dieses Buches sehr
genau darauf, was Sie über die wesentlichen Fragen des Lebens in Ihnen denken.

Da die meisten Menschen weder an die Macht ihrer eigenen Gedanken glauben noch sich bewusst darum kümmern,
was wirklich in ihnen denkt, erschaffen sie täglich auf unbewusste Weise ein anstrengendes, oft frustrierendes Leben,

in dem sie häufig von sich selbst und anderen enttäuscht werden. Unbewusstes Erschaffen muss immer wieder zu Leiden führen. Darum müsste über den Lebensläufen und auch über den Beziehungsgeschichten der meisten Männer und Frauen stehen: »Sie wissen nicht, was sie tun!«

Beziehungsirrtum: Ich brauche einen Partner – ich will nicht allein leben

Heute gibt es zwar immer mehr Singles (in Großstädten wie München sind es schon lange mehr als fünfzig Prozent), aber die meisten glauben, unbedingt einen Partner zu brauchen. Das Alleinleben wird von der Mehrheit nicht als »gesunder Normalfall« betrachtet und gewürdigt. Das Bewusstsein der Masse, meist der Verheirateten in der Herkunftsfamilie und im Freundeskreis, urteilt: »Mit der oder dem ist etwas nicht in Ordnung.« Erinnern Sie sich noch an die Fragen Ihrer Familie, Ihrer Eltern, Geschwister oder anderer Verwandter wie: »Und, hast du jetzt einen neuen Freund/eine neue Freundin? Ist das auch was Festes? Und, wann wollt Ihr zusammenziehen oder heiraten?« Der »ewige Single« wird – besonders von Menschen in Paarbeziehungen – selten respektiert und gewürdigt. Er wird von Paaren auch oft nicht in den Freundeskreis eingebunden. Nicht selten wittern Paare oder Eheleute eine Gefahr und scheuen sich, die gemeinsame Freundin oder den gemeinsamen Freund einzuladen. Der eigene Partner könnte ihn oder sie am Ende interessanter, netter, liebenswürdiger, anziehender finden. Wer hat noch nicht davon gehört, dass der beste Freund etwas mit der eigenen Frau angefangen hat oder die beste Freundin mit dem eigenen Mann?

Wer sich in diesem Denken und Verhalten wiedererkennt, den fordere ich auf, sich mit seinen Ängsten auseinanderzusetzen. Sie können noch so viele »Sicherheitsmaßnahmen« ergreifen: Wenn Sie Angst haben, Ihr Partner könnte andere Menschen attraktiver finden als Sie selbst, dann schauen Sie sich Ihre abwertenden, verurteilenden und Ihren Selbstwert mindernden Gedanken über sich an, und spüren Sie die Gefühle der Minderwertigkeit und Scham. Das sind Wunden der mangelnden Selbstliebe, die auf Heilung warten und auf ein neues Denken über uns selbst und unseren Wert.

Wenn wir denken »Ich brauche einen Partner«, befinden wir uns tief in einem Denken des Mangels. Wir denken uns in eine Notlage hinein. Kein Gedanke, der mit »Ich brauche …« beginnt, ist jemals wahr, weil er die jetzige Situation ablehnt und verurteilt. Würden wir wirklich brauchen, was wir gerade nicht haben, würden wir auf der Stelle tot umfallen. Da wir es nicht tun, sondern weiterleben, brauchen wir es nicht. Und wir brauchen auch keinen Partner, um glücklich zu sein. Wenn es irgendetwas gibt, das wir »brauchen«, dann sind es Liebe und Bejahung uns selbst und dem gegenüber, was sich jetzt gerade im Leben zeigt.

Was sich jetzt gerade in unserem Leben zeigt und ereignet, das nenne ich die Sprache des Lebens, die Sprache der Wirklichkeit. Wenn Sie jetzt gerade keinen Partner an Ihrer Seite haben, dann sagt das Leben: »Du sollst jetzt gerade keinen Partner haben, denn sonst wäre jemand da.« *Warum* Sie gerade keinen Partner haben, spielt zunächst einmal keine Rolle. Was sich jetzt gerade in unserem Leben zeigt, wünscht sich Annahme und Würdigung, so auch die Abwesenheit eines Partners.

Hinzu kommt erschwerend, dass gerade der Gedanke »Ich brauche einen Partner« verhindert, dass Sie in absehbarer Zeit Ihren Partner finden. Das Leben registriert unsere Gedanken nämlich haargenau und bestätigt es uns in der erlebten Wirklichkeit. Wenn das Leben von Ihnen hört »Ich brauche einen Partner«, dann antwortet es »Na, dann brauch mal schön weiter …«. Das Universum ist eine riesige Kopieranstalt und spiegelt unsere Gedanken und Einstellungen in der erlebten Wirklichkeit. Wer »Ich brauche …« denkt, der sagt: »Mir fehlt etwas.« Mit diesem Gedanken lässt sich schwerlich Fülle und Erfüllung im Leben erschaffen, denn nach unserem Glauben, nach unserem Bewusstsein erschaffen wir unser Sein.

Wer sich einen Partner an seiner Seite wünscht, möge sich zunächst einmal dem Gedanken öffnen, dass es einen Sinn hat, warum dieser Partner (noch) nicht da ist, und diesen Zustand annehmen. Für manche klingt das bitter. Wenn Sie im Moment keine Frau oder keinen Mann haben, dann sollen Sie im Moment auch keine(n) haben. Dies ist dann die Zeit, in der Sie in sich und Ihrem Leben einiges klären dürfen – insbesondere Ihre grundlegende Einstellung zu sich selbst. Wer sich einen Partner wünscht, möge lieber denken: »Ich öffne mich für den Partner meines Herzens in meinem Leben, sofern es im Sinne meiner Seele ist.«

Viele Menschen, die sich – ohne je allein gelebt zu haben – in eine Beziehung stürzen und dann nach Jahren von ihrem Partner verlassen werden, erhalten hierdurch die unschätzbare Gelegenheit, sich endlich selbst zu finden und Zeit mit sich zu verbringen. Hierzu gehört ganz wesentlich die Klärung der Fragen: »Wieso glaube ich eigentlich, einen Partner zu brauchen? Was geschieht in mir, wenn ich ganz mit mir allein bin?«

Die meisten Menschen haben größte Schwierigkeiten mit dem Alleinsein. Sie können nicht wirklich mit sich selbst allein sein, denn dann *fühlen* sie sich auch allein. »Ich bin allein. Niemand ist da.« So denkt es in uns, und dieser Gedanke führt zu Trauer und Angst, die vielen Menschen tief in den Knochen stecken.

Als Kinder haben wir alle Augenblicke des Alleinseins erlebt. Wir haben uns oft innerlich allein und verlassen gefühlt, auch wenn Menschen da waren. Für ein Kind fühlt sich das sehr bedrohlich an, und es muss sich von diesem Gefühl, so gut es geht, ablenken. Viele überleben innerlich, indem sie sich »wegbeamen« und in Tagträume oder Fantasien flüchten. In diesem Punkt sind Kinder sehr kreativ.

Wenn wir als Kind oft »Ich bin allein« gedacht haben, hat dies große Auswirkungen auf unsere heutige Befindlichkeit als Erwachsener. Dieser Gedanke sitzt tief in uns und wird immer noch geglaubt, auch wenn wir heute vielleicht verheiratet sind und Kinder haben. Denn ein Gedanke, der oft von uns gedacht wurde, verschwindet nicht von selbst, sondern will bewusst gemacht und überprüft werden, damit wir uns für einen neuen Gedanken entscheiden können.

Das Gefühl des Alleinseins loszuwerden und nicht allein bleiben zu müssen, ist eines der wichtigsten Motive, aus denen der Mann eine Frau und die Frau einen Mann sucht. Weil wir es mit uns allein nicht aushalten und weil wir schon gar nicht in der Lage sind, das Leben allein zu genießen, glauben wir, einen Partner zu brauchen. Das aber ist eine denkbar schlechte Ausgangssituation für eine Partnerschaft.

Eine der wichtigsten Entwicklungsaufgaben jedes Menschen besteht darin zu lernen, gut und glücklich mit sich allein zu sein. Solange die Einsamkeits- oder Verlassenheitswunde der Kindheit nicht geheilt ist und es tief in uns immer noch denkt »Im Grunde bin ich allein auf der Welt«, steht jede Beziehung auf unsicherem Fundament. Der Partner kann noch so fürsorglich und liebevoll zu uns sein, diese alte Wunde kann er nicht heilen. Das können wir nur selbst tun.

Darum sollte jeder, der sich auf einen anderen Menschen näher einlässt und mit ihm eine Wohnung teilen will, zunächst einmal ein paar Jahre allein gewohnt und die Erfahrung gemacht haben, dass er keinen anderen um sich herum braucht, um mit sich selbst und dem Leben im Frieden und glücklich zu sein. Wir brauchen Zeit, um uns selbst kennenzulernen und uns selbst zu begegnen. Doch diese Zeit nimmt sich in einer jungen Beziehung so gut wie niemand. *Das Zusammensein zweier Menschen um die zwanzig oder dreißig ist oft der große Versuch, sich von den Ängsten und der Trauer im Innern abzulenken und alles zu vermeiden, was das Gefühl des Alleinseins begünstigen könnte.*

So meiden viele auch die Stille wie der Teufel angeblich das Weihwasser. Dabei erlaubt uns erst die Stille zu hören, was in unserem Innern darauf wartet, von uns gehört zu werden: unsere innere Unruhe, unsere Angst, unsere Trauer, unser kleines Kind, unsere Gedanken über uns und das Leben, die Stimme unseres Herzens und anderes mehr. Den ganzen Lärm in unserem Innern vermeiden wir so lange, bis der Tinnitus es schließlich von den Dächern pfeift, dass wir nicht auf das hören, was uns unsere Seele zuruft.

Darum sind viele auch in einer Beziehung nicht in der Lage, dem anderen wirklich zuzuhören. Sie haben einfach nie gelernt, sich selbst zuzuhören. Erst im Alleinsein können wir auf unser Inneres hören, uns selbst vertraut werden und uns selbst kennenlernen. Hierfür benötigen wir die

Stille. Indem wir das Alleinsein und die Stille vermeiden, muten wir uns mit unserem inneren Chaos einem Menschen zu, der uns auch noch lieben soll. Doch wenn wir uns selbst nicht aushalten, warum sollte uns ein anderer auf Dauer aushalten können?

Beziehungsirrtum: Mein Partner soll mich glücklich machen.

Der »Klassiker« – der am meisten verbreitete Gedanke, der Frauen und Männer zu Enttäuschten werden lässt – heißt: »Mein Partner soll mich glücklich machen.« Von einer Beziehung und vom »richtigen« Partner erhoffen sich unzählige Menschen die Erlösung von allem Übel bzw. die Befriedigung vieler Bedürfnisse: das Bedürfnis nach Gemeinschaft, nach körperlicher Nähe und Sexualität, nach dem Gefühl des Wichtigseins, Gebrauchtwerdens und Geliebtseins, das Bedürfnis nach Kommunikation, Gespräch und Verstandenwerden, das Bedürfnis nach Anerkennung und Wertschätzung, das Bedürfnis nach emotionaler und wirtschaftlicher bzw. finanzieller Sicherheit und so weiter. Die Beziehung und der Partner werden auf diese Weise restlos überfordert. Alles, was mir bisher noch zu meinem Glück fehlt, möge mir bitte schön der Partner bieten. Das kann weder Supermann noch Superfrau leisten.

Hier steht der innere Mangel des Beziehungssuchenden im Vordergrund. Diesen inneren wie auch äußeren Mangel kann ein Partner nur auf oberflächliche Weise auffüllen bzw. beseitigen. Denn in Wirklichkeit besteht jeder Mangel in uns selbst. *Es ist unsere ureigene Aufgabe, uns selbst glücklich zu machen, uns selbst all die Liebe, Wertschätzung, Anerkennung und Ermutigung zu geben, nach der wir uns sehnen.* Das ist eine Grundlebensaufgabe: uns selbst lieben zu lernen mit allem, was wir sind und an und in uns haben – mit allen Verhaltensweisen, Gefühlen und Gedanken, mit unserer ganzen Biografie. Selbstliebe ist die Voraussetzung für die Liebe von und zu einem anderen Menschen.

Das Energiegesetz heißt: »*Du kannst nur so viel Liebe von einem anderen Menschen erhalten, wie du dir selbst schenkst, nie jedoch mehr.*«

Doch statt uns auf uns selbst zu konzentrieren, richten wir die meiste Aufmerksamkeit auf den Partner. Vor allem Frauen denken oft fast den ganzen Tag an ihren Partner: »Was macht er wohl gerade? Kommt er heute Abend pünktlich nach Hause? Wird er diesmal an meinen Geburtstag denken? Flirtet er beim nächsten Betriebsausflug wieder mit der blöden Kollegin aus der anderen Abteilung?« Sie sind oft regelrecht süchtig nach ihm, während die Gedanken vieler Männer meist um ihre Arbeit kreisen. Nicht wenige Frauen wünschen sich, er würde sich so viele Gedanken um sie machen, wie er sich über seine Arbeit macht.

Aber auch viele Männer erwarten unbewusst, ihre Partnerin möge ihnen bieten, was sie für ihr emotionales Wohlbefinden brauchen. Sie selbst konzentrieren sich häufig auf ihre Arbeit und auf all das, was im Alltag zu tun und zu erledigen ist. Hat der Mann nichts zu tun, wird er schnell ungenießbar, denn dann hat er nichts, was ihm einen Selbstwert vermittelt. Männer wollen in erster Linie machen und tun und holen sich hier Bestätigung und Anerkennung. Und für ihr Fleißigsein wollen sie von ihrer Frau belohnt werden durch emotionale Wärme, Akzeptanz und auch dadurch, dass sie sich ihnen in der Sexualität öffnet.

In vielen Paarbeziehungen können wir von einer »Du-Sucht« beider Partner oder zumindest eines Partners sprechen. Frauen wie Männer konzentrieren sich nicht auf sich selbst. Sie kümmern sich nicht um ihre Themen und Konflikte und um ihren inneren Frieden, machen sich selten klar, was sie zu ihrem Glück benötigen, und übernehmen keine Verantwortung dafür. Wozu hat man schließlich einen Partner?

Viele Männer und Frauen lassen sich von ihren Partnern benutzen, damit diese sich von ihrer eigenen inneren Leere, ihrer inneren Unruhe und ihren inneren Konflikten ablenken können. Habe ich einen Partner, um den ich mich kümmern kann, ist das oft eine willkommene Ablenkung von mir selbst.

Ich empfehle beiden Partnern, sich dieser »Du-Sucht« bewusst zu werden und ihre zerstörerische Wirkung auf das Glück zu zweit zu erkennen. Auch diese Sucht nährt sich aus dem noch nicht gelösten und geklärten Verhältnis zu Mutter und Vater der Kindheit. Der Junge im Mann hofft auf Belohnung und Aufmerksamkeit durch Mama, das Mädchen in der Frau wünscht sich emotionale Belohnung und Anerkennung durch den Papa.

Dieser unbewussten Haltung möchte ich die bewusste Haltung der Selbstzentriertheit gegenüberstellen – die Konzentration jedes Partners auf sich selbst, auf seine Bedürfnisse, seine Wünsche und seine innere Befindlichkeit sowie auf das bewusste Übernehmen der Verantwortung dafür.

Auch in Paarbeziehungen ist jeder Partner die wichtigste Person in seinem eigenen Leben, dessen erste Aufgabe es ist, im allerbesten Sinne für sich selbst zu sorgen. Wird diese Aufgabe von einem oder beiden Partnern nicht bewusst übernommen, muss es zu Unstimmigkeiten und Enttäuschungen kommen.

Folgende Fragen, die sich jeder der beiden immer wieder stellen und beantworten darf, spiegeln eine Haltung der Selbstzentriertheit wider:

- Welche Bedürfnisse und Wünsche habe ich, zum Beispiel körperliche, seelische, intellektuelle oder spirituelle? Habe ich meine ganz eigenen Interessengebiete – unabhängig von meinem Partner? Weiß ich, was für mich selbst, für meinen Körper, meinen Geist und mein Herz wichtig ist, wo ich aufblühe? Weiß ich, was mein Herz zum Singen bringt, und gebe ich ihm das auch regelmäßig?
- Was mache ich heute mir selbst zur Freude? Was bedrückt mich seit Tagen innerlich – welche Gedanken sind es? Und ist das wirklich wahr, was ich hier denke? Bin ich mit meinem Beruf wirklich noch glücklich? Oder reiße ich den Job so runter, weil ich glaube, keine andere Wahl zu haben?
- Habe ich eigene Freunde und pflege ich diese Freundschaften? Verzichte ich auf solche Freundschaften, weil mein Mann oder meine Frau dies nicht wünscht, weil er oder sie schnell eifersüchtig ist?

»Lasst jede in einer Beziehung befindliche Person sich nicht um den anderen sorgen, sondern ausschließlich um das Selbst. Die Ursachen für das Scheitern eurer Beziehungen liegen im Augenmerk, das ihr auf den anderen richtet, in eurer Besessenheit vom anderen. Was macht der andere? Was hat er oder sie? Was sagt, will, fordert, denkt, erwartet, plant er oder sie?

An erster Stelle muss also die Beziehung zu eurem Selbst stehen. Ihr müsst als Erstes lernen, euer Selbst zu achten, zu schätzen und zu lieben. Ihr müsst zuerst euer Selbst als würdig ansehen, bevor ihr einen anderen als würdig ansehen könnt. Ihr müsst zuerst euer Selbst als gesegnet ansehen, bevor ihr einen anderen als gesegnet ansehen könnt. Ihr müsst zuerst euer Selbst als heilig erkennen, bevor ihr die Heiligkeit im anderen erkennen könnt.

Ihr könnt euch nie wahrhaftig und rein in einen anderen verlieben, denn ihr habt euch nie ganz wahrhaftig und rein in euer Selbst verliebt.

Schaut euch in jedem Moment an, was ihr seid, denkt, tut und habt! Und nicht, was beim anderen stattfindet. Ihr findet euer Heil nicht in der Aktion des anderen, sondern in eurer Re-Aktion.

Die Person, die am meisten liebt, ist die, die selbst-zentriert ist.«

Neale Donald Walsch *

Beziehungsirrtum: Eine Beziehung sollte möglichst harmonisch sein.

Von einer Beziehung zu einem Partner wünschen wir uns in der Regel eine Verbesserung unseres Lebens und unserer Befindlichkeit. Die Sehnsucht nach einer harmonischen, liebevollen Beziehung treibt uns oft in die Arme eines anderen Menschen, weil wir das äußere Leben und unser Innenleben oft als sehr unharmonisch wahrnehmen – voller Unfrieden und Disharmonie. Darum soll uns die Beziehung zu zweit eine Insel der Glückseligkeit sein, auf die man sich zurückziehen und wo man sich erholen kann. Doch auch diese Erwartung muss enttäuscht werden.

* Walsch, Neale Donald: *Gespräche mit Gott. Ein ungewöhnlicher Dialog*, © Goldmann, München 2007, Bd. 1, S. 191–196

Der Gedanke, dass eine Beziehung möglichst harmonisch sein sollte, sorgt allein schon für Stress in der Beziehung – für »Harmoniestress«. Disharmonische Beziehungen, Gefühle von Unsicherheit, Angst, Ärger, Wut, Schuld, Scham, Ohnmacht und Hilflosigkeit werden von den Beteiligten wie eine Art Unfall betrachtet. »Sie sollten ›eigentlich‹ nicht da sein«, denkt es in ihnen. Wenn sie dann doch da sind, wenn es zu Streit, zu Spannung, zu Verletzungen kommt, ist das für die Beteiligten nicht in Ordnung und »eigentlich« ein Zeichen dafür, dass man es nicht geschafft hat in der Beziehung oder dass man sich wieder mal als »beziehungsunfähig« verurteilt.

Von einer Beziehung Harmonie und Frieden zu erwarten ist für die meisten Paare – insbesondere »in jüngeren Jahren« – völlig unrealistisch. Dass Zwanzig- oder Dreißigjährige eine Beziehung leben, die von gegenseitiger Wertschätzung, Respekt, Freiheit und bedingungsloser Liebe gekennzeichnet ist, kommt extrem selten vor und sollte auch nicht erwartet werden. Solch ein Beziehungsideal ist für jede Beziehung eine Belastung.

Um diese Gedanken nachvollziehen und annehmen zu können, bedarf es einer Klärung des grundlegenden Sinns von Beziehungen. Wofür sind Beziehungen da?

In einer Beziehung begegnen sich zunächst zwei Menschen, die sich nicht kennen und dennoch anziehen. Was sie tatsächlich anzieht, ist diesen Menschen nicht bewusst, obwohl sie glauben, es sei das attraktive Aussehen, die wunderbare Stimme, das starke Selbstbewusstsein oder der finanzielle Hintergrund des Partners. Jeder Mensch ist für sich ein einzigartiges, sehr komplexes Energiewesen mit einer ganz individuellen Ausstrahlung. Diese Ausstrahlung wird gespeist von Gedanken und Überzeugungen, von Gefühlen und Emotionen, von Erfahrungen, die in diesem und vielen anderen Leben gemacht wurden, von Worten und Sätzen, von der Stimme, von der Art zu sprechen, vom Verhalten und vom Bewusstheitsgrad des Einzelnen.

Bewusstheitsgrad meint, wie sehr sich der Mensch über seine Gedanken, Gefühle, Absichten und Erfahrungen im Klaren ist und wie sehr er diese in seinem täglichen Leben in Harmonie, in Übereinstimmung gebracht hat. Einen hohen Bewusstheitsgrad hat also der Mensch, dessen Denken, Fühlen und Verhalten miteinander harmonieren, der weiß, was er will und wozu er lebt und der ein hohes Maß an innerem Frieden mit sich, mit anderen und mit dem Leben erreicht hat. Dies ist bei jungen Menschen sehr selten anzutreffen und auch nicht zu erwarten. Selbst den meisten Vierzigjährigen ist immer noch nicht klar, wozu sie eigentlich leben, was der Sinn ihres Lebens ist. Wissen Sie es?

Ein so hoher Bewusstheitsgrad, ein solch innerer Frieden mit sich und dem Leben kann erst dann entstehen, wenn wir Unfrieden erlebt und bewältigt haben. Unser Lebens- und Wachstumsweg geht immer über die Bewältigung und letztlich Vereinigung von Gegensätzen. Wir gelangen zu Freiheit durch die Erfahrung von Unfreiheit, Ohnmacht und Gefangensein, zu Frieden durch die Erfahrung von Unfrieden, Konflikten, Ärger und Streit, zu Leichtigkeit durch die Erfahrung von Schwere, zu Vertrauen und Sicherheit durch die Erfahrung von Angst und Verzweiflung, zu Freude durch die Erfahrung von Trauer und Depression, zu Fülle und Begeisterung in allen Lebensbereichen durch die Erfahrung, die Annahme und Bewältigung von Mangelzuständen, Leere und Langeweile.

Der Partner, den ich unbewusst anziehe, zwingt mich geradezu, die genannten unangenehmen Erfahrungen zu machen, aber er ist nicht ihr Verursacher. Eine Partnerschaft ist immer dazu da, unser emotionales, mentales und spirituelles Innenleben zu klären und zu reinigen, seelisch/spirituell zu wachsen und uns unserer Schöpfer-Natur bewusst zu werden.

Unsere Partner lösen eine Menge von Emotionen in uns aus, die wir die längste Zeit unseres Lebens ablehnen: Ärger, Wut, Hass, Neid und Eifersucht, Unsicherheit, Ängste und Panik, Hilflosigkeit und Depression, Schuld und Scham usw. Ich betone: Sie lösen diese Emotionen aus, aber sie verursachen sie nicht. Verursacht und in uns genährt haben wir all diese Emotionen selbst – meist vor langer Zeit in unserer Kindheit. Aber damals mussten wir sie verdrängen, nach innen nehmen und verstecken, denn kein Kind wird mit all diesen Emotionen von seinen Eltern angenommen und wertgeschätzt.

Wenn wir zwanzig oder dreißig sind, sind wir randvoll mit verdrängten Energien wie den genannten. Diese Energien machen einen Großteil unserer Ausstrahlung aus. Obwohl Sie selbst es oft nicht fühlen, der andere (Ihr Partner) spürt, wie viel Angst oder Bedürftigkeit in Ihnen steckt, und erkennt (unbewusst) darin seine eigene Angst wieder.

Diese Energie ist ihm vertraut. Unter anderem darum zieht es ihn zu Ihnen. Sie »riechen« buchstäblich ähnlich wie er selbst. Denn Emotionen können wir tatsächlich riechen.

Darum ziehen wir einen Partner an: um uns letztlich selbst in ihm zu erkennen und lieben zu lernen. Nur unser Verstand wehrt sich vehement dagegen, in der Wut des anderen die eigene unterdrückte Wut zu erkennen, in der Untreue des Partners die eigene Untreue zu uns selbst oder die eigenen Fantasien nach Sex mit jemand anderem und in der Angst des anderen die eigenen, uneingestandenen Ängste. Der Verstand hat von Kindesbeinen an gelernt zu trennen, zu teilen und zu verurteilen. Er trennt »die Gute« vom

»Bösen« oder umgekehrt, »den Täter« vom »Opfer«, »die Nette« vom »Idioten«, »den Verletzenden« von »der Verletzten«.

Aber egal, was in einer Beziehung geschieht, die Wahrheit heißt immer: *Beide erschaffen gemeinsam alles, was geschieht. Beide sind Koproduzenten des Dramas oder der Komödie – egal ob geweint oder gelacht wird oder beides.* Wenn wir ein wenig Abstand bekommen, können wir anfangen zu schmunzeln, und wohl dem, der über seine Beziehungsdramen herzlich lachen kann. Es gibt keine Opfer, es gibt keine Täter, es gibt nur Erschaffende. Mir ist klar, dass sich Frauen, die gerade in einem Frauenhaus untergekommen sind, diesen Gedanken schwerlich öffnen können, ja dass sie sogar wütend dagegen anrennen. Sogenannte Opfer halten sehr hartnäckig an ihrer Opferidentität fest, denn es tut innerlich weh, sich seiner eigenen Verantwortung für das, was man sich im Leben erschaffen hat, bewusst zu werden.

Wir sind ausnahmslos im Innern verletzte Kinder, die sich nach Liebe, Wertschätzung, Bestätigung und Sicherheit sehnen. In einer »jungen« Beziehung treffen immer und in den Beziehungen von Älteren meist immer noch zwei verletzte Kinder aufeinander, die Liebe erfahren wollen. Das geht immer nur über Schmerz, und zwar so lange, bis alle Wunden geheilt sind. Dazu dienen Beziehungen.

Beziehungsirrtum: Partner sollten viel miteinander reden.

Über Kommunikation in Beziehungen ist schon manches Buch geschrieben worden. Die Aufforderungen, in dieser oder jener Weise miteinander zu reden, werden oft in der Weise missverstanden, dass Partner denken, sie sollten einfach viel miteinander reden. Dies endet jedoch häufig in den bekannten, oft unsäglichen und unendlichen Beziehungsdiskussionen. Solche Diskussionen nehmen bei vielen Paaren einen Großteil der gemeinsam verbrachten Zeit ein und sind oft geradezu ein Ersatz für das eigentliche Beziehungsleben. Jemand hat einmal treffend formuliert: »Their relationship consisted in discussing if it existed.« (Ihre Beziehung bestand aus Diskussionen darüber, ob sie eine Beziehung hätten.) Da gibt es so sinnige Dialoge wie: »Was für eine Beziehung haben wir eigentlich?« Und der andere antwortet, nachdem sie schon zwei Jahre zusammen sind: »Eigentlich haben wir gar keine richtige Beziehung.« Beziehungen kann man auch totquatschen.

Beziehungsgespräche, die immer in der Sackgasse enden, sind die, in denen beide Partner – oder einer von beiden – versuchen, vom anderen recht zu bekommen bzw. recht zu behalten. Diese Diskussionen sind eine Form von Krieg zwischen zwei Egos oder zwei Köpfen. Hier findet keine Begegnung zwischen Liebenden, zwischen den Herzen statt. Wenn nur einer von beiden darauf verzichtet, recht zu haben, kann das Gespräch fruchtbar werden. Zum Krieg braucht es immer zwei, zum Frieden nur einen.

Bevor wir ein Gespräch beginnen oder anfangen, uns verbal beim anderen zu erleichtern und ihm unsere Gedanken, Sorgen, Beschwerden buchstäblich vor die Füße zu werfen, ist es sinnvoll, innezuhalten und sich zu fragen:

»Will ich jetzt ein Gespräch führen, oder will ich einfach etwas loswerden? Ist der andere überhaupt bereit oder in der Lage, sich jetzt auf mich zu konzentrieren oder etwas von mir aufzunehmen, oder will er lieber schweigen oder seine Ruhe haben? Was erwarte ich vom anderen, bevor ich anfange zu sprechen: Zustimmung, Mitleid, Aufmerksamkeit, Lob oder einfach, dass er stillhält, wenn ich mich verbal entleere?« Nicht wenige Menschen leiden unter »Logorrhö« – Sprechdurchfall. Sie lassen alles ungefiltert durch, was bei ihnen hochkommt, und zwar ohne Rücksicht darauf, was der andere mit diesem Energiesalat anfangen soll – das Gegenüber als Abfallkübel unserer Wortergüsse.

Natürlich gibt es in einer Beziehung einiges zu besprechen, was die Beziehung bzw. das Verständnis zwischen beiden Partnern fördert. Hierzu gehört unter anderem, dass jeder so deutlich wie möglich formuliert, was er sich vom anderen wünscht – ohne dies jedoch zu erwarten oder gar zu verlangen. Ebenso müssen beide im Gespräch herausfinden, auf welcher Grundlage sie eine Beziehung führen wollen, das heißt, sie müssen sagen, wozu jeder bereit ist. Hierzu gehören Fragen wie:

- Wie verbindlich ist unsere Beziehung für mich?
- Was möchte ich mit dir zusammen machen?
- Was möchte ich lieber allein oder mit anderen Menschen machen?
- Will ich nur mit dir Sex haben oder auch mit anderen Partnern?
- Wie viel Zeit und Energie möchte ich für meine Kinder aus erster Ehe, für meine Arbeit, mein Hobby etc. haben?

Verbindlichkeiten – ich nenne es nicht »Verpflichtungen« – wollen gemeinsam formuliert werden. Gemeinsam (auch schriftlich) formulierte Verbindlichkeiten sind wie das Steuer eines Bootes, das der Beziehung eine Richtung gibt. Werden Verbindlichkeiten nicht zu Beginn der Beziehung formuliert und nach einem längeren Zeitabschnitt neu überprüft, werden sie schnell zum Dauerthema und führen zu den besagten endlosen Diskussionen und zu dem Gefühl des »Schwimmens« in einer Beziehung.

Zu den fruchtbarsten Dingen im Gespräch zwischen zwei Partnern gehört es, dass einer den Mut aufbringt, etwas Wesentliches von sich mitzuteilen, etwas von seinen Gefühlen, seinen Gedanken und inneren Erfahrungen, und zwar ohne den anderen anzugreifen oder etwas von ihm zu fordern. Eine wesentliche Quelle für Intimität und Nähe, für das Wachstum von Vertrauen und Liebe ist der Mut zur Verletzlichkeit. Wenn beispielsweise einer der beiden Partner beginnt, von seinen Ängsten, seinen Schwächen, seinen Schuld- und Schamgefühlen, seinen Träumen und Sehnsüchten zu sprechen, ohne deren Beseitigung bzw. Erfüllung vom anderen zu erwarten, dann kann dies für eine Beziehung zum Wachstumsimpuls werden – je nachdem wie der Zuhörende es aufgreift. P'taah hat einmal gesagt: »Der Punkt deiner Verletzlichkeit ist der Punkt deiner größten Macht.« Das bedeutet: Wenn wir den Mut haben, uns so zu zeigen, wie wir wirklich sind, ohne Angst zu haben, was der andere daraus macht, sind wir frei. Was soll uns dann noch passieren?

Zur hilfreichen Kommunikation von Paaren hat Paul Ferrini in seinem Buch *Zusammen wachsen* ein paar gute Vorschläge gemacht, die ich hier mit meinen verbinde. Er sagt, das Wesentliche an der Kommunikation sei das Zuhören. »Zuerst höre deinen eigenen Gedanken und Gefühlen zu und begreife, dass es deine eigenen sind.« Das bedeutet: Übernehmen Sie die Verantwortung für alle Gedanken und Gefühle, die Sie in sich aufspüren, und sagen Sie sich: »Das habe ich selbst in mir erschaffen.« Bevor wir nicht die Verantwortung für diese unsere Gedanken- und Gefühlsenergien (inklusive unserer Wut, unserer Angst, unserer Verletztheit etc.) übernommen haben, bringt es nur Destruktives, darüber zu sprechen. Es kommt dann meist als Angriff oder Vorwurf aus unserem Mund. Erst wenn Sie Ihre eigenen Gedanken und Gefühle annehmen können, teilen Sie dem anderen aufrichtig mit, was Sie denken und fühlen, und zwar ohne ihn oder sie für Ihre Gefühle verantwortlich zu machen, das heißt ihm oder ihr die Schuld zu geben.

Fangen Sie, solange Sie mitten in einer Emotion wie Ärger, Wut, Eifersucht oder Angst stecken, bitte kein »Beziehungsgespräch« an, denn dann reden Sie nur Blödsinn. Sagen Sie in diesem Fall zum anderen: »Im Moment kann ich nicht darüber sprechen. Ich brauche jetzt ein wenig (oder auch mehr) Zeit für mich selbst. Vielleicht kann ich morgen darüber reden.«

Wenn Sie dem anderen Ihre Gedanken und Gefühle mitgeteilt haben, dürfen Sie wieder zuhören – diesmal Ihrem Partner und dem, was er über seine Gedanken und Gefühle zu sagen hat. Das Zuhören nimmt in der Kommunikation den größten Raum ein, denn Sie dürfen sowohl sich, Ihrem eigenen Inneren, zuhören als auch Ihrem Partner. Versuchen Sie zuzuhören, ohne zu werten. Das eigene Werten spüren Sie oft als Impuls, den anderen zu unterbrechen, zum Beispiel mit: »Ja, aber …« Sollten Sie feststellen, dass Sie nicht wertfrei zuhören können, wissen Sie, dass Sie in sich noch einiges zu klären haben.

Eine Zeit lang waren Bücher mit Titeln wie *Miteinander streiten lernen* oder so ähnlich sehr beliebt. Ich halte von solchen Beziehungsratgebern wenig, denn Streit und Krieg haben wir mehr als genug zwischen Männern und Frauen, und davon, dass man streiten lernt, wird der Streit nicht weniger. Wie wäre es mit *In sich selbst und miteinander Frieden schaffen?* Wenn zwei verletzte Kinder in erwachsenen Körpern miteinander streiten, können sie noch so viel darüber lesen, wie man das »konstruktiv« tut. Voraussetzung für den Frieden in der Beziehung ist, dass sich jeder der Partner darüber bewusst wird, welche Verletzungen er in sich trägt und wie tief er mit sich selbst und seiner Vergangenheit uneins und verstrickt ist. Für die Heilung dieser Wunden und den Frieden mit der eigenen Vergangenheit darf und muss jeder der Partner selbst Verantwortung übernehmen, bevor in der Partnerschaft Frieden einkehren kann.

Beziehungsirrtum: Ich muss den anderen bedingungslos lieben können.

Die Forderung nach einer Liebe ohne Bedingungen wird in unzähligen spirituellen Büchern erhoben. Sie stellt jedoch eine absolute Überforderung der Beziehungspartner dar, denn als Menschen sind wir »verurteilende« Wesen. Wir können uns bemühen, unsere Verurteilungen zu erkennen und zurückzunehmen, aber jede erneute Verurteilung muss angesichts der Forderung nach bedingungsloser Liebe zu Gefühlen von Frustration, Schuld, Scham und zum Scheitern führen.

Von sich selbst oder dem anderen zu fordern, ohne Bedingungen zu lieben, ist genauso unmenschlich wie die Forderung nach Perfektion, die viele Menschen seit der Kindheit an sich selbst stellen. Als Mensch sind wir weder perfekt noch können wir ganz ohne Bedingungen lieben.

Es gilt vielmehr, sich selbst und den anderen als Menschen zu sehen, die auf dem Weg sind, die eigenen Verletzungen mehr und mehr zu erkennen, Projektionen zurückzunehmen, die unwahren und Schmerz verursachenden Gedanken über sich selbst zu hinterfragen und die alten Wunden heilen zu lassen. In einer Beziehung halte ich es für sinnvoller, damit zu rechnen, dass ich den anderen immer wieder einmal verurteilen werde und dass er mich ebenfalls verurteilen wird. Ich kann versuchen zu sagen: »Ich bin bereit, dich auch als verurteilendes Wesen anzunehmen, aber ich kann dir nicht versprechen, dass mir das immer gelingen wird. Ich bin bereit, hinter deiner Wut, deinem Ärger, deinen Vorwürfen, deiner Kritik immer wieder den kleinen verletzten Jungen bzw. das verletzte Mädchen zu erkennen, der oder das noch in dir ist und nach Liebe und Annahme ruft.« Die Liebe, die Zärtlichkeit, das Lob und die Geschenke meines Partners anzunehmen, ist keine große Kunst. Aber die Reibungen in ihm und seine Emotionen – Unzufriedenheit, Ärger, Wut, Ungeduld oder Eifersucht – zu akzeptieren und ihm die eigenen Emotionen ebenfalls zuzumuten, ist schon ein größeres Kunststück auf dem Weg des spirituellen Wachsens.

Natürlich ist es wunderbar, wenn ich zu meinem Partner sagen kann: »*Du darfst genau so sein, wie du bist. Ich liebe dich, so wie du bist, mit all deinen Seiten.*« Aber wenn wir das noch nicht immer leben können, dann dürfen wir auch das anerkennen und uns selbst damit lieben und annehmen.

Beziehungsirrtum: Partnerschaft und Sex gehören unbedingt zusammen.

Viele Menschen glauben, wenn zwei Menschen zusammenleben und keinen oder so gut wie keinen Sex miteinander haben, dann stimme da etwas nicht. Eine gute Partnerschaft müsse auch unbedingt Sexualität miteinander beinhalten. Wenn keine Sexualität da sei oder Sexualität außerhalb dieser Beziehung gelebt werde, dann sollte das Paar oder der eine Partner doch mal zum Therapeuten gehen. Das könne ja so wohl nicht in Ordnung sein.

Es ist das Verdienst von Michael Mary, auf diese tief sitzende »Beziehungslüge« – wie er es nennt – aufmerksam zu machen: Diese bedeutendste Beziehungslüge – Partnerschaft und Sexualität seien untrennbar miteinander verbunden – fiele als Lüge nicht ohne Weiteres auf, weil sie in den Vorstellungen und Ansprüchen fast aller Menschen zu finden sei. Sie führe dazu, dass Partner, die das nicht leben, sich schuldig und minderwertig fühlten und meinten, als Partner versagt zu haben.[*]

Bitte nehmen Sie in diesem Augenblick einmal die Gelegenheit wahr, Ihre eigene innere Reaktion, Ihre Gedanken und Gefühle hierzu zu erkennen bzw. zu spüren.

* Was denken und fühlen Sie über ein Paar, das zusammenlebt, aber schon lange getrennte Schlafzimmer hat?
* Was denken Sie über ein Paar, das zwar Wohnung, Geld und manch andere Interessen miteinander teilt, aber nicht den Genuss der Sexualität, sondern diesen mit jeweils einem anderen Menschen lebt?

* Mary, Michael: *Fünf Lügen, die Liebe betreffend*, © Hoffmann und Campe Verlag, Hamburg 2001, S. 49

- Was würden Sie jemandem sagen oder empfehlen, der zu Ihnen kommt und darüber klagt, dass sein von ihm geliebter Lebenspartner keine Lust auf körperlichen Kontakt mit ihm hat, während er oder sie selbst sich nach wie vor sexuelle Freuden ersehnt?

Michael Mary weist nach, dass die angeblich notwendige Verbindung von Lebenspartnerschaft und Sexualität historisch sehr jung ist, nämlich erst seit dem 17. Jahrhundert gefordert wird. Er zeigt auf,

- »dass es zu allen Zeiten Partnerschaften frei von Sexualität und sexuelle Beziehungen unabhängig von Partnerschaften gab,
- dass alte Kulturen neben der Ehe über andere Formen legalisierter Geschlechtsbeziehungen verfügten,
- dass das Gebot sexueller Treue in der Ehe auf wirtschaftliche Gründe zurückzuführen ist,
- dass die öffentlich registrierte und unauflösliche Einehe erst im 17. Jahrhundert durch Kirche und Staat als einzig gültige Geschlechtsbeziehung zwischen Mann und Frau etabliert werden konnte,
- dass die Idee, eine Ehe solle allein auf Liebe begründet sein und mit dem Zerfall der Liebe enden, erst in der Romantik aufkam, und
- dass die Vorstellung, in einer Partnerschaft könne Sexualität durch ›Arbeit an der Beziehung‹ auf Dauer erhalten bleiben, erst im 20. Jahrhundert entstand.«*

Mary unterscheidet darum folgerichtig zwischen »Lebenspartnerschaft« und »Sexualpartnerschaft«. In einer Lebens-

* Mary: *Fünf Lügen*, S. 32

partnerschaft kommen Mann und Frau zusammen, um gemeinsam das tägliche Leben zu bewältigen. Sie deckt vor allem materielle und emotionale Bedürfnisse ab. Hierzu zählt insbesondere das Gefühl, zu irgendjemandem zu gehören, mit einem Menschen in einer Partnerschaft etwas Gemeinsames zu erschaffen, das einem das Gefühl von Sinn und Zugehörigkeit vermittelt wie auch das Gefühl, finanziell einigermaßen abgesichert zu sein. Viele Menschen haben das Bedürfnis nach gelebter Vertrautheit mit einem Menschen, nach Geborgenheit, nach psychischer Begleitung und emotionaler Unterstützung. Dies bietet der Lebenspartner.

Die Sexualpartnerschaft verfolgt ganz andere Ziele. Hier wünschen sich Frau und Mann das Ausleben triebhafter Lust, sexuelles Vergnügen, erotisches Erleben und sinnliche Erfüllung. »Alle kirchlichen und staatlichen Versuche, die Sexualität für die Fortpflanzung zu reservieren und auf die Ehe zu beschränken, sind katastrophal fehlgeschlagen, haben unendliches Leid hervorgebracht und doch an der ›Lust an der Lust‹ nichts, auch nicht das Mindeste, zu ändern vermocht. […] Sexualität widersetzt sich zäh und effektiv jeder Domestizierung.«*

Natürlich kann es in einer Lebenspartnerschaft zweier Menschen zu leidenschaftlicher Sexualität kommen. Dennoch bestätigen viele Umfragen, dass Sexualität und Leidenschaft in einer Dauerbeziehung mit der Zeit abnehmen. Bereits nach fünf Jahren ist die Häufigkeit des Geschlechtsverkehrs um über fünfzig Prozent gesunken (laut einer Umfrage der Zeitschrift *Eltern*). Und wenn Sie ein Paar kennen, das sich nach zwanzig Jahren Ehe noch leidenschaftlich begehrt und dieses Begehren auch auslebt, dann ist das schon eine Rarität. Auf jeden Fall ist es eher die Ausnahme

* Mary: *Fünf Lügen*, S. 53

als die Regel, auch wenn Sexualtherapeuten und »spirituelle« Autoren vehement gegen diese Wirklichkeit ankämpfen und meinen, hieran könne man »arbeiten«.

Es gibt heute viele ältere Paare, die auf der guten Grundlage einer langen gemeinsamen Erfahrung – oft mit gemeinsamen Kindern, gemeinsam erschaffenem materiellem Wohlstand und auf der Basis von Vertrauen und Ehrlichkeit, tiefer Freundschaft und Liebe, beständigem und verlässlichem Füreinander-da-Sein – miteinander leben, in denen das Feuer körperlich-sinnlicher Leidenschaft füreinander jedoch schon lange erloschen ist. Ich sage »füreinander«, weil häufig zumindest einer von beiden – im einen Fall der Mann, im anderen Fall die oft zehn bis zwanzig Jahre jüngere Frau – nach wie vor große Lust auf gelebte Sexualität hat.

Was würden Sie diesem Partner raten, wenn Sie der Berater oder Therapeut wären? Ich persönlich ermutige den Menschen, der das Bedürfnis nach Sexualität verspürt, dies mit einem »Dritten« zu leben, wenn der eigene Partner es nicht mehr möchte. Dies ist ein Akt der Selbstliebe, der keineswegs mit der Liebe zum Lebenspartner kollidiert, sondern diese sogar stabilisieren kann. Ob der sexuell noch aktive Partner mit seinem Lebenspartner offen über sein Sexualleben kommunizieren kann oder will, hängt von der bisher gelebten Offenheit und den oft stillen Vereinbarungen beider Partner ab. Viele Lebenspartner wollen nicht wissen, mit wem der andere seine Lust lebt, akzeptieren oder tolerieren es aber stillschweigend. Andere können es ihrem Partner offen und von Herzen gönnen, weil sie ihn lieben und weil sie ihre eigenen Ängste und minderen Gedanken über sich selbst überwunden haben.

Dass sich zwei Menschen lieben, bedeutet noch lange nicht, dass sie auch Sex zusammen haben müssen. Auch dies ist ein großer Irrtum, dem viele Paare aufsitzen. Gibt es in Ihrem Leben keine Menschen, von denen sie sagen können: »Diesen Mann oder diese Frau liebe ich wirklich. Aber ich muss oder will nicht mit ihm oder ihr ins Bett gehen.«?

Beziehungsirrtum: Je mehr Nähe und Gemeinsamkeit, desto größer ist die Leidenschaft.

Manch spiritueller Ratgeber kommt bei der Schilderung der Entwicklungsmöglichkeiten in Beziehungen ins Schwärmen. Da ist viel vom Einswerden und von der »Hochzeit der Seelen« die Rede, denen die Körper folgen müssten. In der Alltagswirklichkeit der meisten Paare bleiben das Märchentöne.

Für mich steht fest, dass die immer wieder gelebten und eingespielten Gewohnheiten, Rituale und Verhaltensmuster eines Dauerpaares mit gemeinsamer Wohnung meist schnell zum Ende der leidenschaftlich-erotischen Anziehung führen. Die Sehnsucht der meisten Menschen, am liebsten »alles mit einem Partner zu haben, und das für immer«, ist zwar verständlich, aber da gehen Wunsch und Wirklichkeit seit Urzeiten getrennte Wege.

Leidenschaft lodert vor allem da, wo es um das Unbekannte, das Neue geht. Leidenschaft lebt von der Distanz, von der Neugier und von der Möglichkeit, etwas zu entdecken. Wer zehn Jahre mit einem Menschen in der gemeinsamen Wohnung mit Doppelbett lebt und dessen Gewohnheiten, Fehler und Macken so genau kennt, dass er schon voraussagen kann, was der andere heute zum Frühstück aufs Brot streichen wird, wann er zur Toilette geht und was er sagt und wie er schaut, wenn er abends zur Tür hereinkommt, der brennt nicht mehr darauf und glaubt auch nicht mehr daran, mit diesem Menschen erotische Abenteuer oder leidenschaftliche Umarmungen mit Hitzewellen zu erleben. Und wer behauptet, das solle und könne aber hergestellt werden, wenn man an seiner Beziehung nur richtig arbeite oder zum Tantra-Seminar gehe, der will entweder was verkaufen oder er träumt seinen »spirituellen« Traum. Er macht sich jedoch mitschuldig am psychosexuellen Elend unzähliger Menschen. Auf diesem Gebiet reichen sich Therapeuten und Vertreter von Kirche und Religion die Hand. Gewohnheiten und Rituale in einer Partnerschaft können etwas Wunderbares sein, wenn sie bewusst und mit Freude gelebt werden und nicht deshalb, weil einem nichts Neues mehr einfällt bzw. das Beziehungsleben in sich erstarrt ist.

Unabhängig von der erotischen Leidenschaft ist für jede Beziehung wichtig, wie viel Zeit miteinander verbracht wird, wie viele Interessen und Aktivitäten gemeinsam erlebt werden und wie viel jeder für sich – ohne den Lebenspartner – unternimmt. Hier bedarf es meiner Meinung nach einer Mischung aus beiden Anteilen (die bei jedem Paar unterschiedlich ausfallen mag, was das Verhältnis der beiden Anteile betrifft). Wer (fast) alles getrennt macht, dem fehlt bald die Basis für gemeinsame Erfahrungen und gemeinsames Wachstum. Wer (fast) alles gemeinsam macht, dem fehlt »der Sauerstoff des Abstands«. Diesen Beziehungspartnern fehlen früher oder später die Luft zum Atmen, der Raum für die eigene Kreativität und wichtige Impulse von außen.

Wer unabhängig von seinem Partner eigene Aktivitäten pflegt, immer wieder Neues lernt, öfter neuen Menschen begegnet und seine eigenen Freundschaften pflegt, der lebt und bringt Leben in die Beziehung. Dieser Mensch ist auch für seinen Lebenspartner eine große Bereicherung – unabhängig davon, ob dieser das Geschenk erkennen und annehmen kann.

Beziehungsirrtum: Die ideale Beziehung sollte ein Leben lang halten.

Jeder Glaube an ein Ideal verursacht letztlich Reibung in uns. Das heißt, er wird als Schmerz oder Leidenserfahrung fühlbar. Ein »Idealgedanke« ist etwas, das mit der Natur oder der Wirklichkeit nicht übereinstimmt. Letztlich ist jeder Satz mit dem Wörtchen »sollte« oder »müsste« und dem verdächtigen Anhängsel »eigentlich« ein Idealgedanke. Je mehr »Sollte«-Sätze es in unserem bewussten oder unbewussten Denken gibt, desto unzufriedener müssen wir uns fühlen. Jeder »Sollte«-Satz ist eine Kriegserklärung an die Wirklichkeit. Hierauf hat kaum jemand so deutlich aufmerksam gemacht wie Byron Katie mit *The Work*.

Ein typischer »Sollte«-Satz, der in vielen Köpfen kursiert, lautet: »Eine Partnerbeziehung sollte (eigentlich) ›ewig‹ halten« – heißt: ein ganzes Leben lang. Dieser Satz entstammt dem schon erwähnten romantischen Liebesideal, mit dem Lehrer, Pfarrer, Philosophen und Erzieher im Auftrag der jeweils Machthabenden versucht haben, in den Menschen Schuld-, Scham- und Versagensgefühle zu erzeugen. Dieser Versuch ist bis heute bestens geglückt.

Mir sind in der Therapie immer wieder Menschen begegnet, die meinten, sie seien in ihrer Beziehung gescheitert. Auf Nachfrage erfahre ich dann, dass man zwanzig bis dreißig Jahre zusammen war, gemeinsam Kinder großgezogen hat, manches gemeinsam erschaffen hat und alles Mögliche prächtig gediehen ist. Und irgendwann ist er oder sie gegangen. Hier wird einer erfolgreichen Beziehung der Stempel »gescheitert« aufgedrückt. Der Kopf sagt: »Es hätte halt ewig – bis in den Tod – halten sollen.«

Dieser Gedanke fließt bis heute aus konservativen, pseudo-christlichen und pseudospirituellen Quellen und wird immer wieder neu propagiert. Ich halte ihn, salopp gesagt, für einen großen Schmarren. Die Wahrheit heißt: Eine Beziehung dauert so lange, wie sie dauert, und jede Form der Beziehung – unabhängig von ihrer Dauer – hat ihren ganz eigenen Wert und ihre Berechtigung; so wie jede Begegnung ihren Wert hat, sei es die Begegnung mit der Kassiererin im Supermarkt, die Begegnung am Telefon oder die Begegnung mit Ihrem Chef/Ihrem Kunden.

Jede Beziehung – auch die Lebenspartnerschaft – ist auf Zeit angelegt, selbst wenn sie vierzig Jahre dauern mag. Wir gehen eine Strecke des Weges miteinander. Wie wertvoll das ist, was wir auf unserem Weg erfahren und erschaffen, können wir hier auf dieser Ebene nicht beurteilen. Was in Wirklichkeit geschieht, können wir nie auf derselben Ebene bewerten oder erkennen, sondern immer nur mindestens eine Ebene (Bewusstseinsstufe) höher. Ich bin überzeugt, dass wir uns eines Tages sehr wundern werden über die Bedeutung, die manch kurze Beziehung in unserem Erdenleben aus Sicht unserer Seele hatte. Ich habe zwei Ehen erfolgreich hinter mich gebracht. Eine dauerte sieben Jahre, die andere elf Monate. Die eine war nicht besser oder schlechter als die andere. Ich bin in beiden Ehen gewachsen und habe intensive und lehrreiche Erfahrungen gemacht. Unter anderem habe ich erfahren, wie ich nicht leben will.

Es ist verständlich, dass jemand trauert, wenn er nach zehn, zwanzig und mehr Jahren von seinem Partner verlassen wird. Aber auch in jeder Erfahrung des Verlassenwerdens liegt ein Geschenk – eine »Perle der Weisheit«, wie P'taah es nennt. Auch dies geschieht zu Ihrem Besten. Wer jedoch mit einem wütenden inneren Nein gegen diese Wirklichkeit ankämpfen will, verletzt sich nur selbst. Öffnen Sie sich dem Gedanken, dass Sie wachsen und Neues lernen und erfahren dürfen, wenn Ihr Partner Sie verlässt. Sie sind jetzt frei für Neues.

Beziehungsirrtum: Ich habe den richtigen Partner noch nicht gefunden.

Dieser Gedanke wird von Millionen Menschen geglaubt und geht einher mit dem Gedanken »Ich gerate immer (oder oft) an den Falschen!«. Seien Sie gewiss: Sie sind noch nie an einen falschen Partner geraten – ganz gleich, wie die Beziehung aussah. Denn das Leben kennt keinen Irrtum, keinen Fehler. Es irrt sich nie, wenn es zwei Menschen zueinander führt. Auch Ihr jetziger Partner ist genau der Richtige, den Sie im Moment brauchen, denn sonst wäre er nicht da. Und was jetzt da ist in Ihrem Leben, das will angenommen und verstanden werden. Ob Ihr Partner in einem Jahr noch Ihr Partner ist, steht auf einem anderen Blatt; aber jetzt ist er der richtige Partner für Sie.

Wer glaubt, das Leben oder er selbst könne sich in seiner Partnerwahl täuschen, der macht sich etwas vor und ist noch nicht in der Lage oder bereit, sich für den Sinn und Hintergrund der Erfahrungen zu öffnen, welche die jetzige oder eine vergangene Partnerschaft bietet. Selbst der Partner, der Sie schlägt oder missbraucht, ist jetzt genau an der richtigen Stelle, denn Sie haben ihn angezogen. Ihn oder gleich sämtliche Männer oder Frauen zu verurteilen, hilft nicht weiter. Der Partner – gleich wie verletzend oder lieblos er sich verhält – spiegelt uns etwas Wesentliches über uns selbst. Hiermit fordere ich niemanden auf, auf Dauer bei einem Partner zu bleiben, der einen schlägt oder missbraucht. Aber interessanterweise sind viele Frauen über Jahre nicht in der Lage, sich aus solch erniedrigenden Beziehungen zu lösen. Werden sie von Beratern oder Therapeuten dazu aufgefordert, sagen sie häufig: »Aber ich liebe ihn doch!«

Jeder Partner, den Sie bisher in Ihr Leben gezogen haben, war der richtige Partner für Sie. Zu glauben und zu sagen, dass da viele »Falsche« dabei waren, zeugt von Unverständnis und Verleugnung der eigenen Anteile an dieser Beziehung. Was spiegelt es uns, wenn sich der andere uns gegenüber entwürdigend verhält, wenn er uns nicht besonders beachtet oder uns betrügt oder belügt und unser Geld klaut? Es zeigt uns erst einmal, dass man genau das mit uns machen kann, dass wir es mit uns machen lassen. Damit jemand so etwas mit uns machen kann, müssen wir einige Voraussetzungen erfüllen, die sich zum Beispiel so anhören können:

* »In meinem Innersten halte ich mich selbst nicht für besonders wertvoll und attraktiv.«
* »Ich gehe innerlich hart mit mir selbst ins Gericht und traktiere mich selbst täglich mit lieblosen Gedanken, die von Scham, Schuld und Minderwertigkeitsgefühlen begleitet werden.«
* »Ich bin froh, dass ich überhaupt einen Partner bekommen habe, und habe große Angst, (wieder einmal) allein dazustehen.«
* »Ich habe so etwas wie in meiner Beziehung schon mit meinem Vater oder meiner Mutter oder im Zusammenleben der beiden erlebt.«

- »Ich denke und glaube eine Menge unwahrer,
  negativer Gedanken über die Männer oder die Frauen.
  Ich habe ein Menschenbild, das sich in meinen
  Beziehungen offenbaren muss.«

»Die Liebe ist das Gesetz Gottes. Ihr lebt, um lieben zu lernen.
Ihr liebt, um leben zu lernen. Keine andere Aufgabe wird vom
Menschen verlangt.«

Mikhaïl Naimy*

* Naimy, Mikhaïl: *Das Buch des Mirdad*, © Rozekruis Pers, Haarlem
1986⁵, S. 95

Kapitel 5
Frauen gegen Männer,
Männer gegen Frauen

Auch wenn in Frauen und Männern eine große Kraft wirkt, die sie zusammenführen will, ehren und wertschätzen sie einander nicht. Das ist kein Wunder, denn kaum jemand hat in seiner Kindheit erlebt, dass sich Mutter und Vater in Liebe, Dankbarkeit, Würdigung und Verehrung begegnet sind. Im Gegenteil: Die meisten können sich noch gut daran erinnern, wie ihre Mutter in seiner Abwesenheit herabsetzend und vorwurfsvoll über den Vater sprach und nicht selten versuchte, das Kind auf ihre Seite zu ziehen. Und sie haben erlebt, wie der Vater oft emotional abwesend und gefühlskalt mit der Mutter umging. Diese Erfahrungen der ersten Lebensjahre prägen unser späteres Männer- und Frauenbild.

Um glückliche Beziehungen zu erschaffen und als Frau oder Mann mit sich selbst ins Reine zu kommen, ist es unumgänglich, sich bewusst zu machen, was in uns über Frauen und Männer denkt. Denn auch diese grundlegenden Gedanken und Einstellungen müssen sich in unseren Erfahrungen mit dem anderen Geschlecht bestätigen. Noch einmal die Frage an alle Frauen: Lieben Sie die Männer? Und an alle Männer: Lieben Sie die Frauen? Wenn Sie auf diese Frage noch nicht mit einem klaren Ja antworten können, dann hegen Sie viele Gedanken, die Sie von der Liebe abhalten. Hier fragt der Verstand natürlich gern: Aber muss ich denn alle lieben, ich will doch nur eine(n) für mich haben?

Diese Rechnung wird nicht aufgehen, denn eines der kraftvollsten Energiegesetze heißt: *Was du ablehnst, das ziehst du an.* Das heißt, wir ziehen das in unser Leben, was wir nicht wollen, nicht nur in unserer Beziehung, sondern im Zusammensein mit allen Menschen. Denn das Leben sagt: »Da gibt es vieles, was du noch nicht liebst. Und ich werde dir genau die Menschen schicken, an denen du manches ablehnst, auch wenn du anderes an ihnen anziehend finden wirst. Was wir an diesen anderen Menschen ablehnen, das lehnen wir immer an uns selbst ab.« Was wir an uns selbst (noch) nicht lieben, das präsentiert uns das Leben intelligenterweise in Form anderer Menschen, die unsere Wege kreuzen. Warum macht das Leben so etwas? Weil es im Leben letztlich um das Lieben und die Liebe geht.

Frauen und Männer sind voller Urteile über das andere Geschlecht. Und weil sie entsprechend negative Erfahrungen miteinander gemacht haben, glauben sie, dies sei der Beweis für die Richtigkeit ihrer abwertenden Meinungen. Kaum einer begreift, dass es genau diese unhinterfragten Überzeugungen sind, die zu unseren schmerzhaften Erfahrungen geführt haben, dass unsere erlebte Beziehungswirklichkeit nichts anderes war und ist als ein Spiegel unserer Gedanken. Unzählige Frauen fühlen sich bis heute als Opfer von Männern und verurteilen sie für dieses und jenes.

Was werfen viele Frauen den Männern vor?

Typische Vorwürfe lauten:

- Ihr zerstört die Erde, ihr macht alles kaputt.
- Ihr unterdrückt und missbraucht Frauen und Kinder.
- Ihr wisst nicht, was Frauen brauchen.
- Richtige Männer gibt es kaum. Und die besten Männer sind schon vergeben.

- Ihr zeigt keine Gefühle.
- Ihr habt nur eure Arbeit im Kopf.
- Ihr versteht uns nicht.
- Ihr könnt nicht zuhören.
- Ihr wisst immer alles besser.
- Ihr entwickelt euch nicht weiter. Ihr arbeitet nicht an euch.
- Ihr kennt unsere Körper nicht, seid nicht zärtlich und einfühlsam.
- Ihr benutzt uns.
- Ihr habt keine Zeit für die Kinder.
- Ihr bringt das Geld nach Hause und den Rest dürfen wir machen.
- Ihr spielt den Pascha.
- Ihr macht uns Angst mit eurer geladenen Aggression und wenn ihr getrunken habt.
- Ihr seid Waschlappen. Wenn's ernst wird, habt ihr Schiss.
- Ihr könnt kein Blut sehen und keinen Schmerz ertragen.
- Wenn ihr pensioniert seid, seid ihr nur noch Ballast, dann könnt ihr nichts mit euch anfangen.
- Ihr schaut jedem Rock nach und denkt immer nur an das eine.
- Ihr interessiert euch vor allem für Sex, Autos, Sport und Geld.
- Männer sind Schweine. Sie waschen sich nicht richtig, machen viel Dreck und lassen alles herumliegen.
- Im Bett wollt ihr nur euren Spaß: reinstecken, abspritzen, fertig.
- Auf euch ist kein Verlass.
- Ohne euch sähe die Welt besser und friedlicher aus.
- Männer braucht man nur zum Kinderzeugen.

Welche dieser Gedanken haben Sie als Frau auch schon gedacht oder früher von Ihrer Mutter gehört? Und welche Männer haben Sie bisher angezogen? Millionen Frauen leiden unter Männern und verachten die meisten. Sich oft wiederholende, schmerzhafte Erfahrungen führen immer wieder zur Bestätigung und Festigung dieser Urteile – ein Kreislauf des Leidens, selbst erschaffen.

So offensichtlich die Tatsache ist, dass viele Männer ihre Frauen würdelos behandeln – misshandeln, schlagen und vergewaltigen –, so offenkundig ist auch, dass die betroffenen Frauen ihren Teil dazu beitragen. Ich sage nicht, dass sie selbst an ihrem Schicksal schuld sind, aber ich empfehle jeder Frau, die solche schmerzhaften oder auch nur enttäuschenden Erfahrungen gemacht hat, sich zu fragen, warum ihr das zum wiederholten Male geschieht. Könnte es vielleicht mit ihrem Bild von sich selbst und den Männern zu tun haben?

Jede Frau, die sich als Opfer von Männern fühlt, erschafft in sich selbst die Voraussetzung, die den Mann als Täter auf die Bühne ihres Lebens zieht. Opfer und Täter sitzen immer im selben Boot und erschaffen gemeinsam ihr Drama. Das hört natürlich kein Opfer gern, und die meisten weisen solch einen Satz weit von sich. Wer aber schon von Mama gelernt hat, dass Männer Schlappschwänze sind, dass auf sie kein Verlass ist und dass sie maximal zum Geldverdienen und Kindermachen taugen, der hat keinen Respekt vor Männern.

Wer gleichzeitig gelernt hat, sich selbst gründlich abzuwerten und zu verurteilen, sich als nicht schön genug, nicht intelligent genug und nicht als wertvolles Wesen zu betrachten, der wird weder von Männern noch von anderen Menschen respektiert, geachtet oder liebevoll behandelt. Der hat sein Urteil über sich und sein Leben schon lange gefällt. Die Frau, die von Männern wiederholt respektlos und lieblos behandelt wird, begegnet sich selbst in ihren Gedanken und Gefühlen auch nicht mit Liebe, Annahme und Wertschätzung. Darum ist die Behandlung durch den Partner einer der wichtigsten Spiegel für die innere Beziehung zu uns selbst. Das trifft für Männer umgekehrt genauso zu.

Wer im Leben unterdrückt, verachtet oder missbraucht wird, schafft die Voraussetzungen hierfür, indem er sich selbst ablehnt, was oft mit Wut, Hass, Ohnmacht, Scham, Schuld und Angst einhergeht. Wer sich als Opfer anderer empfindet, lässt dies nicht nur zu, sondern bietet sich geradezu dafür an, indem er über sich selbst denkt: »Ich bin es nicht wert, geliebt zu werden.« Mit seinen eigenen abschätzigen Gedanken über sich schlägt er sich täglich selbst. Wer voller Schamgefühle steckt, muss damit rechnen, dass auch andere ihn beschämen, denn auf seiner Stirn steht: »Habt ja keine Achtung vor mir! Ich habe sie selbst nicht.«

Ganz gleich, wie schmerzhaft unsere Vergangenheit war, die wir nach dem Auszug aus unserem Elternhaus erlebten, jeder wird irgendwann für diese seine unbewusste Schöpfung die Verantwortung übernehmen dürfen und sich sagen können: »Jahrelang habe ich mich selbst in meinen Gedanken kleingemacht und abgewertet. Jetzt begreife ich langsam, dass die anderen nicht liebevoller zu mir sein konnten, als ich selbst es war. Ich habe nicht geglaubt, dass das Leben mich liebt. Und genauso hart habe ich das Leben erfahren. Ich habe nicht geglaubt, dass es wunderbare Männer auf der Welt gibt, und schon gar keinen für mich. Jetzt wird mir klar, was ich mir da über Jahre ins Leben gezogen habe.«

Frauen und Männer bilden bis heute zwei große Gruppen in unserer Welt, die sich ängstlich bis feindselig gegenüberstehen, obwohl sie sich danach sehnen, in Liebe zueinanderzufinden und für das jeweils andere Geschlecht attraktiv zu sein.

Frauen machen ihrem Unmut und ihrer Frustration über Männer in den letzten Jahrzehnten vermehrt Luft und treten als Klägerinnen auf, während sich Männer vor allem in ihrem Mannsein verunsichert fühlen, ihre Gedanken und Gefühle über Frauen jedoch weitgehend für sich behalten und still vor sich hin leiden. Beiden jedoch geht es physisch wie psychisch selten gut.

Was werfen viele Männer den Frauen vor?

Typische Vorwürfe lauten:

- Frauen können nicht logisch denken.
- Frauen sind nicht berechenbar.
- Frauen sind zu emotional. Sie regen sich über jede Kleinigkeit auf.
- Frauen sind nie zufrieden. Sie nörgeln, sie meckern, sie kritisieren.
- Frauen sind zu kompliziert, man kann sie nicht verstehen.
- Frauen können uns nicht verstehen.
- Frauen fühlen sich nie verstanden.
- Man(n) kann es Frauen einfach nicht recht machen.
- Eine Frau ist immer dagegen, nach dem Motto: Wenn du die Meinung einer Frau ändern willst, dann gib ihr recht.
- Frauen reden viel zu viel.
- Frauen kosten viel Geld. Sie nutzen uns nur aus.

- Frauen sind eitel. Sie denken immer nur an Körper, Schönheit, Aussehen etc.
- Frauen beschäftigen sich dauernd mit Gefühlen – und leiden unter ihnen.
- Frauen manipulieren und sind hinterhältig. Man kann ihnen nicht trauen.
- Frauen wollen uns immer verändern.
- Frauen tratschen gern und können nichts für sich behalten.
- Frauen wollen immer hören, dass man sie liebt und dass sie gut aussehen.
- Frauen sind im Bett sehr anspruchsvoll.
- Frauen täuschen ihren Orgasmus vor.
- Frauen leiden dauernd an irgendetwas.
- Frauen sind schwach.
- Für Frauen sind die Kinder wichtiger als der Mann.
- Frauen haben es leichter im Leben. Sie lassen sich von Männern anbaggern, hofieren, verehren, aushalten etc.
- Frauen sind frustrierte Zicken und bekämpfen sich bis aufs Messer.
- Frauen sind hysterisch, haben entweder ihre Tage oder Migräne oder beides.
- Frauen sind selten gesund und oft krank.
- Frauen haben beim Sex die Macht. Sie brauchen nur Ja oder Nein zu sagen (denn Männer wollen – fast – immer).

Männer sind nicht weniger wütend, frustriert und enttäuscht von Frauen und ihren Erfahrungen mit ihnen, bringen dies aber seltener zum Ausdruck. Viele Männer schweigen und leiden still vor sich hin, weil sie im Allgemeinen weniger gut über ihre Gefühle reden können als Frauen und weil sie in ihrem Mannsein zutiefst verunsichert sind. Für einen Mann sah die Welt früher einfacher aus. Denken Sie nur einmal daran, wie Sie als Kind Ihren Vater erlebt haben. Die meisten Väter gingen morgens aus dem Haus, machten ihre Arbeit und kamen abends mehr oder weniger müde zurück. Dann ein bisschen essen, trinken und in Keller, Hof oder Garage wieder etwas erledigen, ein bisschen fernsehen, und das war's dann auch. Hat jemand von Ihnen seinen Vater in längeren Gesprächen mit der Mutter oder einer anderen Person erlebt? Oder hat Ihr Vater bei Familienfesten viele Worte gefunden und Gefühle ausdrücken können?

Männer wurden und werden vor allem mit Arbeit in Zusammenhang gebracht. Der kleine Junge schließt daraus: Was den Mann in erster Linie ausmacht, ist, dass er zur Arbeit geht und Geld für die Familie verdient. Und die meisten Männer halten sich daran: Sie arbeiten, strengen sich an, verdienen Geld, kommen abends müde nach Hause und wundern sich, dass sie nicht jeden Tag dafür gelobt werden. Stattdessen werden sie entweder ignoriert oder mit weiteren Aufgaben konfrontiert, die zu erledigen sind. Vielen Frauen ist der Mann zu Hause schlichtweg im Weg, nicht erst nach der Pensionierung. Und wenn dem Mann die Frau auf die Nerven geht, dann verdünnisiert er sich – in den Keller, in die Garage, zum Verein oder zum Sport. Männer sind zu Hause vor allem abwesend und werden so auch von vielen Kindern wahrgenommen.

Männer fühlen sich von den Frauen genauso wenig gewürdigt wie umgekehrt die Frauen von den Männern. Ähnlich wie ihre Mütter haben viele Frauen ständig etwas an ihren Männern auszusetzen und gehen dem ersten Frauensport nach: die Männer verändern zu wollen. Und der fast immer mit seiner Mama verstrickte Mann lässt dies zu …

Ich bitte Sie, ob Frau oder Mann: Prüfen Sie, was Sie persönlich den Männern und Frauen in Ihrem Leben vorwerfen – obwohl Sie es vielleicht nie ausgesprochen haben – und was Sie über das andere Geschlecht insgesamt denken und fühlen. Sammeln Sie diese Vorwürfe, Urteile und Meinungen auf einem gesonderten Blatt. Diese kleine Übung lohnt sich, weil sie eine Voraussetzung für das Entwickeln einer anderen inneren und äußeren Beziehung zu Männern und Frauen ist und vor allem für die Entdeckung von etwas Wesentlichem in Ihrem Verhältnis zu sich selbst.

Diese vielen negativen Gedanken über das andere Geschlecht führen – zusammen mit den Erfahrungen, die wir in unseren Beziehungen gemacht haben – zu unangenehmen Gefühlen, die Frauen und Männer füreinander empfinden bzw. ineinander auslösen. Hierzu gehören vor allem Ängste, Wut, Ohnmacht, Trauer, Verlassenheit, Enttäuschung – und das Gefühl, vom anderen nicht verstanden und nicht so geliebt zu werden, wie man ist.

Viele Männer empfinden Frauen gegenüber ...

* Ängste, zum Beispiel vor Vereinnahmung, Missbrauch, Ausnutzung, Herabsetzung und Kritik
* Angst vor dem Unbekannten
* Neid und Unsicherheit, weil die Frauen Kinder empfangen und gebären können
* den Wunsch, für die eigenen Leistungen von ihnen gelobt, bewundert und anerkannt zu werden
* den Impuls, sie zu formen, zu erziehen oder zu retten und den Helden zu spielen
* Lust auf Sex, und das meist nicht nur mit einer Frau

- den Wunsch, von ihnen bemuttert und geliebt zu werden
- Ärger darüber, dass sie sich oft in ihre Angelegenheiten einmischen
- Wut und Frustration darüber, dass sie oft keine Lust auf Sex haben

Viele Frauen empfinden Männern gegenüber ...

- Wut über ihre Sturheit, ihre Gefühllosigkeit und ihr mangelndes Einfühlungsvermögen
- Wut über ihre Aggressivität, ihre Gewalt und ihre physische Überlegenheit
- Neid auf ihre beherrschende Stellung in der Gesellschaft
- Angst, von ihnen dominiert und verlassen zu werden
- den Wunsch nach Geborgenheit, Sicherheit, Versorgung und Harmonie
- den Wunsch, emotional verstanden und geliebt zu werden
- den Wunsch, von ihnen verwöhnt und verehrt zu werden
- Arroganz und Verachtung darüber, dass sie »alles« kaputtmachen
- Verachtung für ihre Sexorientiertheit
- Bewunderung für ihr Charisma und ihre Machtausstrahlung
- Verachtung, wenn sie weich und unmännlich sind

Die Grundlage für all diese Gefühle wurde meist schon in der Kindheit und Jugend gelegt, und zwar im Zusammensein mit Mutter und Vater. Es ist also wichtig, dort hinzuschauen, um zu verstehen, was heute in uns vor sich geht. Ich bitte daher jede Frau und jeden Mann, alle Gedanken, Gefühle, Verurteilungen und Wünsche zu erforschen, die sie/er dem anderen Geschlecht gegenüber hegt. Dies ist ein wichtiger Akt der Selbstklärung. Klären wir dies nicht, beherrschen uns diese Gefühle und meist unbewussten Gedanken, wenn wir als Frau und Mann zusammenkommen.

Lasst Raum zwischen euch ...

»... Aber lasst Raum zwischen euch.
Und lasst die Winde des Himmels zwischen euch tanzen.
Liebt einander, aber macht die Liebe nicht zur Fessel:
Lasst sie eher ein wogendes Meer zwischen den Ufern eurer Seele
   sein.
Füllt einander den Becher, aber trinkt nicht aus einem Becher.
Gebt einander von eurem Brot, aber esst nicht vom selben Laib.
Singt und tanzt zusammen und seid fröhlich,
aber lasst jeden von euch allein sein.
So wie die Saiten einer Laute allein sind und
doch von derselben Musik erzittern.
Gebt eure Herzen, aber nicht in des anderen Obhut.
Denn nur die Hand des Lebens kann eure Herzen umfassen.
Und steht zusammen, doch nicht zu nah:
Denn die Säulen des Tempels stehen für sich,
Und die Eiche und die Zypresse wachsen nicht im Schatten der
   anderen.«

Khalil Gibran*

* Gibran, Khalil: *Der Prophet*, © Patmos Verlag GmbH & Co. KG,
   Düsseldorf 2006, S. 18

Kapitel 6
Männliches und Weibliches in Mann und Frau

Das männliche und das weibliche Prinzip

Um die Beziehungen zwischen Frauen und Männern zu verstehen, müssen wir uns anschauen, wie unterschiedlich die beiden denken, fühlen, handeln und durchs Leben gehen. Auch dürfen wir uns fragen, warum es überhaupt zwei so unterschiedliche Wesen wie Mann und Frau gibt. Wenn wir genau hinschauen, entdecken wir, dass es unter Frauen wie unter Männern sehr verschiedene Arten gibt, das Frausein oder das Mannsein zu leben. Frauen sind nicht nur weiblich und Männer nicht nur männlich. Vielmehr finden wir in beiden Gruppen ein breites Spektrum von sehr männlichen bis sehr weiblichen Männern wie Frauen. Unübersehbar ist auch, dass Männer wie Frauen in den letzten Jahrzehnten zunehmend verunsichert sind angesichts der Frage, was denn eine »richtige« Frau oder ein »richtiger« Mann sei. Diese Unsicherheiten und Unklarheiten spiegeln sich in vielen Problemen wider, die es heute in Frau-Mann-Beziehungen gibt.

Das ganze Leben scheint aus Gegensatzpaaren (Polaritäten) zu bestehen. Wir unterscheiden zwischen Tag und Nacht, Sonne und Erde, Mann und Frau, Verstand und Herz, rechts und links, oben und unten, hell und dunkel, hart und weich, kalt und warm, außen und innen, aggressiv und friedlich, einatmen und ausatmen, geben und empfangen und so weiter. Diese scheinbaren Gegensätze finden wir auf allen Ebenen des Lebens, und sie ziehen sich auch durch das tägliche Leben und Verhalten jedes Menschen.

In all diesen Polaritäten findet sich ein grundlegendes Gegensatzpaar, das wir als das männliche und das weibliche Prinzip bezeichnen. Diese beiden Kräfte stehen in einer ständigen Wechselbeziehung und ziehen sich durch jeden Moment des Lebens sowie durch den Alltag eines jeden Menschen. Auf den ersten Blick scheinen es Gegensätze zu sein, doch wenn wir näher hinschauen, können wir erkennen, dass die Pole zu einem Ganzen gehören, dass der eine Pol nicht ohne den anderen existieren kann – wie Plus- und Minuspol beim Wechselstrom. Wäre nur einer allein da, könnte kein Strom fließen. So kann der Tag nicht ohne die Nacht existieren; wenn bei uns Tag ist, muss es woanders auf der Erde Nacht sein und umgekehrt. Wir wüssten gar nicht, was »hell« bedeutet, wenn wir die Dunkelheit nie erlebt hätten. Empfangen wäre nicht möglich, wenn niemand geben würde. Zwei scheinbar getrennte Erscheinungen gehören in Wirklichkeit immer zu einem gemeinsamen Ganzen. Die eine ist ohne die andere undenkbar. Und dennoch nehmen wir sie mit unseren Sinnen getrennt wahr.

Das männliche Prinzip nennen wir das aktivierende, das weibliche das zulassende. Wenn wir uns anschauen, auf welche Art diese beiden Prinzipien in unserem Alltag und in unseren Beziehungen wirken und wie unterschiedlich unser Verhältnis zu ihnen ist, erkennen wir die Ursache vieler Probleme in unserem Leben und in unseren Partnerschaften.

Männer wie Frauen brauchen einen Zugang sowohl zum männlichen als auch zum weiblichen Prinzip in sich selbst wie in ihrem Leben, aber die Ausprägung und das Ausleben dieser beiden Lebensarten fallen bei Männern und Frauen sehr unterschiedlich aus. Ich erinnere an das Yin-Yang-Zeichen des Ostens. Die weiße Yang-Hälfte ist nicht nur weiß und die schwarze Yin-Seite nicht nur schwarz. In beiden Hälften findet sich auch der jeweilige Gegenpol als kleiner schwarzer oder weißer Kreis. Das andere Prinzip ist auch immer im Gegenüber enthalten.

Schauen wir uns an, in welcher Form sich diese beiden Prinzipien in unserem Leben als scheinbare Gegensätze gegenüberstehen. Scheinbar deshalb, weil die eine Seite nicht ohne die andere existieren kann. Beide Seiten – so gegensätzlich sie erscheinen – gehören zusammen, sind wie die beiden Seiten einer Medaille.

Männliches, aktivierendes Prinzip	Weibliches, zulassendes Prinzip
Machen, Tun	Sein, Nichtstun
Denken	Fühlen
Verstand	Herz
Tat	Idee
Vernunft	Intuition
Kontrollieren	Vertrauen
Arbeiten	Spielen
Eindringen	Aufnehmen
Geben	Empfangen
Einatmen	Ausatmen
Festhalten	Loslassen
Trennen	Verbinden
Abstoßen	Anziehen
Ablehnen	Annehmen
Konkurrieren	Zusammenarbeiten
Anspannen	Entspannen
Verurteilen	Vergeben
Erobern	Integrieren
Angreifen	Beschützen

Männliches, aktivierendes Prinzip	Weibliches, zulassendes Prinzip
Starksein	Schwachsein
Macht	Hingabe
Erschaffen	Pflegen
Zerstören	Bewahren
Kämpfen	Lieben
Analysieren	Betrachten
Zeugen	Gebären
Entscheiden	Geschehenlassen
Ungeduld	Geduld
Senkrechte	Waagerechte
Außen	Innen

Beide Seiten wollen sowohl von Männern als auch von Frauen gelebt werden, nur haben beide einen unterschiedlichen Zugang zu den jeweiligen Prinzipien. Die Frau hat – weil sie eine Frau ist – einen tieferen Zugang zum weiblichen Prinzip, der Mann zum männlichen Prinzip. Je einseitiger eine dieser beiden Seiten von einem Menschen gelebt wird, desto mehr Probleme werden sich im Leben dieses Menschen zeigen. Die eine Seite ist nicht besser oder schlechter als die andere. Wir brauchen beide, um dieses Leben auf Mutter Erde und in unseren Beziehungen als Mann oder Frau gesund, erfolgreich, glücklich und erfüllt leben zu können.

Dennoch leben Männer und Frauen diese beiden Pole auf unterschiedliche Weise aus. Es ist Aufgabe jedes Mannes und jeder Frau zu erfahren, wie er oder sie diese beiden Prinzipien im Leben ausdrückt, das heißt wie weit der Mann sich im männlichen und die Frau sich im weiblichen Prinzip »zu Hause« fühlt und welchen Zugang er oder sie zum jeweiligen Gegenpol hat. Für beide ist es wichtig herauszufinden, welche der beiden Seiten er oder sie bisher nicht lebt oder sogar ablehnt. Diese gilt es, in sich selbst zu entdecken, zu entwickeln und zum Ausdruck zu bringen.

Beispiel: Ein Mensch, der immer nur stark sein will und Schwäche als schlecht empfindet, liegt im Konflikt mit dem Leben, weil dieses sagt: »Mein Lieber, so geht das nicht. Wenn du immer nur stark sein willst, dann muss ich dich zum Schwachsein zwingen. Du kannst nicht nur stark sein wollen.« Das tut das Leben, indem es uns aus der aufrechten, senkrechten Haltung, in welcher der Kopf und das Denken dominieren, immer wieder mal in die Waagerechte, das heißt ins Bett zwingt, wenn wir krank sind. Im Kranksein müssen Frauen und Männer die weibliche Seite des Lebens erfahren, wenn sie sie im täglichen Leben nicht freiwillig zulassen. Wir sind dann abhängig von der Hilfe anderer, können uns nicht mehr durch viele Aktivitäten ablenken, werden – oft durch Schmerzen – ins Fühlen gezwungen. Und wer sich diesem Schwachsein nicht hingibt, verlängert die Krankheit nur.

Ein extremes, aber dennoch weitverbreitetes Beispiel für die Ablehnung des Schwach- und Bedürftigseins sehen wir in der zunehmenden Zahl von Pflegefällen im Alter. Die meisten dieser Menschen, die vor ihrem Tod einige Jahre im Bett verbringen, waren immer nur stark, unabhängig und kontrollierend. Oft haben sie viel für andere getan, waren aber nicht für sich selbst da. Sie haben das männliche Prinzip extrem einseitig gelebt. Auf diese extreme Einseitigkeit muss das Leben antworten. Das ist keine Bestrafung, denn das Leben hat keine Wahl. Es wirkt auf der Basis von Gesetzmäßigkeiten, und jeder kann diese Gesetzmäßigkeiten in seinem Leben entdecken und zu einem bewussten Leben erwachen. Eines der wichtigsten Lebensgesetze heißt: Alle

Gegensätze wollen ein gewisses Maß an Ausgleich. Alles strebt nach Balance.

Wirklich stark ist nur der Mensch, der sich auch in seinem Schwachsein liebt und sich nicht verurteilt oder schämt, wenn es ihm einmal nicht gut geht, wenn Ängste, Trauer oder Einsamkeit ihn bedrücken. Das Starksein umfasst die Schwäche und schließt sie nicht aus. Wer nur stark sein will und nicht schwach sein darf, dessen Stärke ist eine höchst instabile Fassade, und er muss viel Kraft aufwenden, um alles Schwache in sich zu unterdrücken. Die Lösung für den einzelnen Menschen muss hier in der Entscheidung bestehen, zu sagen: »Ich bin stark, aber ich darf auch schwach sein.« Dieser Mensch nimmt sich Zeit für sich und sein Innenleben, sorgt gut für sich selbst, nimmt auch Hilfe von außen an, entspannt sich regelmäßig und erlaubt sich neben der Arbeit auch, das Leben zu genießen.

Ein anderes Beispiel ist der Gegensatz von friedlich und aggressiv. Viele Menschen haben im Laufe ihres Lebens gelernt, das Friedliche für gut zu befinden und das Aggressive für schlecht, sie haben beides voneinander getrennt. Sie wünschen sich, friedlich, nett und lieb zu sein und verurteilen alles, was mit Wut, Hass und Unfrieden zu tun hat. Hierbei verkennen sie, dass wir Frieden in uns und unseren Beziehungen nur dann erlangen, wenn wir auch zum Unfrieden in uns, beispielsweise zur Wut, Ja sagen können und beginnen, unsere eigene Wut wertzuschätzen und zu würdigen. Wer glaubt, nicht wütend sein zu können oder zu dürfen, wird seiner inneren Wut ebenso hilflos gegenüberstehen wie der Aggression im Außen und sich leicht als Opfer aggressiven Verhaltens fühlen.

Unterdrückte Wut bei Frauen, unterdrückte Angst bei Männern

Wir dürfen erkennen, dass immer beide Seiten in uns existieren und dass sie beide von uns angenommen werden wollen. Wer seine Wut nicht kraftvoll und mit Freude zum Ausdruck bringen kann (und dies kann man tun, ohne denjenigen zu verurteilen, der diese Wut ausgelöst hat), der drückt sie nach innen und verursacht in seinem Körper Drucksymptome und Krankheiten wie zum Beispiel Migräne, die besonders unter Frauen weitverbreitet ist, ebenso wie die nicht normal funktionierende Schilddrüse, die mit dem Hals-Chakra zusammenwirkt. Mädchen werden bis heute – besonders von ihren Müttern – darauf trainiert, ihre Wut, ihre Wildheit und ihre Lebendigkeit zu zügeln, nach dem alten Motto: »Frauen, die pfeifen, und Hühnern, die krähen, soll man beizeiten den Hals umdrehen.« Das spricht heute keiner mehr so aus, aber es wird immer noch danach gehandelt. Die Mutter – der in ihrer Kindheit selbst der Mund gestopft wurde und die nicht gelernt hat, lautstark aufzutreten und ihrem Unmut Luft zu machen – gibt diese Tradition an ihre Tochter weiter.

Frauen, die als Mädchen die traditionelle Erziehung des Westens genossen und nicht gelernt haben, zu ihren ganz eigenen Wünschen zu stehen und ihrem Unmut oder ihrer Wut kraftvoll Ausdruck zu verleihen, dürfen dies in späteren Jahren lernen. Denn die über Jahrzehnte unterdrückte Wut kostet den weiblichen Körper sehr viel Kraft und macht ihn auf Dauer krank. Ärger, Wut und Hass sind – wie alle Emotionen – Energien, die fließen wollen. Geschieht dies nicht, ist der feinstoffliche Emotionalkörper irgendwann überlastet, und die Energien greifen den physischen Körper an. Geht die Frau nicht den Weg zum Frieden und zum Ausdruck ihrer Wut, muss sie auch damit rechnen, dass ihr Mann oder ihre Kinder durch aggressives Verhalten auffallen und ihr auf die Nerven gehen.

Beim Mann sind es andere Gefühle, die seit der Kindheit unterdrückt werden mussten. Da er als Junge nicht schwach sein durfte und mit Gefühlen der Angst, der Trauer, der Hilflosigkeit und der Bedürftigkeit nicht als »richtiger Junge« angenommen und wertgeschätzt wurde, verleugnet er diese Gefühle und drückt sie nach innen. Die hohe Herzinfarktquote bzw. die vielen Bypässe, die diesen abwenden sollen, legen hiervon Zeugnis ab.

Die Vermännlichung der Frauen

In den letzten Jahrzehnten können wir bei den westlichen Frauen eine Bewegung hin zum männlichen Prinzip beobachten. Die Frauen haben sich – besonders unter dem Einfluss der Frauenbewegung – entschieden, männlicher zu werden. Damit hat sich nicht nur das Ideal des fraulichen Körpers verändert, sondern auch dessen tatsächliche Form, und zwar in Richtung eines möglichst schlanken, kantigeren, eher männlichen Körperbaus. Voller Busen, ausladende Hüften und runder Bauch sind schon lange auf dem Rückzug. Ein Blick auf die Titelseiten der Modezeitschriften genügt, um dies festzustellen. Frauen, die es nicht schaffen, ihren Körper durch Diäten, Sport und Schönheitschirurgie diesem Ideal anzupassen, fühlen sich häufig minderwertig. Insgesamt haben die meisten Frauen eine negative, verurteilende Einstellung zu ihrem Körper, was bei Männern weit seltener der Fall ist. Sie definieren ihren Wert weniger über den Körper als über ihre Leistungsfähigkeit im Beruf.

Gleichzeitig haben sich viele Frauen auch eine eher männliche Art zu leben angewöhnt, nicht zuletzt bedingt durch die Berufstätigkeit vieler Frauen und die wachsende Zahl alleinerziehender Mütter, die versuchen, ihren Kindern den Vater zu ersetzen. Diese männliche Art drückt sich im Alltag dadurch aus, dass sich die Frauen oft chronisch überfordern, dass sie ständig dabei sind, etwas zu tun, zu organisieren, zu managen – den Haushalt, die Kinder, den Beruf und dann auch noch die Beziehung – und abends völlig erschöpft ins Bett fallen. Das weibliche Prinzip, das sich im Entspannen, in den Pausen, im Alleinsein oder auch im Zusammensein mit anderen Frauen zum Ausdruck bringt, wird von vielen Frauen extrem vernachlässigt.

Folglich leiden viele Frauen unter Schmerzen in der rechten oder linken Körperhälfte. Schmerzt die rechte, die männliche Körperhälfte, ist dies meist ein Zeichen dafür, dass die Frau im ständigen Machen und Tun – im Außen – ist und nicht mehr zu sich selbst findet. Das heißt, dass sie schon über längere Zeit nicht ausreichend auf die Signale ihres Körpers und ihrer Seele hört. Schmerzt die linke, die weibliche Seite des Körpers, darf die Frau sich fragen, wie sie zu ihrem Frausein, zu ihrer Weiblichkeit und zu ihrem weiblichen Körper steht. Solche Frauen haben meist ein sehr schwieriges, wenn nicht gar ablehnendes Verhältnis zu ihrer Weiblichkeit (wie auch zu ihrer Mutter). Sie sind nicht gern Frau, und die schmerzende linke Seite spiegelt ihnen das wider. Die Herzinfarktquote von Frauen ist aufgrund dieser Entwicklung in den letzten Jahren stetig gestiegen.

Viele Frauen hatten eine Mutter, die ihnen in ihrer Kindheit und Jugend ständig vorgelebt hat, dass das Frauenleben kein Zuckerschlecken ist. Kaum eine Mutter hat ihrer Tochter vermittelt, dass es schön ist, eine Frau zu sein, und dass sie glücklich sein kann, eine Frau zu werden. Das Mädchen beschließt zwar oft, es anders, sprich besser zu machen als seine Mama, aber seine Strategie dorthin ist bisher meist eine männliche: »Ich werde mich anstrengen, fleißig sein, möglichst selbstständig sein, nicht abhängig von einem Mann wie Mutter, und die Dinge selbst in die Hand nehmen.«

Das Ergebnis: erschöpfte und oft frustrierte Frauen in der Mitte ihres Lebens mit kranken Körpern, wobei die weiblichen Organe Brüste, Gebärmutter und Eierstöcke besonders häufig betroffen sind. Sie waren viele Jahre sehr fleißig, haben viel für andere getan – für das Kind oder die Kinder, für den Partner, oft auch für die Eltern. Nur für sich selbst haben sie schlecht gesorgt. Sie haben nie gelernt, sich selbst mit ihrer Lebensfreude, ihren Bedürfnissen und Wünschen in den Mittelpunkt ihres Lebens zu stellen. Sich selbst als die wichtigste Person des eigenen Lebens zu betrachten, fällt vielen Frauen nach wie vor ungeheuer schwer, ist mit Schuldgefühlen verbunden und wird von ihrem Verstand als »zu egoistisch« abgelehnt. Mit ihren Müttern sind diese Frauen meist in hohem Maße verstrickt.

Wenn man junge Frauen heute fragt, was denn eine richtige Frau ist, dann fallen oft Worte wie attraktiv, selbstbewusst, erfolgreich und unabhängig. Diese Beschreibung könnte auch auf einen Mann passen. Spezifisch Weibliches hört man selten.

Männer und die abwesenden Väter

Die Männer wurden seit Jahrhunderten darauf getrimmt zu funktionieren, ob als Soldat, als Arbeiter oder später als Angestellter. Um Männer zu verstehen, sollten wir uns einmal erinnern, wie das typische Männerleben über unzählige Generationen hinweg aussah. Männer sollten vor allem körperlich viel leisten, stark sein, viel aushalten können, mit Kraft, Ausdauer und Disziplin ihrer Arbeit nachgehen und Geld verdienen. In den letzten zweitausend Jahren mussten viele Generationen von Männern immer wieder in den Krieg ziehen und zu blind gehorchenden, nicht selbstständig denkenden Soldaten mutieren, die bereit waren, fürs Vaterland oder für Fürst oder König zu töten und zu sterben. Diese Männergeschichte sitzt den Männern noch immer tief in den Knochen und schlägt sich bis heute in der Erziehung von Jungen nieder.

Was ist ein richtiger Junge? Einer, der stark ist, am besten auch noch klug, der weiß, was er will, der sich in der Schule und am besten auch im Sport durchsetzt, der gewinnen will und keine Schwäche zeigt. Ihm wird noch heute von den Eltern und Großeltern vermittelt, dass er kein »richtiger Junge« ist, wenn er Gefühle der Angst, der Trauer, der Bedürftigkeit und ähnlich schwache Seiten zeigt. Ein Indianer kennt keinen Schmerz!

Gleichzeitig erleben die meisten Jungen ihre Väter als mehr oder weniger abwesend. Waren die Väter früher im Krieg, sind sie heute bei der Arbeit oder ganz abwesend, weil sich die Eltern früh getrennt haben und die Mutter das Kind oder die Kinder allein erzieht. Gibt es einen Vater, ist dieser seinem Sohn gegenüber oft emotional abwesend und wird von ihm als schwach oder leidend empfunden. Jungen sind heute bis zu ihrem zehnten Lebensjahr vor allem mit Frauen zusammen, denn auch im Kindergarten und in der Grundschule finden sich so gut wie keine Männer. Woher soll der Junge erfahren, was einen Mann ausmacht? Er hört, dass sein Vater, wenn er überhaupt Kontakt zu ihm hat, meist bei der Arbeit ist. Also sind die meisten Männer heute Muttersöhne, wie die meisten Frauen Muttertöchter sind – mit den entsprechenden Folgen für das Zusammenleben von Männern und Frauen.

Söhne lechzen nach dem Lob, der Anerkennung und dem Stolz des Papas. Schon kleinste Jungen rufen ihm zu: »Schau mal, Papa, was ich kann!« Und viele Väter antworten so etwas wie: »Ich glaube, das kannst du besser. Streng dich mehr an!« Diese Sehnsucht nach Lob und Liebe treibt auch den erwachsenen Sohn weiter und weiter, zu immer mehr Leistung und auf irgendwelche Ziele zu, die selten klar formuliert sind. Das Ziel heißt in Wirklichkeit immer: »Sag mir, Papa, dass ich gut bin. Sag mir, dass du stolz bist auf mich. Zeig mir, dass du mich liebst!« Doch dieses Ziel erreichen die wenigsten Söhne.

Enttäuscht und frustriert, oft im Streit mit ihnen oder in der Verachtung ihrer schwachen, jetzt älteren Väter verlassen junge Männer ihr Elternhaus – ohne den Segen ihres Vaters und ohne von ihm in das Mannsein, in eine Kultur der Männlichkeit eingeweiht oder eingeführt worden zu sein. Woher sollen Männer denn wissen, was einen kraftvollen, wunderbaren Mann ausmacht, wenn sie es nicht von ihren Vätern gelernt haben? Keine Mutter kann das vermitteln. Unsere Welt ist voller Muttersöhne, emotional eng mit der Mutter verstrickt, mit dem Vater im Groll und auf Distanz zu ihm. Wie viele Männer kennen Sie – als Frau oder als Mann –, von denen Sie sagen würden: »Ein wunderbarer Mann, kraftvoll, gefühlvoll, der ist echt. Der zeigt Gefühle und kann sich auch in andere einfühlen. Er ist kein Show-Mann, zeigt keine Fassade und steht auch zu seinen Ängsten, ›Niederlagen‹ und Schwächen. Der meint, was er sagt. Und er tut, was er sagt. Auf den ist Verlass. Und er macht sein Ding.«

Der Mann, der ohne den Segen, das heißt, ohne die Anerkennung und Liebe seines Vaters, ohne Frieden mit seiner Kindheit und Jugend geschlossen zu haben und ohne Dankbarkeit dem Vater gegenüber das Elternhaus verlässt und ins Leben geht, muss häufig das Scheitern erfahren – auf die eine oder andere Weise. Viele Männer wundern sich, warum sie beruflich auf keinen grünen Zweig kommen, große Verluste erleiden oder mit ihrem Chef oder anderen Autoritätspersonen (Vaterersatz-Figuren) im Clinch liegen. Das Verhältnis zum oft abwesenden oder schwachen Vater der Kindheit bildet die Grundlage für diese Erfahrung des Mangels. Andere Männer – nicht selten die gleichen – erleben in ihren Beziehungen zu Frauen immer wieder Ratlosigkeit und das Gefühl, nicht zu wissen, was einen richtigen Mann in einer Beziehung ausmacht.

Das Selbstbewusstsein des heutigen Mannes steht und fällt mit seiner Leistungsfähigkeit und seinem Erfolg im Arbeitsleben. Fällt dieses Feld der Selbstbestätigung weg, sei es durch Arbeitslosigkeit oder Pensionierung, verlieren viele Männer ihren Halt, fühlen sich nutzlos und können nur noch wenig mit sich anfangen. Ihr Leben lang waren sie darauf programmiert, dass jemand ihnen sagte, was sie tun sollen, und sie haben es getan. Oder sie haben sich als Selbstständige ihren Erfolg und damit auch ihre männliche Bestätigung geholt. Fällt der Lebensbereich Arbeit für den Mann weg, fällt er oft in ein Loch samt Depression und Langeweile. Dies ist einer der Gründe, warum Männer im Schnitt sieben Jahre früher sterben als Frauen. Wozu auch sollen sie noch leben, wenn es nichts mehr zu »machen« gibt?

Wenn es um den Umgang mit Gefühlen insgesamt und mit inneren Krisen im Besonderen geht, fühlen sich die meisten Männer vollkommen inkompetent. Ganz auf den Außenbereich des Lebens und das Machen ausgerichtet fühlt sich der Mann im emotionalen und auch im körperlich-sexuellen Zusammensein mit der Frau äußerst unsicher. Was er über Frauen, ihre Eigenarten, Bedürfnisse und Wünsche gelernt hat, stammt meist von seiner Mutter und ist in aller Regel sehr wenig. Darum ist es nicht verwunderlich, dass Männer in ihren Frauen oft einen Mutterersatz suchen und sich bei ihren Frauen auf die gleiche Art Anerkennung und Bestätigung zu holen versuchen, wie sie es schon bei der Mutter gemacht haben. Es sind die Kümmerer-Männer, die es der Frau entweder recht machen oder sie retten wollen.

Der Mann, der sich damals als Junge geschworen hat, den Weg des Erfolgs, der Disziplin, des Fleißes und der Vernunft zu gehen und »es« zu schaffen, erlebt mit seinem Sohn oder seiner Tochter oft negative Überraschungen. Zu seinem Leidwesen schlägt das Kind oft eine völlig andere Richtung ein. Viele erfolgreiche Väter müssen erleben, dass ihr erwachsener Sohn keinen Ehrgeiz zeigt, die Schule schmeißt, sich in Süchte stürzt oder ein völlig abgedrehtes Leben führt, kurz: in seinen Augen völlig missrät. Warum tut er das? Weil er in der Verstrickung mit seinem Vater gar nicht anders kann. Durch die einseitige Ausrichtung des Vaters auf Vernunft, Strenge, Selbstdisziplin und Erfolg im Außen fühlt sich der Sohn unbewusst gezwungen, den Ausgleich herzustellen, indem er das Gegenprogramm lebt.

Dies trifft genauso auf die Mütter zu, die sich schon früh entschieden haben, ordentlich, sauber, am besten perfekt zu sein. Mit dieser Einseitigkeit zwingen sie vor allem ihre Tochter, das Chaos, die Unordnung, das Schmutzige, Wilde, Strukturlose zu leben, und verzweifeln oft jahrelang an ihr.

Auf der Suche nach dem »richtigen Mann« und der »richtigen Frau«

Die meisten Männer wie Frauen haben zu sich und ihrem eigenen Geschlecht ein unfriedliches, ein gestörtes Verhältnis. Kaum ein Mann liebt es, ein Mann zu sein, und kaum eine Frau ist mit Stolz und Freude eine Frau. Das macht das Zusammenleben von Frau und Mann kompliziert und oft schmerzhaft.

Die Frauen haben an ihrer sich selbst nicht liebenden, häufig überlasteten und nicht selten frustrierten Mutter erlebt, dass das Frausein keine schöne, freudvolle Angelegenheit ist. So wie ihre Mutter wollten sie nicht werden. Sie wollten es anders machen, aber dafür, wie man eine glückliche, erfüllte Frau wird, fehlte jedes Modell. Aus Mitleid und oft aus Verachtung für ihre leidende, schwache und sich oft beklagende Mutter haben sie beschlossen, es besser zu machen, ökonomisch unabhängig von einem Mann zu sein und ihr Leben nicht für die Versorgung von Kindern zu opfern. Der drastische Geburtenrückgang im Westen beruht vor allem auf der verständlichen Entscheidung von Frauen, es einmal besser haben zu wollen als ihre Mütter und wirtschaftlich unabhängig zu sein.

Auch die Männer haben als Junge selten einen glücklichen Mann als Vater erlebt, sondern oft einen physisch abwesenden oder emotional verschlossenen, eher schwachen Mann, der ihnen das Mannsein nicht näherbringen konnte. Weil in den letzten Jahrzehnten Bewegung in die Reihen der Frauen kam, weil diese sich aufmachten, ihr Frauenschicksal in die eigenen Hände zu nehmen, weil sie anfingen, sich zu wehren und in der Gesellschaft wie in ihren Beziehungen Änderungen ihrer Lebensbedingungen und des Verhaltens der Männer zu fordern, und weil sie sich durch berufliche Tätigkeit mehr und mehr ökonomische Unabhängigkeit erarbeiteten, sind Männer heute zutiefst verunsichert, wenn es um die Frage geht, was denn ein richtiger Mann sei. Innerlich noch heftig mit ihrer Mutter verstrickt versuchen viele, sich den Frauen anzupassen, es ihnen recht zu machen und sich Anerkennung und Bestätigung von ihnen zu holen. So sind beide, Frauen wie Männer, auf der Suche nach dem, was eine richtige Frau und einen richtigen Mann auszeichnet.

Die Geschichte von Männern und Frauen war in den letzten paar Tausend Jahren unter anderem eine Geschichte der Unterdrückung der Frau durch den Mann. Diese Geschichte sitzt beiden Geschlechtern noch tief in den Knochen und wirkt bis heute unbewusst in jede Mann-Frau-Beziehung hinein. Mit ihrem Drang, zu erobern und in Besitz zu nehmen, zogen Männer nicht nur von Land zu Land und bekämpften und töteten ihresgleichen, sondern sie drangen auch immer wieder auf lieblose Weise in Frauen ein – die eigenen und die des Gegners, um sie zu beherrschen, zu erniedrigen und ihren Geschlechts- und Aggressionstrieb zu befriedigen.

Im Außenbereich des Lebens ist der Mann von Natur aus der stärkere. Er ist der Frau nicht nur physisch überlegen, sondern hat mit seinem Drang, die Welt zu erobern, Neues zu entdecken, zu entwickeln und aufzubauen, in den letzten Jahrtausenden für einen enormen technischen und wissenschaftlichen Fortschritt gesorgt. Wer diese Leistung nicht würdigen kann oder nur die destruktiven Auswirkungen dieser Männerkultur betrachtet, wird sich schwertun, wenn es darum geht, die Männer zu verstehen oder gar zu lieben.

Auf der anderen Seite steht diesem Fortschritt auf der materiell-technischen Seite ein großes Unvermögen gegenüber, was die psychisch-emotionale Seite des Menschen – Mann wie Frau – angeht. Dieser große Gegensatz zwischen materiellem Fortschritt und dem riesigen Nachholbedarf in der Frage, wie der Mensch in den Frieden und zu einem liebevollen Miteinander mit sich selbst und anderen finden kann, spiegelt das bisherige Unvermögen von Männern und Frauen wider, in sich selbst und zwischen den Geschlechtern für Verständnis und Harmonie zu sorgen.

Die Destruktivität männlichen Verhaltens – sowohl im Verhältnis zu Mutter Erde als auch in Paarbeziehungen – lässt sich einerseits damit erklären, dass der Mann nicht gelernt hat, seine männlich-aggressive Seite mit seinen weiblichen Anteilen zu verbinden, mit der Liebe zu sich selbst, zu Mutter Erde und zu den Frauen. Aber auch die Frauen dürfen hierfür Verantwortung übernehmen, denn all diese Männer wurden in den letzten Jahrhunderten vor allem von Frauen erzogen. Und die meisten von ihnen haben ihren Söhnen deutlich gezeigt, wie wenig sie von den Männern, besonders von ihrem eigenen Mann, hielten und haben damit zur inneren Trennung des Sohnes von seinem Vater und von einem authentischen Mannsein beigetragen.

So definieren sich Männer in ihrem Mannsein häufig durch Anpassung an die Frauen und deren Wünsche, während viele Frauen aus dem Gefühl heraus, benachteiligt oder zu kurz gekommen zu sein (bzw. aus dem Wunsch, es besser zu machen als die Mutter), versuchen, sich ihr Lebensglück in Abgrenzung von den Männern zu erkämpfen oder zu erarbeiten. Wenn Männer und Frauen auf eine neue liebende und erfüllende Weise zueinanderfinden wollen, wenn wir ein neues Kapitel der Liebe miteinander aufschlagen wollen, sind folgende Entwicklungen notwendig:

Männer wie Frauen dürfen lernen, sich wieder als Mann und Frau zu würdigen, wertzuschätzen und zu ehren. Dazu gehört nicht nur, sich selbst lieben zu lernen, sondern vor allem auch die Freude, ja Begeisterung an der Schönheit und am Spezifischen des eigenen Geschlechts wiederzufinden. Der Mann darf sich an sich selbst und seinem Mannsein erfreuen und darf lernen, zu sich selbst zu stehen und in sich zu ruhen. Die Frau darf lernen, das Spezifische ihres Frauseins wiederzuerkennen, wertzuschätzen und zu feiern. Beide Seiten müssen das Spiel des gegenseitigen Missbrauchs und der Herabsetzung beenden und aufhören, sich Kraft und Bestätigung für den eigenen Wert vom anderen Geschlecht zu holen.

Männer werden im Zusammensein mit Männern wieder Freude und Befriedigung sowie das Gemeinsame und Lebendige entdecken dürfen, anstatt sich nur in der Arbeitswelt als Konkurrenten zu begegnen. Frauen werden die tiefe Feindseligkeit – die untereinander in weit schärferer Form herrscht als unter Männern – als Unliebe und Ablehnung ihres eigenen Geschlechts sowie als Zeichen höchster Verstrickung mit ihren Müttern erkennen dürfen und lernen, das liebevolle, spielerische Zusammensein mit anderen Frauen zu genießen.

Solange dem Mann nicht klar ist, was ihn als Mann auszeichnet und von einer Frau unterscheidet und solange er das spezifisch Männliche in sich nicht wertschätzt und genießt, wird er weiterhin unbewusst die Frau brauchen, die ihm (wie schon Mama) sagen soll, dass er als Mann in Ordnung ist. Die Frau kann dem Mann aber nicht sagen oder zeigen, was ein richtiger Mann ist – genauso wenig wie umgekehrt. Und solange die Frau sich nicht vor ihrem eigenen Wesen verneigen und den Schatz erkennen kann, der sie ist, weil sie eine Frau ist, solange wird sie versuchen, den Mann und die Männergesellschaft für ihr selbst erzeugtes Leid verantwortlich zu machen, und weiter leiden. Männer wie Frauen dürfen lernen, die eigene Schöpferverantwortung für ihren bisherigen Weg zu übernehmen und sich aufmachen, die unverwechselbare, einzigartige Schönheit ihres eigenen Geschlechts zu erkennen, zu lieben und zu leben.

Die Liebe des Herzens

»Die Liebe des Herzens ist nicht die Liebe des Gemüts.
Die Liebe des Gemüts dient der Liebe des Herzens,
aber sie ist es nicht. Die Liebe des Gemüts ist Klebstoff; sie sagt:
›Du allein bist mein Glück; deshalb will ich dich an mich binden.‹
Sie sagt: ›Ich allein bin der Richtige für dich; deshalb will ich dich
   glücklich machen und kein anderer.‹

Diese Liebe ist weder ein Fehler noch ein Irrtum;
an ihr ist nichts Schlechtes und nichts Falsches.
Sie dient dazu, der Liebe des Herzens die Bahn zu bereiten.
Wer sie als Irrtum und Hindernis verwirft,
der missachtet ihren Daseinszweck und zieht ihre Rache auf sich.
Während er sich vor ihr durch seine Verachtung sicher wähnt,
wird ihr Pfeil ihn an der empfindlichsten Stelle treffen.

Sicher vor der Verwundung durch die Liebe des Gemüts ist nur der,
der sich sehenden Auges hineinbegibt;
der das Feuer der Leidenschaft nicht fürchtet, wenn er ›Ich liebe
   dich‹ haucht,
noch die Fessel der Bindung oder die Geißel der Eifersucht.
Wer die Liebe des Gemüts, wenn sie ihn trifft, annimmt
und mit der Liebe seines Herzens berührt, der findet das Herz des
   Geliebten.

Die Liebe des Herzens sagt: ›Was immer du bist, ich nehme es auf
   in mein Sein;
was immer du fühlst, ich will es verstehen;
was immer du wünschst und ersehnst, ich achte es;
was immer dich berührt, berührt auch mich;
wohin auch immer du wachsen willst,
ich nähre dich, wie ich kann.‹

Die Liebe des Herzens umfängt die Liebe des Gemüts wie die
    Auster das Sandkorn;
ihr Schmerz ist ein ständiger Dorn in ihrem weichen Fleisch;
sie nimmt ihn willig auf sich. Durch ihr widerstandsloses
    Umfangen verwandelt sie die ›kleine Liebe‹, die Liebe des
    Gemüts, in einen kostbaren Schatz,
so wie die Auster das Sandkorn in eine Perle verwandelt.
Das Kostbare an diesem Schatz ist seine Schönheit;
    eine Schönheit, die nur dem offenbar wird,
    der die Schale seines Herzens öffnet und das,
was so viel Schmerz verursachte, ans Tageslicht befördert.«

*Safi Nidiaye**

* Nidiaye, Safi: *Die Stimme des Herzens*, © Verlagsgruppe Lübbe GmbH
  & Co. KG, Bergisch Gladbach 2000, S. 20 f.

Kapitel 7
Befreiung von Vater und Mutter der Kindheit

Um die vielen Schwierigkeiten besser zu verstehen, denen Männer und Frauen in ihren Beziehungen begegnen, muss man sich die inneren Beziehungen zu den Müttern und Vätern der Kindheit sehr genau anschauen. Diese – den meisten nicht bewusste – Beziehung ist auch beim Fünfzigjährigen oder Achtzigjährigen von Unfreiheit und Abhängigkeit gekennzeichnet und beeinflusst und verzerrt die Beziehung zum Partner massiv, wenn sie nicht auf sehr bewusste Weise gelöst wurde. Die Zeit allein löst hier gar nichts, ebenso wenig wie die Zeit Wunden heilt, auch wenn das viele immer noch glauben.

Wir dürfen uns vorstellen, dass alle Ereignisse unserer Kindheit, ja sogar die neun Monate der Schwangerschaft, vollständig – mit allen Körperempfindungen, Gefühlen und Gedanken – in uns aufgezeichnet sind und täglich auf unser Leben einwirken. Alle Kinder – völlig unabhängig von der Qualität des Elternhauses – müssen sich innerlich mit Mutter und Vater verstricken. Selbst wenn der Vater gar nicht da oder häufig abwesend war, existiert diese Verstrickung, die zum Beispiel dadurch geprägt ist, dass sich das kleine Kind in uns nach dem abwesenden Vater sehnt. Verstrickung bedeutet also nicht, dass hier etwas schiefgelaufen ist in der Kindheit.

Ich habe im zweiten Kapitel erwähnt, dass das kleine Kind alles tut, um die Aufmerksamkeit und Zuwendung der Eltern zu erhalten, weil es weiß, dass es diese Energie zum seelischen Wachstum unbedingt braucht – mindestens so sehr wie physische Nahrung. Hierfür bezahlt das Kind jedoch mit seiner eigenen Authentizität. Das heißt, es nimmt im Zusammensein viele seiner ursprünglichen Impulse und Herzwünsche zurück, weil es weiß, dass es damit von Mutter oder Vater zurückgewiesen und abgelehnt wird. So muss es oft sowohl seine Wildheit und Lebendigkeit, seinen unbändigen Spieldrang, seine Träumerei und Neugier unterdrücken als auch viele Emotionen wie Angst, Wut, Zorn, Trauer, Gier nach innen verdrängen, anstatt sie auszudrücken und ihnen freien Lauf zu lassen. Ein dreijähriges Kind weiß bereits sehr genau, was es seinen Eltern zumuten kann und wo es auf Ablehnung stößt.

Das von den Eltern oder einem Elternteil völlig abhängige Kind wird in seiner gesamten Kindheit und Jugend mit Wünschen, Forderungen und Erwartungen seiner Eltern konfrontiert, mit Geboten und Verboten, denen es sich anpassen muss. Dies tut jedes Kind auf seine ihm eigene Weise. Die meisten gehen den Weg der Anpassung und des Gehorsams, andere den Weg der Rebellion und des Trotzes. Wieder andere versuchen, den Eltern auszuweichen, so oft es geht, und machen sich, sobald sie können, aus dem Staub. Sie sind dann mehr in der Familie von Freunden oder bei den Großeltern zu finden, weil sie sich hier mehr beachtet, angenommen und geliebt fühlen. Wieder andere flüchten sich entweder in eine Traum- und Fantasiewelt oder immer wieder in eine Krankheit, weil sie wissen: »Wenn ich krank bin, erhalte ich mehr Zuwendung und liebevolle Fürsorge.« Das Kind versucht auf alle Fälle einen Weg zu finden, bei dem es ein Minimum an Kritik und Ablehnung und ein Maximum an Lob, Wertschätzung und Liebe erhält. Ein beträchtlicher Teil der Kinder entschließt sich innerlich für den extrem anstrengenden Weg, ein perfekter Mensch zu werden, weil es dadurch hofft, Kritik und Zurückweisung völlig auszuschließen. Vielleicht wissen Sie aus eigener Erfahrung, wie anstrengend dieser Versuch ist.

In der Phase der frühen Kindheit leistet das Kind eine Reihe von Schwüren, wenn es in ihm Sätze denkt wie: »Ich will nie wieder jemandem vertrauen / mein Herz öffnen / meine wahren Gefühle zeigen / meine Mutter enttäuschen / Fehler machen ...« Solche inneren Entscheidungen binden das Kind und behalten ihre Kraft auch in den nächsten Jahrzehnten, wenn sie vom erwachsenen Menschen nicht bewusst gemacht und zurückgenommen werden (siehe die zweite Meditation auf der CD: *Mich von alten Begrenzungen befreien*).

Der oft zwanzig Jahre und noch länger dauernde Anpassungsprozess an die Erwartungen derjenigen, die für unser materielles und psychisches Überleben verantwortlich sind, hat gravierende Folgen für das spätere Beziehungsleben.

Die Verstrickungen mit den Eltern der Kindheit sind bei vielen Menschen offensichtlich, aber die meisten ahnen kaum etwas von deren Auswirkungen auf ihr Leben. Beispielsweise ist die Welt voller erwachsener Frauen, ob dreißig oder fünfzig Jahre alt, die sich den Anrufen ihrer alten Mutter, ihrer Kritik, ihren Forderungen und Einmischungen vollkommen hilflos ausgeliefert fühlen und nicht deutlich sagen können: »Mutter, ich akzeptiere, wie du dein Leben lebst und was du für richtig und falsch hältst, aber ich habe mich entschieden, mein Leben so zu leben, wie ich es will. Nimm das bitte zur Kenntnis.« Die nicht minder verstrickte Beziehung zu den älteren Vätern ist hingegen eher von beiderseitigem Schweigen, Ignorieren und seltenen Kontakten gekennzeichnet.

Viele Menschen behaupten, sie seien mit ihren Eltern im Frieden. Manche haben den Vater oder die Mutter sogar beim Sterbeprozess begleitet und sich mit ihm oder ihr ausgesprochen. Das war mit Sicherheit ein segensreicher Schritt. Dennoch bedeutet ein friedliches Verhältnis zum älteren Vater bzw. zur älteren Mutter keineswegs, dass das, was in der frühen Kindheit an Verstrickung entstand, gelöst ist. Dieses Geschehen befindet sich sozusagen auf einer völlig anderen »Filmrolle« – auf einer anderen Bewusstseinsebene.

Alle Menschen gehen mit ihren weitgehend unbewussten Elternverstrickungen in Partnerbeziehungen hinein und bleiben – oft zeitlebens – innerlich die kleinen braven, fleißigen und angepassten Kinder, die es den Eltern recht machen wollen und sich nach deren Liebe und Anerkennung sehnen. Ihr Inneres ist voller Schuld und Scham, Wut, Ohnmacht und Trauer. Darum finden in allen Paarbeziehungen Eltern-Nachhol-Lektionen statt. *Solange sich Frau und Mann ihre innere, unbewusste Beziehung zu Vater und Mutter der Kindheit nicht bewusst gemacht haben und solange sie nicht mit ihnen ins Reine gekommen sind und sich ihres hungrigen, verletzten, wütenden und traurigen inneren Kindes angenommen haben, sind sie in der Wahl ihres Partners sowie in der Gestaltung ihrer Paarbeziehung vollkommen unfrei.* Dies wird von den wenigsten Menschen gesehen und verstanden.

Das Leben fordert jeden Sohn und jede Tochter auf, nicht nur Frieden in der inneren Beziehung zu Mutter und Vater herzustellen, sondern sich auch auf den Weg zu machen zu den drei großen Qualitäten: Klarheit, Frieden und Freiheit.

Wer glaubt, mit seinen Eltern im Frieden zu sein, wird in einer inneren Begegnung mit dem Vater oder der Mutter ganz schnell sehen und spüren, wie viel Unklarheit, Unfrieden und Unfreiheit im Unsichtbaren besteht. Fast alle sind in ihren feinstofflichen, unsichtbaren Körpern über Schnüre, Ketten oder Netze mit Vater und Mutter verstrickt oder sogar verwachsen. Ein großer Teil unseres Leidens in Paarbeziehungen ist auf diese unfreie Elternbeziehung zurückzuführen (siehe die Meditations-CDs: *Meine Mutter und ich – Begegnungen mit ihr für Heilung, Frieden und Freiheit* und *Mein Vater und ich – Begegnungen mit ihm für Heilung, Frieden und Freiheit*).

Es geht mir in keiner Weise um eine Verurteilung der Leistung unserer Eltern, sondern um ein Verstehen der Zusammenhänge. Alle Mütter und Väter sind in ihrem Innern selbst verletzte Kinder. Diese verletzten Kinder bekamen wiederum Kinder, gaben ihr Bestes und wollten für ihre Kinder das Beste. Sie konnten einfach nicht anders handeln oder bessere Eltern sein, als sie waren. Diesem Gedanken können sich bis heute nur wenige öffnen. Aber diese Sichtweise ist der einzige Weg, um Frieden in uns und mit der Welt um uns zu finden. *Die Ehrung und Würdigung von Eltern ist keine nette spirituelle Geste, sondern eine Notwendigkeit für unser eigenes Lebens- und Beziehungsglück.* Wer nach wie vor glaubt, sein Vater oder seine Mutter hätte anders sein oder handeln müssen, der liegt noch im Krieg mit seiner Vergangenheit und damit mit sich selbst.

Egal wie hart, lieblos und schmerzhaft Ihre Kindheit war, Sie haben sie überlebt. Herzlichen Glückwunsch. Die Kindheit ist für niemanden ein Zuckerschlecken gewesen. Denn in jedem abhängigen Verhältnis kommt es zu Verletzungen und Erfahrungen von Ohnmacht und Angst. Wer glückliche Liebesbeziehungen erfahren will, wird nicht darum herumkommen, seine Gedanken und Gefühle in Bezug auf seine Kindheit und die Eltern dieser Zeit zu klären. Dafür braucht es keine jahrelange Therapie. Das können die meisten ganz allein schaffen, indem sie sich Zeit nehmen, um mit geführten Meditationen nach innen zu gehen und Friedens- und Befreiungsarbeit in sich selbst zu leisten. Die Teilnehmer meiner Seminare und die Hörer meiner Meditations-CDs finden gar nicht genug Worte, um zu beschreiben, wie befreiend und verändernd diese Innenarbeit für sie im Außen war.

»Ich möchte, dass du weißt, dass es keinen Menschen auf der Erde gibt, der nicht von einem oder beiden Elternteilen verraten oder missbraucht wurde. Denn jegliches unbewusstes Verhalten führt zu Missbrauch. Gewaltsames Verhalten ist immer auf unverheilte und verdrängte Wunden der betreffenden Person zurückzuführen. Und alle Eltern dieser Welt haben solche Wunden und blinden Flecken. Es ist natürlich immer eine Frage des Ausmaßes. Kein Vater, keine Mutter kann dich vollkommen respektieren, solange er oder sie nicht gelernt hat, sich selbst vollkommen zu respektieren. Und niemand, der in einem physischen Körper auf dieser Erde weilt, hat dieses Stadium der Vergebung erreicht.«

*Paul Ferrini**

Der abwesende Vater und die Folgen

Wie bereits erwähnt erleben sehr viele Kinder ihren Vater als mehr oder weniger abwesend. Früher waren die Männer im Krieg, heute sind sie bei der Arbeit oder durch frühe Trennung der Elternteile abwesend. Der Anteil alleinerziehender Mütter ist in den letzten Jahrzehnten zudem be-

* Ferrini, Paul: *Stille im Herzen*, © Aurum im J. Kamphausen Verlag GmbH, Bielefeld 2004³, S. 83

trächtlich angestiegen. Jedes Kind sehnt sich aber unbewusst auch nach einem liebevollen Kontakt zum Vater; es will seine Aufmerksamkeit, seine Anerkennung und sein Lob erfahren. Und auch die meisten in der Familie anwesenden Väter sind für die Kinder emotional abwesend, können oft mit kleinen Kindern wenig anfangen und nehmen Sohn oder Tochter nur am Rande wahr.

Beobachten Sie einmal kleine Kinder, besonders die Jungs, wenn sie etwas Neues gelernt haben und der Vater in der Nähe ist. »Papa, Papa, guck mal, guck mal, was ich kann!« Der ausgedrückte Stolz des Vaters über die Leistungen und Fortschritte seines Kindes ist für dieses eine große Kraftquelle. Hierauf scheinen die Söhne noch mehr angewiesen zu sein als die Töchter, weil der Vater ihr Geschlechtsvorbild ist. Diese Anerkennung durch die Väter erfahren jedoch die wenigsten Kinder. Auch von den anwesenden Vätern kommt sie nur selten, weil Männer sich selbst nicht genügend gelobt und wertgeschätzt fühlen und sich wenig in die Seele ihres Kindes einfühlen können.

Millionen Männer und Frauen gehen morgens zur Arbeit, nicht nur um Geld zu verdienen, sondern auch, um von ihren Chefs und der Firma Anerkennung und Bestätigung zu erhalten – samt dem Gefühl, wichtig zu sein und gebraucht zu werden. Darauf ist der Mann noch mehr angewiesen als die Frau, weil die Arbeit für ihn die erste und oft einzige Quelle der Anerkennung ist und weil schon jeder Junge lernt, dass jeder richtige Mann Erfolg hat und viel Geld verdient. Autoritätspersonen wie Vorgesetzte dienen als Vaterersatz-Figuren, von denen sich der kleine Junge im Mann das erhofft, was er von Papa nicht erhalten hat.

Natürlich kann der Vorgesetzte dieses Bedürfnis nicht wirklich befriedigen und die fehlende Anerkennung des

Vaters ersetzen. So lechzt der Junge im Mann chronisch nach Anerkennung und Bestätigung, stürzt sich ins Hamsterrad der Leistung, bis mit Ende dreißig oder Anfang vierzig der erste Bypass fällig ist. Oder bis ihm die Frau mit einem anderen davonläuft, weil sie sich zu Beginn der Beziehung einen Mann gewünscht hat und keinen Roboter, der nur seine Arbeit im Kopf hat und selten da ist. Solche Männer wundern sich dann häufig darüber, dass ihre Partnerin mit ihnen unzufrieden ist und sie auch von ihr nicht die gewünschte Anerkennung erhalten. Dabei denkt der Junge im Mann, er habe doch alles richtig gemacht. Er war fleißig, hat sich in die Arbeit gestürzt und alles ihn dabei Störende, wie unangenehme Gefühle, weggedrückt. Er hat sich zusammengerissen und gutes Geld verdient, um ein Häuschen und materiellen Wohlstand zu finanzieren. Und dennoch steht er am Ende oder in der Mitte des Lebens ganz ohne alles da: Gesundheit weg, Frau oder Beziehungsglück weg, und die Lust an der Arbeit ist auch meist weg.

Frauen, die in der Kindheit einen anwesenden Vater vermissten, ziehen oft unbewusst einen deutlich älteren Partner an. Ihnen ist das Gefühl von väterlicher Geborgenheit, emotionaler Sicherheit und oft auch materieller Absicherung besonders wichtig, weil sie es in ihrer Kindheit und Jugend vermisst haben. Diese Vater-Tochter-Beziehungen werden immer beliebter, auch deshalb, weil die jüngere Frau dem älteren Mann mehr Anerkennung seiner Männlichkeit vermittelt und er sich ihr gegenüber oft emotional sicherer fühlt als gegenüber einer gleichaltrigen Partnerin.

Bei vielen Frauen bewirkt der ständig oder immer wieder abwesende Vater, dass sie später Männer anziehen, die ebenfalls oft abwesend sind oder sie nach einer Weile wieder verlassen. Das kleine Mädchen entwickelt aus seiner Erfahrung mit dem Vater, dem ersten Mann in seinem Leben, häufig den Glaubenssatz: Männer sind nie da. Oder: Männer gehen immer weg. Auch hier spielt das innere Kind eine machtvolle Rolle, die den wenigsten bewusst ist, weil sie dieses innere Kind nie wirklich kennengelernt haben. Der kleine Junge im Mann und das kleine Mädchen in der Frau ist jedoch keine Fiktion, sondern eine innere Realität, die jeder in einer inneren Begegnung hautnah erfahren kann mitsamt allen Körperempfindungen, Gefühlen und Gedanken. Das Kind zieht in seiner Reaktion auf Vater und Mutter oft Schlüsse und trifft entsprechende innere Entscheidungen, die das spätere Beziehungsleben massiv beeinflussen und gestalten. Hierzu gehören unter anderem die grundlegenden Gedanken, die das Kind über Männer und Frauen zu glauben gelernt hat.

Eine besondere Erfahrung des Verlassenwerdens, die viele Mädchen machen und gemacht haben, ist die abrupte Distanzierung des Papas von der pubertierenden Tochter. Zum kleinen Mädchen hat der Vater eine herzliche, liebevolle und zärtliche Beziehung. Wenn der Körper seines kleinen Mädchens aber beginnt, sich zum Körper einer Frau zu wandeln – was heute immer früher beginnt –, zieht sich der Vater oft ohne jede Erklärung von der Tochter zurück, aus Angst und Hilflosigkeit im Umgang mit den eigenen sexuellen Impulsen, die durch diese kleine Frau in ihm ausgelöst werden.

Viele Frauen haben diesen Rückzug als ein extrem einschneidendes, traumatisches Verlassenheitserlebnis wahrgenommen und wiederholen es in späteren Beziehungen zu Männern, ohne dass ihnen die Zusammenhänge bewusst sind. Das Kind sagt sich innerlich: »Ich will nie wieder verlassen werden.« Aber genau das, was wir »nie wieder« erleben wollen, ziehen wir immer wieder an. Die Lösung besteht darin, den Schock, die Trauer und die Wut, die mit solchen Erlebnissen verbunden sind, bejahend fühlen zu lernen und dadurch zu verwandeln sowie den schwurähnlichen Satz »Ich will nie wieder verlassen werden« wahrheitsgemäß umzuformulieren: »Ich will mich selbst nicht wieder verlassen, sondern mich selbst mit allen Gefühlen und Erfahrungen annehmen und lieben lernen.«

Frauen, die wiederholt die Erfahrung machen, von einem Mann verlassen zu werden, dürfen sich diese alte Verlassenheitswunde bewusst machen und sie heilen lassen. Das geht in Form einer oder weniger Sitzungen in der Transformationstherapie oder auch mithilfe von Meditations-CDs (z. B. *Abschied von einem geliebten Menschen*).

Die Bedeutung des abwesenden Vaters für den Jungen

Der oft fehlende oder abwesende Vater hat nicht nur für die späteren Frauen, sondern besonders auch für die Söhne massive Folgen. Wenn der Vater nicht da oder emotional nicht zugänglich und damit psychisch abwesend ist, hat der Junge kein Vorbild für sein späteres Mannsein. Wie soll er wissen, was ein richtiger Mann ist, wenn er nie einen gesehen hat? Mütter können Väter weder bei Töchtern noch bei Söhnen ersetzen, weil die männliche Energie eine vollkommen andere ist. Da Kinder heute fast ausschließlich von Frauen erzogen werden, zu Hause, im Kindergarten und auch in der Grundschule, haben wir es fast nur noch mit Muttertöchtern und Muttersöhnen zu tun. Das hat für unsere Gesellschaft und die späteren Beziehungen von Mann und Frau verheerende Folgen. Unsere vaterlose Gesellschaft hat zu einer Verweiblichung besonders der Männer – und ironischerweise zu einer Vermännlichung vieler Frauen – beigetragen, die große Auswirkungen auf das Beziehungsgeschehen hat.

Männer fühlen sich Frauen gegenüber häufig hilflos und unverstanden, weil ihr männliches Selbstbild und Selbstbewusstsein sehr brüchig und unvollständig ist. Ein Mann zu sein heißt für sie vor allem, Leistung zu bringen und erfolgreich zu sein. Im Zusammensein mit einer Frau kommen sie damit jedoch nicht weit. Denn eine Frau möchte mehr von einem Mann, als dass er Geld verdienen kann – zumal viele Frauen heute ihr eigenes Geld verdienen. Über die finanzielle Versorgerrolle hinaus ist den meisten Männern jedoch völlig unklar, was sie zu einer glücklichen Partnerschaft beitragen könnten. Emotional noch mit ihren Müttern verstrickt stehen sie jetzt wieder einer Frau gegenüber, die ihnen mit Unzufriedenheit, Kritik und Forderungen begegnet und der sie es recht machen wollen. Auffallend häufig wird Frauen von Männern vorgeworfen, dass sie nörgeln, meckern und unzufrieden mit ihnen sind. Frauen sind oft nicht in der Lage, ihren Mann – und die Männer insgesamt – zu würdigen.

In diesem Zusammenhang ist es spannend, noch einmal in die Kindheit des Mannes zurückzublenden und sich zu erinnern, welche Erwartungen die Mutter damals an den kleinen Jungen hatte. Um ihre Anerkennung zu bekommen, passt der kleine Mann sehr genau auf, wie er bei der Mutter die meisten Punkte machen kann. Der amerikanische Psychologe Harvey Hornstein entdeckte, dass Mütter ihrem kleinen Sohn oft betont einen von drei unterscheidbaren Aufträgen erteilen. Die einen wollen vor allem einen guten, braven, angepassten Jungen, die anderen einen klugen Jungen und wieder andere einen starken Jungen. Tausende Male hören solche Jungen in ihrer Kindheit, wie Mama sie lobt und zugleich auffordert »Du bist mein guter Junge!« oder »Du bist mein kluger Junge!« oder »Du bist mein starker Junge!«.

Hornstein fand heraus, dass diese Botschaften der Mutter für den späteren Mann gravierende Folgen haben, denn der Junge – lechzend nach Mamas Liebe und Anerkennung – entscheidet sich innerlich, der Mutter entweder durch sein Gutsein, seine Klugheit oder seine Stärke zu gefallen. Aus solchen Mutter-Sohn-Beziehungen – bei völliger oder teilweiser Abwesenheit des Vaters – gehen dann die sogenannten Kümmerer-Männer hervor. Bei ihnen unterscheidet Hornstein diejenigen, die ihre Frau(en), wie schon die Mama, auf einen Sockel stellen, sie verehren und versuchen, ihnen jeden Wunsch von den Lippen abzulesen, weil sie es ihnen in jeder Beziehung recht machen wollen, um geliebt zu werden.

Die Vertreter der zweiten Gruppe, die in der Kindheit kluge Jungen sein sollten, mutieren später häufig zum Erzieher oder Lehrer ihrer Frauen. Sie wissen nicht nur alles besser, sondern versuchen auch, die Frau zu verbessern, geben ihr viele Ratschläge und suchen sich gern ihren »Rohdiamanten«, um ihn mit ihrem Wissen und ihren Anregungen zu einem strahlenden Diamanten zu schleifen. Sie wollen die Frau im weitesten Sinn erziehen und optimieren. Entwickelt sich ihre – meist jüngere – Frau wie gewünscht, bildet sie sich fort und gewinnt sie an Selbstbewusstsein, bis sie ihm schließlich das Wasser reichen kann, wird sie für ihn uninteressant und er muss sich erneut einen Rohdiamanten suchen.

Angehörige der dritten Gruppe, die »starken Jungen«, verwandeln sich als Männer häufig in (Möchtegern-)Helden, die Frauen beeindrucken wollen – sei es mit einem gut gefüllten Bankkonto, einem großen Titel, Machtfülle im

Beruf, einem großen Auto oder angeblich großartigen Leistungen im Bett.

Viele Frauen bestätigen, dass sich ein großer Teil der Männer in genau diese drei Gruppen einteilen lässt: die Frauenverehrer, die Frauenerzieher und die Frauenbeeindrucker. Natürlich treten diese drei Männertypen nicht nur reinrassig auf, sondern auch in Mischformen.

Wenn Sie sich als Mann in diesen Kategorien erkennen, wird es langsam Zeit, sich mit dem Verhältnis zur Mutter Ihrer Kindheit zu beschäftigen, sich innerlich von ihr abzunabeln und die damals getroffenen Entscheidungen des kleinen Jungen zurückzunehmen. Männer, die das Lob und die Anerkennung ihrer Frau benötigen, um sich als Mann wertvoll oder vollständig zu fühlen, müssen damit rechnen, dass sie am Ende insgeheim oder offen belächelt oder verachtet, aber nicht wirklich geachtet werden. Vielen Frauen erscheint der eigene Mann wie ein zusätzliches Kind. Die Partnerin ist nun mal nicht die eigene Mutter, auch wenn der Mann seine Frau mit »Mutter« anspricht, was häufig geschieht. Dass es bei solchen Paaren nicht nur im Bett zu Problemen kommt, kann man sich leicht ausmalen.

Der dominante, autoritäre Vater

Vielen Vätern wird von ihren schon erwachsenen Kindern vorgeworfen, dominant und autoritär gewesen zu sein, während solche Väter vom Kind oft noch als stark wahrgenommen werden. Erst später dämmert es den meisten, dass der Vater in Wirklichkeit sehr schwach gewesen sein muss, denn ein Mensch, der es nötig hat, sein von ihm abhängiges Kind anzubrüllen oder zu schlagen, kann innerlich kein starker Mann sein, sondern ist ein hilfloses Wesen.

Da Männer selten gelernt haben, die Verantwortung für ihre Gefühle der Wut, Ohnmacht und Angst zu übernehmen und ein richtiger Junge keine Gefühle und ein Indianer keinen Schmerz zeigt, steht der Vater auch seinen Kindern hilflos gegenüber. Erspüren Sie noch einmal, welche Atmosphäre Ihr Vater in Ihrer Kindheit zu Hause verbreitete. Erinnern Sie sich noch, wie es war, wenn der Vater zur Haustür hereinkam, während Sie mit der Mutter und den Geschwistern am Tisch saßen. Sobald der Gedanke »Papa kommt!« da war, stieg der Druck- und Angstpegel in unzähligen Familien, und nicht nur die Kinder, sondern auch die oft verängstigte Mutter fragten sich: »Wie ist er heute drauf? Hat er gute Laune oder schlechte?«

Nicht wenige Väter wurden von ihren Kindern als wandernde Handgranate empfunden, bei der man nie wusste, wann sie explodiert. Dies erzeugte einen hohen Stress- und Angstpegel in den Kindern, der noch in erwachsenen Töchtern und Söhnen voll präsent ist. Jähzornige Väter versetzen Kinder in Angst und Schrecken. Hinzu kommt, dass der Vater von der hilflosen Mutter oft noch als Strafinstanz gegen die Kinder missbraucht wurde. Sätze wie »Warte nur, bis Papa kommt!« oder »Das sage ich Papa!« dürften vielen noch in den Ohren klingen.

Solche Väter haben Folgen für Töchter und Söhne und ihr Beziehungsleben. Die Jungen schwören sich, nie so ein Mann zu werden und immer nur lieb und nett zu ihrer späteren Partnerin zu sein. Mit ihrer unterdrückten Mutter leidend und daher verstrickt werden sie zu zahnlosen Männern, die es ihren Frauen stets recht machen und ihnen niemals wehtun wollen. Sie gehen ihrer Arbeit nach und unterdrücken sämtliche Gefühle und Aggressionen. Doch für diesen Druck müssen sie später bezahlen – sei es durch suchtartiges Arbeiten, Sporttreiben, Rauchen, Trinken oder

Spielen, durch Krankheiten wie Herzinfarkte, Atembeschwerden und Prostatakrebs oder durch Impotenz.

Die Töchter suchen sich unbewusst Männer, die nicht gelernt haben, ihre Gefühle zu fühlen. Diese Männer sind auf den ersten Blick nett, aber in kritischen Situationen schlagen sie auch wieder zu – sei es mit bissigen, verletzenden, oft zynischen Bemerkungen oder mit der Hand. Und nicht wenige Frauen schlagen auch ihre Kinder wieder, zu ihrem eigenen Entsetzen und mit großen Schuldgefühlen.

Gerade das extrem verbreitete Potenzproblem von Männern (Viagra lässt grüßen) hat hier seine Ursachen. Der aggressiv auftretende und in den Augen von Mutter und Kindern »böse« Papa wird vom heranwachsenden Jungen gefürchtet, abgelehnt und oft verachtet, während die Mama ihm leidtut. Der Junge schüttet aber leider das Kind mit dem Bade aus, wenn er das Verhalten seines Vaters als »typisch männlich« bezeichnet (und Mama singt ihm dieses alte Lied vor) und sich entschließt, als Mann einmal alles andere als aggressiv, laut oder »böse« zu sein. Die Energie der Aggression als männliche Antriebskraft spielt nämlich im Bett und für herrlichen Sex eine wichtige Rolle.

Papas Prinzessin

Ein Grund, warum Frauen von Männern immer wieder verlassen werden, kann in einer extrem engen Beziehung des kleinen Mädchens zum Papa bestehen. Kleine Töchter verlieben sich gern in Papa, ist er doch oft die erste Person des anderen Geschlechts in ihrem Leben. Manche Väter lassen sich auf die Liebesbezeugungen der kleinen Tochter und ihre Umgarnungen gern ein und entwickeln zu ihrer Tochter sogar mehr Nähe als zu ihrer Frau, was diese nicht selten eifersüchtig beklagt. Nicht wenige Männer führen später ihre achtzehnjährige Tochter aus, während die Mutter zu Hause bleibt. Diese innige Bindung führt oft zu einer lebenslangen Beziehung, von der noch die fünfzigjährige Frau schwärmt: »Ich liebe meinen Papa abgöttisch!« Der Hintergrund für so enge Vater-Tochter-Beziehungen ist oft, dass die beiden in einem früheren Leben ein Liebespaar waren. Das wissen die Seelen bis heute und knüpfen gern daran an.

Für die Partnerbeziehungen dieser Frauen hat das natürlich weitreichende Folgen. Immer wieder wundern sie sich, warum ihre Männer entweder nie wirklich da sind oder nach einiger Zeit wieder gehen, manchmal sogar sterben. Die Männer solcher Frauen fassen ihr Gefühl oft in Worte wie »Ich komm nicht wirklich an dich ran« oder »Ich habe bei dir nicht wirklich einen Platz«. Sie spüren instinktiv, dass ihr Platz im Bewusstsein der Frau von jemand anderem besetzt ist – von ihrem Vater. Prinzessinnen sind mit ihrem Papa verheiratet.

Eine so heftige Verstrickung ist lösbar, wenn die Frau für diesen Bewusstmachungsprozess bereit ist und dazu, ihren Vater innerlich als Partner zu verabschieden, ihn seiner Frau, ihrer Mutter, zurückzugeben und diese um Vergebung zu bitten.

Die Mütter und der schlechte Ruf der Männer

Was denken Sie als Frau über die Männer insgesamt? Halten Sie Männer für wunderbare, interessante und liebenswerte Wesen? Wenn Sie das nicht sagen können, dann müssen Sie Gedanken über sie denken, die negativer ausfallen. Vielleicht sagen Sie: »Es gibt solche und solche.« Dann frage ich weiter: »Und welche ziehen Sie bisher an, nicht nur als Partner, sondern auch als Kollegen, Chefs oder Nachbarn?« Auch in diesen Fällen ziehen Sie immer genau die »richtigen« Männer an. Wer unangenehme, enttäuschende und verletzende Erfahrungen mit Männern gemacht hat, darf seine grundlegenden Gedanken über die Männer sorgfältig und liebevoll untersuchen und prüfen, ob sie wirklich der Wahrheit entsprechen.

Die Person, welche die Grundlage für das Männerbild in Mädchen wie Jungen legt, ist die Mutter der Kindheit. Bitte erinnern Sie sich, wie Ihre Mutter über Ihren »ersten Mann«, Ihren Vater, gesprochen hat. Ich treffe in meinen Seminaren und Vorträgen kaum jemanden, dessen Mutter wertschätzend und positiv über ihren Mann sprach. Die meisten haben in seiner Abwesenheit kritisierend, klagend und verurteilend über den Vater und »die Männer« gesprochen, für ein negatives Männerbild gesorgt und damit die Voraussetzungen für spätere negative Erfahrungen der Tochter mit Männern und ein unsicheres Mann-Bewusstsein des Sohnes geschaffen.

»Such dir ja nicht so einen wie deinen Vater!« Solche und ähnliche Sätze der Mutter klingen selbst heute fünfzigjährigen Frauen noch in den Ohren. Was diese verurteilende Haltung im Leben von Millionen Frauen und Männern verursacht hat, lässt sich bis heute noch nicht absehen. Das Männerbild europäischer Frauen ist in den letzten Jahrzehnten derart heruntergekommen, dass sich Frauen nicht wundern dürfen, wenn sie genau die Männer anziehen, die sie innerlich verurteilen. Klischeehafte Begriffe wie schwach, blöd, unzuverlässig, gefühlskalt, schwanzgesteuert, verkopft, langweilig, sprachlos, Macho, Schlappschwanz, Versager, Feigling prägen das Männerbild unzähliger Frauen.

Ein Kind, das über Jahre eine Mutter erlebt, die in herabsetzender, entwürdigender und anklagender Weise über ihren Mann und die Männer spricht, kann sich dem nicht entziehen. Es beginnt, solche Sätze für wahr zu halten. Und was soll der kleine Junge mit solchen Gedanken machen, wenn er weiß, dass auch er einmal ein Mann sein wird? Er kann sich sagen, »Ich will mal ganz anders werden als Papa«, so wie auch die Tochter oft denkt: »So wie meine Mutter will ich nie werden!« Frage ich diese Männer und Frauen dreißig Jahre später, ob ihr Wunsch Wirklichkeit wurde, müssen viele feststellen, dass sie eine Menge der Eigenschaften, die sie damals vehement ablehnten, heute an sich selbst entdecken können. Und sie erhalten die Bestätigung nicht selten von ihren Partnern, die sagen: »Du bist genau wie dein Vater/deine Mutter!« Je schmerzhafter diese Botschaft vom Empfänger aufgenommen wird, desto eher können Sie davon ausgehen, dass die Aussage stimmt. Unbewusst übernehmen wir genau die Eigenschaften von Mutter und Vater, die wir vehement verurteilten, denn: »Was du hasst, zu dem wirst du!«

Schwache und leidende Mütter und Väter

Viele Kinder erleben ihren Vater, ihre Mutter oder gleich beide als schwach und oft leidend. Sie leiden entweder unter Krankheit, Depressionen, Jähzornanfällen, Süchten, Misserfolg, der Dominanz und Unterdrückung des Partners oder unter ihren eigenen noch lebenden Eltern. Dieses Schwachsein geht an keinem Kind spurlos vorbei und hat für die Befindlichkeit und die Partnerwahl des späteren Erwachsenen oft große Folgen. Denn das Kind kann sich vom Leiden eines Elternteils nicht abgrenzen und sagen: »Mutter/

Vater, das Leiden gehört zu dir, damit habe ich nichts zu tun.« Schon das Kind im Mutterleib nimmt mit feinsten Antennen wahr, ob einer der beiden Elternteile mit irgendetwas belastet ist, und reagiert darauf. Das kleine Kind fühlt seine Existenz instinktiv gefährdet und sagt sich in einer Art Größenwahn: »Ich muss Papa/Mama helfen.«

Genauso wenig kann sich das Kind von Emotionen wie Trauer, Depression oder Angst abgrenzen. Es übernimmt diese Emotionen von einem Elternteil und trägt sie für ihn – ähnlich wie Haustiere Krankheiten von Menschen übernehmen können, an denen sie manchmal sogar sterben. So weit kommt es bei Kindern seltener. Dennoch sagt das Kind innerlich: »Papa/Mama, ich stehe neben dir und trage dein Schicksal mit dir. Ich helfe dir bzw. ich will dich retten.« Das tut das Kind instinktiv und versucht damit, einen Ausgleich zu schaffen, damit sein Lebensraum, das System Familie, weniger gefährdet ist.

Aus diesen Kindern werden im Erwachsenenalter reihenweise Männer und Frauen, die sich wiederum leidende oder schwache Partner suchen, um die sie sich kümmern können oder die sie retten wollen. Die Welt der Paare ist voll von den bereits erwähnten Kümmerer-Männern und auch von sich für den Partner aufopfernden Kümmerer-Frauen. Wenn Sie einen schwachen oder leidenden Partner haben, fragen Sie sich bitte, ob Vater und/oder Mutter ebenfalls schwach oder leidend waren.

Frauenretter und Männerretterinnen tun dies gänzlich unbewusst, aber die Verstrickungen mit Vater/Mutter sind unübersehbar. Wenn Sie hieran etwas ändern und sich aus diesen Verstrickungen und Mustern befreien wollen, lege ich Ihnen die bereits erwähnten Mutter- und Vatermeditationen sehr ans Herz. Hierin geben wir den Eltern all die Energien – Wünsche, Erwartungen, Forderungen, Glaubenssätze, Ge- und Verbote und Leidensenergien – zurück, die nicht ursprünglich zu uns gehörten, sondern von ihnen übernommen wurden, und lösen frühkindliche Schwüre und Gelöbnisse. Wenn Sie selbst zum Beispiel depressiv sind oder voller Wut, fragen Sie sich liebevoll, ob das auch auf einen Elternteil zutraf.

Die Mutter – die größte Tür in die Freiheit

Unsere Mutter der Kindheit können wir als die mit Abstand größte Tür in unsere Freiheit bezeichnen. Denn mit keinem Menschen ist so viel Verstrickung möglich wie mit ihr. Schon nach neun Monaten in ihrem Bauch sind wir intimster Kenner ihrer Befindlichkeit, ihrer Gedanken, Gefühle, Wünsche, Sorgen und Nöte. Und in den ersten zehn Lebensjahren sind wir in der Regel mit keinem anderen Menschen so oft zusammen und von ihm abhängig wie mit/von der Mutter. Im Vergleich zu ihr ist der Vater fast eine – wenn auch wichtige – Randfigur.

Da wir als Kind psychisch und physisch abhängig sind, im Normalfall von unserer Mutter, ist es nicht übertrieben zu sagen: Wir sind unserer Mutter mindestens während der ersten Jahre unseres Lebens vollkommen ausgeliefert. Wir sind nicht nur davon abhängig, dass sie uns zu essen gibt, wenn wir Hunger haben, dass sie unsere Windeln wechselt, dass sie uns in jeder Situation hilft, in der wir Hilfe benötigen. Wir sind auch ihren Wünschen, ihren Macken, ihren Launen, ihrer Willkür, ihren Verletztheiten, ihren Leiden und Sorgen sowie ihren Vorstellungen darüber, was für uns gut ist, vollkommen ausgeliefert. Kurzum: Nichts, was unsere Mutter innerlich oder äußerlich bewegt, entgeht uns als Kind. Wir können uns nicht davon abgrenzen und innerlich sagen: »Mutter, diese Gedanken, diese Sorgen gehören zu dir, behalte sie mal schön für dich.«

So wie wir im Mutterbauch eine Zwangseinheit mit unserer Mutter bilden (denn manche Mutter ist nicht gerade erfreut darüber, dass da ein anderer Mensch in ihrem Bauch hockt und größer wird), sind wir auch als Kleinkind gezwungen, mit dieser Frau zusammen zu sein und uns ihr vollkommen anzupassen, um zu überleben. Das klingt dramatisch – und das ist es aus der Perspektive des Kindes auch.

Das Bild von der Mutter-Kind-Beziehung wird häufig geschönt und romantisiert dargestellt. Da wird von »Mutterliebe« gesprochen, aber meist wird übersehen, dass die Mutter ihr Kind nicht vierundzwanzig Stunden am Tag und schon gar nicht bedingungslos lieben kann. Viele Mütter sind schon bald nach der Geburt des Kindes mit eben diesem Kind überfordert. Ihre Zuneigung und die Art ihrer Zuwendung schwanken erheblich – je nachdem, wie es ihr selbst körperlich und psychisch geht. Für viele Mütter ist das Kind eine Belastung, auf die sie nicht vorbereitet wurden. Ein hoher Prozentsatz von Schwangerschaften war nicht geplant, und viele Mütter finden sich einfach damit ab, dass sie schwanger sind. Von überschwänglicher Freude ist nur selten etwas zu hören. Und in fast jeder Mutter steckt noch ein verletztes Mädchen, das nicht genug Liebe bekommen hat – weder von seiner Mutter noch von seinem Vater noch später von irgendjemandem. Ein verletztes Mädchen erzieht also ein von ihm vollkommen abhängiges Kind. Was für ein Mensch – glauben Sie – kann dabei herauskommen? Natürlich wieder nur ein verletztes Kind.

Die innere Befindlichkeit der Mutter führt immer zu unbewusstem Verhalten dem Kind gegenüber. Und unbewusstes Verhalten führt immer dazu, dass das Kind für die Erfüllung der eigenen emotionalen Bedürfnisse gebraucht wird. Dieses Brauchen ist aber ein Missbrauchen, denn das Kind ist nicht dazu da, den Bedürfnissen der Mutter zu dienen, sondern umgekehrt. Andererseits bin ich überzeugt, dass jede Mutter ihr Kind liebt – aber eben nur in der Begrenzung, so, wie sie es eben lieben kann.

Aufgrund dieser heftigen Abhängigkeitssituation zwischen Mutter und Kind muss es immer zu Verstrickungen kommen, die meist jahrzehntelang aufrechterhalten und weiter genährt werden und die sowohl die Mutter als auch das erwachsene Kind in Unfreiheit halten. Die meisten Menschen öffnen sich erst in ihren Vierzigern oder später für eine Klärung ihres Verhältnisses zur Mutter der Kindheit. Wenn sie wüssten, wie viel Gewinn an Klarheit, Frieden und vor allem Freiheit eine solche Klärung für ihr Leben mit sich bringt, würden sie sich schon sehr viel früher darum bemühen.

VORWÜRFE, DIE TÖCHTER UND SÖHNE DER MUTTER MACHEN:

- Du hattest nie wirklich Zeit für mich.
- Du hast mich nicht beschützt.
- Du warst oft eiskalt.
- Du hast mich nicht gewollt.
- Du hast mich gar nicht gesehen.
- Du hast mich als Konkurrentin behandelt.
- Du konntest mich nie richtig umarmen.
- Du hast mir immer nur etwas vorgelitten.
- Deine Jammerei macht mir bis heute Schuldgefühle.
- Du hast immer nur über Papa geschimpft.
- Du hast mich als Partnerersatz missbraucht und mit deinen Problemen belastet.

- Du hast dich so erniedrigen lassen, das ekelt mich heute noch an.
- Du hast mir beigebracht, mich zu schämen.
- Du hast mich ständig auf den Sockel gestellt und vorgezeigt.
- Du hast immer mit mir angegeben.
- Ich sollte immer nur dein anständiges Mädchen sein.
- Du hast mir vorgeworfen, ich sei an deinem Leiden schuld.
- Du hast mich und Vater gegeneinander ausgespielt.
- Du hast Papa oft als Strafinstanz missbraucht.
- Du hast alle Probleme unter den Teppich gekehrt.
- Du hast nie wirklich den Mund aufgemacht.
- Was die Nachbarn denken, war dir wichtiger als ich.
- Du hast mein Vertrauen missbraucht und mich bei Papa verraten.
- Du hast mich oft gedemütigt.

Ich bitte Sie: Entdecken Sie, worunter Sie als Kind oft gelitten haben, und formulieren Sie dies einmal in Form eines langen, verurteilenden Briefes an die Mutter und den Vater. Diese Briefe schicken Sie nicht ab. Sie schreiben sie nur für sich selbst. Ein solcher Anklagebrief ist keine erneute Verurteilung, sondern soll all das ausdrücken, was das kleine Mädchen bzw. den kleinen Jungen in Ihnen bis heute belastet. Dieses schriftliche Niederlegen der inneren Wahrheit befreit. Nehmen Sie sich für einen solchen Brief viel Zeit, am besten mehrere Abende. Geben Sie dem Kind, das Sie einmal waren und das noch sehr präsent in Ihnen ist, Ihre Stimme und Ihren Stift. Lassen Sie dabei alle verständnisvollen Gedanken weg, die Mutter oder Vater in Schutz nehmen. Vielen spirituell denkenden Menschen fällt es schwer, ihren Eltern Vorwürfe zu machen, weil es denen doch selbst nicht gut ging bzw. weil sie doch ihr Bestes gaben. Lassen Sie solche – auch wahren – Gedanken beim Verfassen dieser Briefe außen vor. Kümmern Sie sich in diesem Fall ausschließlich um die Gedanken und Gefühle des Kindes. Schreiben Sie ganz aus seiner Perspektive.

Schon beim Niederschreiben der Vorwürfe stoßen Sie – oft unter Tränen – auf eine Vielzahl von Gefühlen, die bis heute unerlöst in Ihnen schlummern und nun endlich hochkommen und bejahend gefühlt werden wollen. Hierzu gehören abgrundtiefer Hass, Wut, Verachtung, Ekel, Scham, Schuld, Ängste, Ohnmacht, Enttäuschung und Trauer. Solange wir als Erwachsene nicht auf diese Gefühle zugehen und ihnen Raum geben, können sie unser Energiesystem nicht verlassen und belasten uns tagtäglich aus dem Unterbewusstsein heraus.

Hierunter leidet unser Zusammenleben mit einem Partner beträchtlich, weil der Erwachsene sich so gut wie nie bewusst ist, dass die Gefühle, die der Partner in ihm auslöst, ursächlich gar nichts mit ihm zu tun haben. Der Partner verursacht diese Gefühle nicht, sondern löst sie nur in uns aus. Die Wut, der Ärger, die Trauer, die Angst und alles andere, was da hochkommt, ist schon seit unserer Kindheit in uns und wartet nur darauf, endlich liebend angenommen und gefühlt zu werden. Was Frauen ihren Männern vorwerfen und umgekehrt, das werfen sie unbewusst ihrer Mutter oder ihrem Vater vor. Die meisten Paartherapien bleiben an der Oberfläche und stoßen nur selten zum Ursprung der Probleme vor, weil sie davon ausgehen, die Partner müssten lediglich lernen, anders miteinander umzugehen oder zu kommunizieren. Dazu sind sie aber gar nicht in der Lage, solange das verletzte, von vielen Emotionen überschwemmte und mit den Eltern aufs Heftigste verstrickte Kind Macht über den Betroffenen hat.

Wenn Frau und Mann sich streiten, streiten fast immer zwei Kinder.

Die Mutter, das Frausein und die Weiblichkeit

Die Mutter ist für das Mädchen die erste Frau im Leben. Ihre Art, Frau zu sein, ihre gelebte oder nicht gelebte und geliebte Weiblichkeit hat Folgen für jede Tochter und ihr späteres Frausein. Nur eine Minderheit von Frauen kann heute freudig sagen: »Ich bin gerne Frau und liebe mich als Frau.« Stattdessen verurteilen unzählige Frauen ihren weiblichen Körper – weit mehr als Männer ihren männlichen – und insbesondere ihr primäres Geschlechtsorgan, ihre Vagina, als unschön bis hässlich. Hierzu hat das vorgelebte Frausein der Mütter erheblich beigetragen.

Erinnern Sie sich als Frau noch daran, wie Ihre Mutter damals auf Ihre erste Regelblutung reagierte? Hat sie gesagt: »Wie schön, dass du jetzt auch langsam zur Frau wirst! Das müssen wir feiern!«? Die meisten Frauen haben das genaue Gegenteil erlebt. Eine weithin bekannte Mutterreaktion lautete: »Ach Gott, jetzt hast du diese Sauerei auch schon.«

Da Millionen Frauen ihre Mutter als häufig überlastetes, überfordertes und in ihrer Ehe frustriertes Arbeitstier erlebten, das sich als Opfer ihres Mannes und ihres Frauenschicksals empfand, hatten sie schon als kleines Mädchen Grund genug, solch ein Frauenleben abzulehnen. Ihren Müttern gegenüber empfanden viele Mädchen eine Mischung aus Mitleid und Verachtung. Ist es da ein Wunder, dass viele Frauen mit sich und ihrer Weiblichkeit im Krieg liegen? Es gibt nur wenige Frauen, die stolz und in Freude ihr Frausein und ihren weiblichen Körper feiern, die wissen, was sie an sich selbst haben und was sie von den Männern unterscheidet. So wenig der Mann weiß, was »ein richtiger Mann« ist, so verunsichert ist die Frau angesichts der Frage: »Was macht mich als Frau aus? Wie kann ich mich als Frau lieben?«

Unter dem Einfluss der Frauenbewegung, in der behauptet wurde, die Frauen seien den Männern gleich, haben unzählige Frauen begonnen, innerlich und äußerlich in die männliche Richtung zu marschieren. In wenigen Jahrzehnten haben sich die Körper der Frauen stärker verändert als in Jahrhunderten vorher – weg von weiblich-runden Formen hin zum eckig-hageren Körper der Männer. Und die Frauen, die das nicht mit Hungerkuren und Operationen hinbekamen, sondern immer noch mit gepolsterten Hüften, Bäuchlein und hängenden Brüsten herumlaufen, schämen sich dafür. Es sind Frauen, die Frauenmagazine herausgeben, in denen fünfzehnjährige Mädchenkörper den Frauen suggerieren: »So müsst ihr aussehen! So mögen euch die Männer!«

Frauen, die auf ihr Frausein und ihre Weiblichkeit nicht stolz sein können und die noch nicht einmal eine Ahnung davon haben, was für ein herrliches, von einem Mann völlig unterschiedliches Wesen in ihnen steckt, werden beim Zusammentreffen mit einem Mann mit ihrem unklaren und verunsicherten Selbstbild und den damit verbundenen Gefühlen wie Angst, Scham, Schuld, Trauer und Minderwertigkeit konfrontiert. Solange die Frau mit ihrem Frausein und ihrem Körper im Krieg liegt, kann sie nicht erwarten, dass sie sich bei einem Mann fallen lassen und hingeben kann, dass sie sich von ihm lieben lassen kann. Ihre Scham muss dies verhindern.

Ein Großteil der Schwierigkeiten, die Frauen wie Männer haben, wenn sie mit dem anderen Geschlecht zusammenkommen, hat einzig und allein mit der mangelnden Wertschätzung des eigenen Frau- oder Mannseins zu tun. Diese Schwierigkeiten können innerhalb einer Frau-Mann-Beziehung nicht aufgelöst werden. Frauen brauchen den Kontakt zu Frauen, und Männer brauchen andere Männer, um jeweils herauszufinden, was denn eine Frau als Frau und einen Mann als Mann auszeichnet.

Mädchen, die eigentlich Jungen werden sollten

Ein erheblicher Anteil von Frauen, nach meiner Einschätzung zwischen zwanzig und dreißig Prozent (immer wieder abgefragt in vielen Seminaren), sollte eigentlich ein Junge werden. Die meisten von ihnen erkennen wir unschwer an vielen Zeichen: meist strengere, männlich geprägte Gesichtszüge, kurzer Haarschnitt, so gut wie nur Hosen, flache Brüste, die meist mit einem Pullover bedeckt werden. Auch Stimme und Auftreten machen deutlich: Das ist eine männlich ausgerichtete Frau mit fester Stimme und selbstsicherem Auftreten, ohne feminine Ausstrahlung.

Viele Rückführungen von Frauen in die Zeit der Schwangerschaft haben für mich erwiesen, dass das Mädchen bereits im Bauch registriert, ob sich die Mutter oder der Vater einen Jungen wünscht: »Hoffentlich wird's ein Junge!« Der Embryo ist bereits ein vollständiges geistig-seelisches Wesen, das auf seine Umwelt reagiert. In diesem Fall trifft das Mädchen schon in den ersten Monaten die Entscheidung: »Also gut, wenn ihr einen Jungen wollt, sollt ihr ihn haben. Ich entscheide mich, der beste Junge zu werden, der ich in einem Mädchenkörper werden kann, denn ich will eure Anerkennung und Liebe.«

Die Kindheit dieses Mädchens nimmt einen vollkommen anderen Verlauf als die seiner Schwester oder anderer Mädchen. Es spielt wenig oder gar nicht mit Puppen, dafür viel mit Jungen und mit Papas Werkzeug, kennt keinen Schmerz, klettert auf Bäume, hilft dem Vater in der Garage oder bei seiner Arbeit, interessiert sich für Autos, Technik, männliche Sportarten wie Fußball, Autos usw. Später sind diese Frauen oft extrem kompetent auf Gebieten, die sonst von Männern dominiert werden, und konkurrieren gern mit diesen, kommen aber in der Männerwelt auch meist gut klar – oft als Führungskraft von Männern. Sie fühlen sich unter Männern wohl und anerkannt. Ich habe in meinen Seminaren Frauen erlebt, bei denen den Männern angesichts ihrer männlichen Kompetenzen die Spucke wegblieb: Frauen mit Lkw-Führerschein und einem Profi-Werkzeugkeller inklusive Kompressor, Frauen mit zwei Ingenieurstiteln oder Leitungsfunktionen in beruflichen Männerdomänen. Viele dieser Frauen haben in ihrer Partnerbeziehung zu Männern extreme Probleme und suchen sich oft einen schwächeren Partner mit weiblichen Zügen, den sie führen können. Andere bleiben ganz ohne Mann, wieder andere richten ihre sexuellen Gelüste und Partnerwünsche auf andere Frauen und sind als männliche Lesben in Aussehen und Verhalten oft extrem auffällig bis aggressiv.

Viele männlich ausgerichtete Frauen haben ihre Mutter als schwach erlebt, empfinden ihr gegenüber eine Mischung aus Mitleid und Verachtung und wollen ihr Schicksal auf keinen Fall teilen. Zu ihren Vätern haben sie entweder eine extrem enge Beziehung (Papas ganzer Stolz) oder sie lehnen sie ab – hassen sie manchmal sogar –, weil sie die schwache Mutter bzw. die Familie unterdrückten oder gar tyrannisierten.

Manche Frauen leben diese männliche Ausrichtung vier bis fünf Jahrzehnte, andere ein Leben lang. Jenseits der vierzig meldet sich der Körper dieser Frauen jedoch häufig schmerzhaft zu Wort (oft auf der linken, weiblichen Körperhälfte und in den spezifisch weiblichen Organen wie Brüsten, Gebärmutter und Eierstöcken), und auch ihre Seele signalisiert ihnen, dass es noch andere Aspekte gibt, die gelebt werden wollen. Das Leben reagiert immer auf extreme Einseitigkeit und verlangt nach einem Ausgleich der Polaritäten. Für viele Frauen ist die Erkenntnis, dass sie ihre Weiblichkeit bisher nicht gelebt haben, zunächst schmerzhaft. Dennoch haben diese Frauen alles in sich, um ihre bisher gelebte Männlichkeit auszugleichen, wenn sie sich entscheiden, jetzt ihre Weiblichkeit zu leben und mit den maskulinen Aspekten zu versöhnen. Es ist faszinierend zu erleben, was passiert, wenn diese Frauen sich ihren bisher abgelehnten Gefühlen und Sehnsüchten öffnen: Ihre Gesichtszüge beginnen, weicher zu werden, und sie haben auf einmal Lust, Kleider, Röcke und Blusen anzuziehen, sich zu schmücken und als Frau zu zeigen.

Mamas kleiner Prinz

Auf den Lebensweg ihres Jungen hat die Mutter natürlich einen genauso großen Einfluss, doch dieser ist oft extrem hemmend. Besonders deutlich sieht man dies bei Männern, deren Mutter sie gluckenhaft und überkontrollierend beherrschte. Sie wollte alles wissen, was in dem Jungen vorging, machte sich ständig Sorgen, stopfte ihn äußerlich mit süßen oder besonders »gesunden« Sachen voll und innerlich mit ihren Gedanken, Vorstellungen, Befürchtungen und Hoffnungen. Viele Mütter benutzten den kleinen Mann als

Partnerersatz, den sie nach Belieben formen konnten. Sie verwöhnten ihn und hoben ihn auf einen Thron, von dem er nun Jahrzehnte oder sein Leben lang nicht mehr herunterkommt. Kurzum: Er ist ihr ganzer Stolz und Lebensinhalt.

Solche Männer haben es später meist schwer, überhaupt eine Frau zu finden bzw. an sich herankommen zu lassen, denn der Platz neben ihnen ist im Feinstofflichen von Mama eingenommen, verriegelt und verrammelt. Frauen, die solch einen Mann finden, müssen feststellen, dass er seiner Mutter auch nach der Hochzeit näher steht als ihnen. Sie haben die Schwiegermutter mitgeheiratet. Andere Männer bleiben ihr Leben lang ohne Frau und im Innern mit Mama verbandelt, zu deren Stolz sie oft extrem hohe Leistungen im Beruf erbringen. Im Außen extrem kompetent steht innen der kleine einsame Junge, der sich gar nicht vorstellen kann, eine andere Frau an sich heranzulassen. Und viele dieser Jungen finden wir später unter den homosexuellen Männern wieder, die ihre Mutter abgöttisch verehren.

Diese extremen Fälle zeigen etwas auf, was für eine große Zahl von Söhnen gilt: Die Mutter missversteht ihr Muttersein als lebenslange Aufgabe und denkt nicht im Geringsten daran, den Sohn frühzeitig in die Selbstständigkeit und damit ins Leben zu entlassen. Dieser Prozess des Loslassens sollte schon frühzeitig schrittweise beginnen. Vor allem die Mütter müssen sich klarmachen, was nicht ihre Angelegenheit ist, sondern die ihres Sohnes und ihrer Tochter. Indem die Mutter einem Zehnjährigen vorschreibt, was er am Morgen anzuziehen hat, indem sie glaubt, besser zu wissen, was er essen soll, als er selbst, züchtet sie schon früh ein Muttersöhnchen oder einen Tyrannen, der seiner über Jahre unterdrückten Wut über diese Manipulation später freien Lauf lassen wird.

Kinder sind nicht dazu da, dass sich Mütter (oder auch Väter) an ihnen nähren und Lebensinhalt und Erfüllung in ihnen suchen. Was Vätern an Missbrauch ihrer Töchter vorgeworfen wird, ist aus meiner Sicht ein Klacks im Vergleich zu dem, was Jungen erleben, die ihrer (oft alleinstehenden) Mutter ausgeliefert sind.

Eure Kinder sind nicht eure Kinder

»Und eine Frau, die einen Säugling an der Brust hielt, sagte: Sprich
uns von den Kindern. Und er sagte:
Eure Kinder sind nicht eure Kinder.
Sie sind die Söhne und Töchter der Sehnsucht des Lebens nach
 sich selber.
Sie kommen durch euch, aber nicht von euch.
Und obwohl sie mit euch sind, gehören sie euch doch nicht.
Ihr dürft ihnen eure Liebe geben, aber nicht eure Gedanken.
Denn sie haben ihre eigenen Gedanken.
Ihr dürft ihren Körpern ein Haus geben, aber nicht ihren Seelen.
Denn ihre Seelen wohnen im Haus von morgen, das ihr nicht
 besuchen könnt, nicht einmal in euren Träumen.
Ihr dürft euch bemühen, wie sie zu sein, aber versucht nicht, sie
 euch ähnlich zu machen. Denn das Leben läuft nicht rückwärts,
 noch verweilt es im Gestern.
Ihr seid die Bogen, von dem eure Kinder als lebende Pfeile
 ausgeschickt werden.
Der Schütze sieht das Ziel auf dem Pfad der Unendlichkeit, und
 Er spannt euch mit Seiner Macht, damit seine Pfeile schnell und
 weit fliegen.
Lasst euren Bogen von der Hand des Schützen auf Freude
 gerichtet sein;
Denn so wie Er den Pfeil liebt, der fliegt, so liebt Er auch den
 Bogen, der fest ist.«

Khalil Gibran*

* Gibran, Khalil: *Der Prophet*, S. 20ff. (kursive Hervorhebung im Text
 von Robert Betz)

Kapitel 8
Frauen und Männer als
Ausdruck Gottes

Frauen und Männer begegnen sich seit vielen Jahrtausenden nicht mehr in Würde, Achtung und Liebe. Oder können Sie als Frau ehrlich sagen »Ich liebe die Männer« bzw. als Mann »Ich liebe die Frauen«? Obwohl eine große Kraft in uns wirkt, die Männer und Frauen zueinandertreibt, obwohl sich ihre Leiber täglich millionenfach miteinander verbinden, herrschen Misstrauen, Unfrieden, Aggressivität und Entwürdigung zwischen den Geschlechtern. Dies hat sehr konkrete Gründe.

Zunächst liegt es daran, dass Frauen und Männer sehr unterschiedliche Wesen sind und nicht »gleich«, wie die Frauenbewegung es uns einzureden versucht hat. Natürlich sind wir gleichwertig, aber dennoch unterscheiden wir uns so grundlegend voneinander, dass wir uns bis heute sehr fremd geblieben sind und viele von uns sich wundern, dass es sie trotz aller schmerzhaften Erfahrungen immer wieder zu einem Mann oder zu einer Frau zieht. Viele haben inzwischen jedoch so viel Angst vor erneuter Verletzung, dass sie sich nicht mehr einlassen wollen auf das Schönste, was wir auf Mutter Erde erfahren dürfen: die Liebe zwischen Mann und Frau.

Um dieses Drama zu verstehen, müssen wir zum Ursprung allen Seins gehen, zu Gott, zu unserer Quelle, zum Alles-Was-Ist. Gott ist die Quelle allen Lebens, die in allem enthalten ist, die alles in Schwingung versetzt und die sich in allem ausdrückt. Er hält alles zusammen – alle Universen des Alls und auch die Universen unserer Körper. Im Urzustand ist Gott das Eine, das Untrennbare, das alles Belebende und alles Durchdringende. Es gibt nichts, was nicht Gott ist. Als das Eine, das Untrennbare konnte Gott sich selbst nicht erfahren. Und so entschloss er sich, sich auszudehnen und mit sich selbst zu spielen. Er dehnte sich aus in unzählige Universen und Multiversen, in die Welt der Materie, um sich selbst zu begegnen und auf höchst vielfache Weise zu erfahren.

Frau und Mann sind zwei verschiedene Arten Gottes, sich auszudrücken und zu offenbaren. Nur haben wir vergessen, dass wir alle Gott im Ausdruck sind. Die geistige Welt nennt die Frau das linke und den Mann das rechte Auge Gottes – und durch beide Augen schaut Gott aus sehr verschiedenen Blickwinkeln auf alles, was geschieht, und immer auch auf sich selbst. Denn alles, was wir sehen, ist Gott im Ausdruck. Männer und Frauen schauen sich gegenseitig an, und in diesem Anschauen erkennen und anerkennen sie das Göttliche im anderen und in sich selbst.

Gott, unsere Quelle, ist das Eine, das Untrennbare, aus dem alles hervorging und hervorgeht, und in jedem von uns bringt er sich auf unverwechselbare Weise zum Ausdruck. In der Frau drückt sich Gott anders aus als im Mann, aber er erfährt sich durch beide. Diese unsere göttliche Herkunft haben wir vergessen, und dieses Vergessen gehört zum Spiel, das wir seit Äonen hier spielen. In Mann und Frau begegnet Gott sich selbst. Diese Wahrheit dämmert in diesen Jahren mehr und mehr Frauen und Männern.

Natürlich dürfen Sie auch weiterhin glauben, dass es keinen Gott gibt, aber das wird zu weiteren schmerzhaften Erfahrungen und vielen Irrwegen führen. Wer atmet Sie gerade? Wer sorgt gerade dafür, dass Millionen Prozesse in Ihrem physischen Körper perfekt ablaufen, wer lässt Ihr Herz schlagen, und wer sehnt sich in Ihrem Herzen nach etwas, was Ihr Kopf kaum beschreiben kann? Wer lässt gerade Billiarden von Sternen und Planeten – auch Mutter Erde – im All ihre Bahnen ziehen mit Geschwindigkeiten von über hunderttausend Stundenkilometern, ohne dass Sie etwas davon merken? Wer lässt in jedem Frühjahr die Natur bersten vor neuem Leben? Wer lässt die Säfte fließen in Pflanze, Tier und Mensch, und wer treibt uns als Frau und Mann zu einem Gegenüber, mit dem wir uns vereinigen wollen? Gott, unsere Quelle, ist die *eine Kraft*, die hinter allem und in allem lebt und Lust hat, sich ständig auszudehnen, zu erfahren und mit sich selbst zu spielen.

Wer Gott aus dem Spiel halten will, wo es um uns Männer und Frauen geht, der spielt mit sich selbst Katz und Maus. Wir Menschen haben uns vor sehr langer Zeit von unserer Quelle getrennt, als Gott Lust hatte, sich auszudehnen und in dieser Ausdehnung neu zu erfahren. Im Menschen – im Einzelnen wie in der Menschheit als Ganzes – erfährt sich Gott, im Menschen bringt er sich zum Ausdruck. Jede Frau und jeder Mann ist ein einzigartiger Ausdruck Gottes, gleichgültig ob dieser Mensch schön oder hässlich ist, ob er Mutter Teresa heißt oder Marilyn Monroe, Peter Schmitz oder Arnold Schwarzenegger. Natürlich lehnt der Normalmensch diesen Gedanken ab, denn zum einen hat er Gott aus seinem Leben verbannt und bildet sich ein, er könne ohne ihn auskommen. Zum anderen hält er sich selbst für so schlecht, dass ihm der Gedanke, Gott könne ihm so nahe sein, absurd erscheint.

Ich lade Sie ein, sich dem Gedanken zu öffnen, dass Sie etwas weit Größeres, Schöneres, Wertvolleres, Herrlicheres sind, als Sie sich bisher vorstellen können. Sie, ja Sie selbst sind Gott/Göttin, der/die sich in einem menschlichen Körper und Geist zum Ausdruck bringt. Und Gott/das Leben lädt Sie ein, sich wieder an Ihre Göttlichkeit und an Ihre grenzenlose, ewige Existenz zu erinnern. Wo Mann und

Frau sich begegnen, da begegnet sich Gott selbst. Wo Mann und Frau miteinander schlafen, da erfährt sich Gott in ihnen. Gott hat Lust auf sich selbst. Gott ist die Lust, die den Menschen zur Liebe drängt.

Doch bevor das Zusammensein zwischen Frau und Mann zu einer göttlichen Erfahrung wird, zu einem Erkennen des Göttlichen im anderen und in sich selbst, müssen wir einen Weg zurücklegen, der durch Unbewusstheit, Verstrickung, Verletzung und Enttäuschung führt. Der Weg zum Paradies auf Erden und in der Liebe führt durch die Erfahrung und Bewältigung des genauen Gegenteils. Der Weg zur Liebe führt durch die Wahrnehmung und Annahme aller Unliebe in uns und im anderen. Der Weg zur Liebe führt mitten durch die Angst.

Der Sinn der Frau-Mann-Beziehung

Der Sinn, der in der Begegnung von Frau und Mann liegt, wird bis heute nur von wenigen verstanden. Aus diesem grundlegenden Missverständnis heraus entsteht täglich unendliches Leid. Der Normalmensch erhofft sich, durch die Beziehung zu einem anderen Menschen glücklich zu werden, wo er es allein mit sich nicht ist. Die Welt wird unbewusst als ein Ort angesehen, wo es hart und ungerecht zugeht, an dem jeder versuchen muss, sein privates Glück zu finden, um zu überleben. Von einer Paarbeziehung erhofft sich der Mensch eine Art Insel der Glückseligkeit in einer feindseligen Umwelt, auf der er seine Bedürfnisse nach Nähe, Intimität, Liebe, Geborgenheit und Sicherheit erfüllen kann.

Die meisten anderen Menschen werden nicht als Brüder und Schwestern betrachtet, denen es genauso geht wie einem selbst, sondern eher als Konkurrenten, Störenfriede oder Feinde, von denen man sich abgrenzen, vor denen man sich schützen oder gegen die man sich durchsetzen muss. Der Gedanke, dass es in diesem Leben darum gehen könnte, alle Männer und Frauen lieben zu lernen, ist den meisten noch fremd. Aber genau hierum geht es in unserem Leben. Wer sich weiter verurteilend von der Masse seiner Mitmenschen abgrenzt und hofft, unter den vielen angeblich nicht liebenswerten Zeitgenossen den Liebespartner zu entdecken, mit dem er sein Glück finden kann, der wird sich auch weiterhin blaue Flecken an seiner Seele holen und verletzt werden. Solch unwahre Gedanken sind Täuschungen, die immer wieder zu Ent-Täuschungen führen müssen.

Das Leben treibt Männer zu Frauen und Frauen zu Männern. Der Eros ist die mächtige Kraft, die dafür sorgt, dass beide zusammenkommen und ihre Körper sich vereinigen. Es ist eine durch und durch göttliche Kraft, die alles Leben durchdringt und nicht nur die Säfte der Körper zum Fließen bringt und ihr Feuer entfacht. Eros ist immer mit im Spiel, wo der Mensch sich angetrieben fühlt, etwas Neues in die Welt zu bringen, wo Energie auf Energie trifft, wo eine Lust in uns wach wird, die uns auffordert, neue Wege zu gehen und schöpferisch tätig zu werden. Eros geht Hand in Hand mit unserer Schöpferkraft, dem unbändigen Antrieb, sich kreativ zu betätigen, nicht nur in Kunst, Musik und Literatur, sondern auch in der Welt der Wissenschaft und der Technik, ja sogar in der Politik. Das Leben will sich ständig selbst entdecken und neu erfahren. Die große Antriebskraft, die uns zum Sex drängt, ist dieselbe, die den Ingenieur drängt, eine neue Maschine zu entwerfen, den Autor, ein neues Buch zu schreiben, und den politisch engagierten Menschen, eine neue Gesellschaft zu gestalten. Diese ungeheure Kraft spiegelt sich wider in unserer Berührtheit und Begeisterung, wenn wir ein bestimmtes Musikstück hören, in ein wunderbares Auto steigen, vor dem Eiffelturm oder dem Kölner Dom stehen, einem Mann oder einer Frau begegnen – also immer dann, wenn es in uns funkt.

Täglich kreuzen sich die Wege und Blicke von Millionen Frauen und Männern. Mancher Blickkontakt dauert nur den Bruchteil einer Sekunde, und doch hat in diesem Augenblick Begegnung stattgefunden, die in beiden etwas verändert, auch wenn sie sich nie wiedersehen werden. Frauen und Männer sind hier auf Mutter Erde, um sich zu begegnen und zu erfahren, was aus solchen Begegnungen an Neuem entspringen will. Darum ist jede Begegnung sinnvoll, ganz gleich was die beiden daraus machen und wie lange diese Begegnung dauert. Keine Begegnung zweier Menschen geschieht durch Zufall. Nie begegnen wir »dem Falschen«. Wer noch an Glück, Pech oder Zufall glaubt, wird den Wert vieler Begegnungen nicht verstehen und die Geschenke nicht in Empfang nehmen können, die hierin liegen.

Jede Begegnung mit jedem Menschen ist eine Gelegenheit, sich selbst zu begegnen und etwas über sich zu erfahren – egal ob diese Begegnung unangenehme oder angenehme Gefühle in mir auslöst, ob sie mich aufregt, anregt oder erregt. Ich lade Sie ein, all Ihre Begegnungen und Beziehungen mit neuen Augen zu betrachten und herauszufinden, welches Geschenk die anderen – zum Beispiel Ihr Partner oder Ihre Expartner – Ihnen gemacht haben, auch wenn Sie diese Geschenke noch nicht annehmen konnten.

Unser Verstand versucht uns einzureden, manche unserer Beziehungen hätten wir uns ersparen können. Von »Geschenk« sieht er oft keine Spur. Er sagt: »Der andere hat mich verletzt, wo soll hier ein Geschenk liegen?« Aber unser auf Trennung und Verurteilung trainierter Verstand ist blind für die Intelligenz des Lebens und den Sinn von Begegnungen. Ich bitte Sie, all Ihre Erfahrungen mehr und mehr aus der Perspektive des Herzens zu betrachten. Nur mit dem Herzen und mit den Augen der Liebe können wir verstehen, warum etwas geschah oder worin sein Sinn liegt. Öffnen Sie Ihr Herz für die Wahrheit, dass noch nie etwas Sinnloses in Ihrem Leben stattgefunden hat, ganz gleich, wie schmerzhaft es war. Denn in jeder Erfahrung – nicht nur in unseren Paarbeziehungen – liegt ein Geschenk, das entdeckt und in Empfang genommen werden will. Eine »Perle der Weisheit« hat P'taah es genannt. Entdecken Sie jetzt die Geschenke, an denen Sie bisher achtlos vorbeigingen.

Die Einzigartigkeit von Frauen und Männern

Um die Verschiedenheit im Wesen von Mann und Frau zu erfassen, dürfen wir zunächst einmal die Unterschiedlichkeit, ja Gegensätzlichkeit ihrer Geschlechtsteile betrachten, um vom Vordergründigen zum Hintergründigen zu gelangen. Der Unterschied, der schon kleinen Kindern auffällt, ist, dass der Mann sein Geschlechtsteil nach außen trägt, während die Frau es in sich verborgen hat. Natürlich kann man bei näherer Untersuchung der Vagina auch bereits äußerlich viele interessante Details erkennen, aber dennoch liegt der größte Teil ihres Geschlechts im Innern des Körpers.

Das zeigt bereits an, dass der Mann seine männliche Energie vor allem nach außen richtet, einerseits auf die Frau hin und andererseits in die äußere Welt hinaus. Sein erigierter Penis zielt wie ein Pfeil nach außen. Das symbolisiert, dass der Mann nach etwas Weiterem und Höherem strebt, dass er im Außen etwas machen, tun, verändern, entdecken, entwickeln und Grenzen überschreiten will. Das fängt beim Wettbewerb kleiner Jungen an, wer wohl am weitesten pinkeln kann, und endet beim Raketen- und Satellitenwettlauf von Großmächten wie den USA und Russland. Wer landet zuerst auf dem Mond oder auf dem Mars? Wer gelangt noch weiter in den unerschlossenen Weltraum? Männer wollen Ziele erreichen, und wenn sie eins erreicht haben, treibt es sie schon wieder weiter zum nächsten. Der Mann fühlt sich oft getrieben. Seine von Natur aus starke Antriebskraft treibt ihn von innen an, auch im Außen vieles anzutreiben und Geschäfte zu betreiben. Darum muss der Mann immer etwas unternehmen – nicht nur als »Unternehmer« und »Selbstständiger«. Das macht ihn zum Antreiber von Entwicklung im Außenbereich des menschlichen Lebens, angefangen bei den Wissenschaften bis hin zu ihrer Umsetzung in Technik, Wirtschaft und Gesellschaft.

Den gesunden Mann treibt es aber nicht nur nach außen, sondern auch in die Gegenrichtung, nach innen. Es treibt ihn einerseits in Mutter Erde hinein, in der er zu Recht viele Schätze vermutete und entdeckte und bis heute aus ihr gewinnt: Kohle, Öl, Gas, Kupfer, Silber, Gold, Platin und vieles andere. Ähnlich treibt es den Mann von Natur aus auch in die Frau hinein. Auch hier vermutet er Schätze, und mit dieser Vermutung liegt er richtig.

Die Vagina der Frau können wir mit einem in sich ruhenden, pulsierenden, empfangsbereiten Kelch vergleichen, den Phallus des Mannes mit einem kraftgeladenen, nach außen und oben gerichteten Triebkörper, der nach Bewegung und Entladung strebt. Diese so unterschiedlichen Geschlechtszentren sind, jedes für sich, einzigartig, schön und wertvoll und erhalten ihren Wert nicht erst dadurch, dass der eine Teil den anderen aufnimmt bzw. der eine Teil in den anderen hineingleitet. Weder die Mehrheit der Männer noch die der Frauen hat jedoch zu ihrem Geschlechtsteil eine wertschätzende, liebende, schamfreie und bejahende Beziehung. So wenig sie das Spezifische ihres Geschlechtsteils lieben, so wenig lieben und erkennen sie die Schönheit ihres Mann- oder Frauseins. Wie aber sollen Männer und Frauen den großen Freudentanz des Lebens tanzen, für den sie in diese Welt kamen, wenn sie die Schönheit und Einzigartigkeit ihres eigenen Geschlechts nicht erkennen, ehren, würdigen und feiern können?

Die Frau ist ein in sich ruhendes, pulsierendes Kraftzentrum, das auf Empfangen, Integrieren, Verbinden, Verschmelzen, Wachsen und Gebären ausgerichtet ist. Ihr Empfangen bezieht sich jedoch keineswegs nur auf den Phallus und den Samen des Mannes. Ihr ganzes Wesen zeichnet sich durch hohe Empfangsfähigkeit und Empfangsbereitschaft aus. Ein Teil ihres Wesens gleicht einer riesigen, runden und nach oben gerichteten Satellitenschale, die auf Empfang aus ist. Frauen sind von Natur aus hochgradig Empfangende. Sie empfangen die Weisheit des Kosmos und der Erde und halten sie bereit. Als mediale Frauen empfangen sie die Botschaften der geistigen Welt und geben sie weiter. Von ihrer Natur her hat die Frau einen weit tieferen Zugang zur Quelle, ja sie ist eine Quelle. Das zeigt sich auch im Geschlechtsakt, bei dem der Frau Wasser entspringt – einigen sogar literweise.

Die offene Vulva der Frau gleicht einem Kreis, und die im Innern ihres Körpers eingebetteten Geschlechtsorgane samt Eierstöcken und Gebärmutter deuten an, dass ihr spezifisch weibliches Terrain und ihre Stärken vor allem den Innenbereich des Lebens, das nach außen Unsichtbare, betreffen. Die Frau ist und bleibt für den Mann und zunächst auch für sich selbst ein Geheimnis, das sich ihr erst dann erschließt, wenn sie neugierig wird auf das in ihr Liegende und sie beginnt, die Schönheit und Tiefe ihres eigenen weiblichen Wesens zu erforschen, zu ehren und zu lieben.

Das Gebären der Frau ist längst nicht nur auf Kinder beschränkt. Wie Mutter Erde ist auch die Frau eine immerfort Gebärende. Sie ist die eigentliche Quelle aller Kreativität und aller Weisheit. Das spürt der Mann instinktiv, und es macht die Frau so anziehend für ihn, auch wenn es nicht zum körperlichen Kontakt kommt. Schon das kleine Mädchen dreht sich im Kreis und bewundert seine Schönheit; das tun kleine Jungs nicht. Die sich in sich selbst drehende, runde Frau ist wie eine Blume, die sich – unbemerkt vom menschlichen Auge – ständig dreht und nach der Sonne richtet. Sie schaut, dass sie möglichst viel Licht empfängt, nimmt es in sich auf und strahlt dann ihren Duft aus, der wiederum die »Bienen« anlockt. Die sich drehende Ballerina, die Eiskunstläuferin und die Tänzerin repräsentieren das sich ständig drehende Moment des Weiblichen. Die sich selbst entdeckende und liebende Frau dreht sich – wenn sie tief in sich einen Ruhepol hat – um sich selbst, ist sich ihrer Schönheit und Ausstrahlung bewusst und strömt ihren ganz spezifischen Duft aus. Jede Frau hat ihr ganz eigenes inneres Parfum, bevor sie es mit einem Eau de Toilette verbindet.

Am tanzenden Paar können wir die wesentlichen Unterschiede zwischen Mann und Frau erkennen. Sie ist vor allem die sich Drehende, er ist mehr der Stehende, der Halt- und Strukturgebende. Sie ist die Weiße, er kontrastiert zu ihr im dunklen Anzug oder Frack – wie das Yin und das Yang. Ihre Aufmerksamkeit ist mehr nach innen gerichtet, seine auf sie. Indem sie sich selbst schön findet und dies zeigt, gewinnt sie seine bewundernde Aufmerksamkeit – so wie die Blume das Licht der Sonne auf sich zieht. Aufmerksamkeit ist Energie, und jede Frau freut sich und blüht auf, wenn ein Mann oder wenn Männer ihr Bewunderung schenken. Das macht Männer an, entzündet ihre Begeisterung. Die Beziehung zwischen Männern und Frauen ist zunächst eine des Sichanschauens und Sichanlächelns. Das alles ist schon Sexualität. Sie beginnt im Anschauen von Frau und Mann. Wenn sich ihre Blicke treffen, ist es oft, als kämen Plus- und Minuspol zusammen. Dann kann es funken. Aber auch wenn dieser Kontakt keine Funken schlägt, fließt ein Strom der Energie, den beide in sich spüren können.

Der Mann holt sich von der Frau die entscheidenden Impulse und erschafft etwas Neues. In seiner Begeisterung gleitet er mit Lust und Kraft in das Innere der Frau und badet in ihrer Quelle. Hierbei erinnert er sich daran, wozu er als Mann auf die Erde kam. Er wird durch sie inspiriert. Aber auch ohne die körperliche Vereinigung kann die Frau im Mann das Feuer der Begeisterung entzünden. Er ist der Macher, der Umsetzer, der Vorantreibende, der den Fortschritt im Außen bewegt. Aber die zündende Idee, die Eingabe erhält er über die Frau. Durch die Frau und in ihr wird der Mann selbst zum Empfangenden.

Damit Frauen und Männer sich mit Freude, in gegenseitiger Würdigung und in der Liebe begegnen können, müssen sie zunächst sich selbst in ihrem Frau- oder Mannsein gefunden haben. Wenn der junge Mann und die junge Frau aus dem Elternhaus gehen, sind sie noch lange nicht Mann oder Frau im wahren Sinn. Hierfür sind – wie bereits erläutert – nicht zuletzt die vielen Mütter verantwortlich, die ihren Wert über das Muttersein definieren und sich innerlich weigern, ihre Kinder in die Freiheit zu entlassen.

In einigen anderen Kulturen war es üblich, dass das Mädchen mit zwölf oder vierzehn Jahren ein Jahr unter Frauen verbrachte und der Junge ein Jahr unter Männern, um in das Frau- bzw. Mannsein eingeführt zu werden. Dieses so wichtige Ritual des Selbstständigwerdens, um anschließend in sich selbst stehen zu können, fehlt uns heute sehr, und das wirkt sich negativ auf die Beziehungen von Männern und Frauen aus. Wenn die Mütter oder auch die Väter nicht bereit sind, ihren fünfzehnjährigen Kindern die Verantwortung für ihr Leben zu übertragen und sie ihren eigenen Weg gehen zu lassen, was dann? Wann sollen sie denn damit beginnen? Wo und wann sollen sie lernen, im Leben ihren »Mann zu stehen«?

Der junge Mann muss begreifen, dass sein Mannsein nicht nur darin besteht, dass er im Unterschied zur Frau einen Penis hat, sondern dass sein Phallus zugleich ein Symbol ist für eine Kraft, die ihm innewohnt und die zu weit mehr taugt, als mit einer Frau Sex zu haben. Die Kraft des männlichen Geschlechts steht dafür, dass der Mann auf dieser Erde etwas und sich selbst bewegen will, dass er die Dinge vorantreiben will, dass er Neues finden und erfinden will, dass er mit Kraft, Mut, Ausdauer, Disziplin und Willen etwas Neues schaffen und erreichen will, dass er alte Grenzen hinter sich lassen und Neuland entdecken will, und zwar auf allen Gebieten. Der Mann will und muss sich über die Erde bewegen und in sie hineingehen, so wie der Bauer es getan hat und ebenso der nach Erdöl oder anderen Schätzen bohrende und schürfende Mann.

Arbeit im ursprünglichen Sinn bedeutet, dass der Mann seine Liebe, seine Kraft auf und in die Erde und auch in die Frau bringt und dass aus dieser kraftvollen Begegnung etwas Neues erzeugt wird. Der Mann ist der Erzeuger, denn er hat das Zeug dazu, Neues zu erschaffen und sich auseinanderzusetzen mit der Materie und den Elementen, mit Mutter Erde und mit dem Kosmos, mit den Molekülen und Atomen. Darum hat der Mann Freude daran, das Alte abzureißen und etwas Neues aufzubauen, sich mit anderen Männern zusammenzutun und die gemeinsamen Kräfte auf ein ambitioniertes Ziel zu richten und nicht zu ruhen, bis dieses Ziel erreicht ist.

Was alles in ihm steckt, muss der junge Mann im Zusammensein und in der Auseinandersetzung mit anderen Männern erfahren. Darum sucht er sich Vorbilder unter Männern, die »es« geschafft haben. Bevor der junge Mann sein Mannsein nicht kraftvoll erfahren und seinen eigenen Weg gefunden hat, ist er zum ständigen Zusammensein mit einer Frau gar nicht in der Lage. In diesem Fall wird er bei der Frau nach Bestätigung seines Mannseins suchen. »War ich gut?«, fragt der unsichere, tief innen an sich selbst zweifelnde Mann die Frau nach einem meist kurzen Akt der Körper. Die Frau soll ihm sagen, dass er toll war. Wenn er das nicht selbst spürt, weiß und lebt, können es ihm viele Frauen sagen, und er wird es dennoch nicht glauben.

Die Erde in der Frau und die Sonne im Mann

Die »Geistige Welt« lieferte in einer Reihe von Botschaften*, die in einem Folgeband zu diesem Buch in Kürze veröffentlicht werden, eine Reihe sehr schöner Bilder zum Frau-Mann-Verhältnis, von denen ich hier einige wenige in meinen Worten wiedergebe und die zu einem völlig neuen Verständnis der Geschlechter beitragen werden:

Mann und Frau repräsentieren zwei völlig unterschiedliche Seiten Gottes. Die Frau steht für Göttin Erde, der Mann für den Sonnengott, der von oben auf die Erde kommt und das Licht zur Liebe bringt. Die Frau steht –

* durchgegeben durch Andrea Schirnack, Prien/Chiemsee

wie Mutter Erde – für die Liebe, der Mann – wie Vater Sonne – für das Licht. Wenn sich Licht und Liebe vereinen, dann wird Neues gezeugt und geboren. So wie die Sonne Mutter Erde bescheint und ihr zur Fruchtbarkeit verhilft, so bringt der Mann seine göttliche Kraft, das Licht, in die Frau, und Licht und Liebe gehen eine neue Verbindung miteinander ein wie das Salz mit dem Wasser. Licht steht auch für das Wissen, ja Licht ist Information. Wenn sich Licht mit Liebe verbindet, entstehen Weisheit, Schönheit, Wunder, kurzum neue Welten – in Weisheit erschaffen. Wo das Wissen ohne die Liebe bleibt, entstehen Instabilität und Chaos. Das spiegeln der derzeitige Zustand der Menschheit wie der Zustand der meisten Frau-Mann-Beziehungen wider.

Die Frau ist – wie Mutter Erde – die Empfangende, die üppig Blühende, die Hervorbringende, die Gebärende, die aus ihrem tiefsten Innern strahlende Schönheit. So wie Mutter Erde im Frühling erblüht und im Sommer in allen Farben erstrahlt, so strahlt die Frau nach einem erfüllenden Akt und wenn sie von Männern bewundert wird. Sie dreht sich sowohl um sich selbst als auch um die Sonne herum, so wie jede Blume ihren Kopf nach der Sonne neigt.

Zwischen Frau und Mann ist Abstand nötig

Göttin Erde und der Gott der Sonne begegnen sich also in Frau und Mann. Die Frau blutet zwar im Zyklus des Mondes, aber es ist die Erde, die sich in zu- und abnehmendem Maße zwischen Sonne und Mond schiebt. Also sagen Neumond und Vollmond weniger über den Mond aus, als über den Standort der Erde im Verhältnis zur Sonne. So wie das Wasser aus Mutter Erde entspringt, so entspringt es aus der Frau als Blut und in der Sexualität als Wasser, wenn sie sich hingibt und mehr öffnet als lediglich ihre Vagina.

Und so wie Sonne und Erde gebührenden Abstand zueinander halten, sich im Frühjahr und Sommer voneinander entfernen und sich im Herbst und Winter wieder einander nähern, so ist auch zwischen Frau und Mann ein grundlegender Abstand notwendig, damit sich beide in Bewunderung anschauen und sich respektieren, achten und würdigen können. Klebt der Mann an der Frau oder umgekehrt sie an ihm, stirbt die Liebe, wie in der Wüste die Fruchtbarkeit vergeht. Eine gesunde Distanz zwischen Frau und Mann ist für die Liebe unabdingbar. Mann und Frau müssen immer wieder zurückkehren zu sich selbst in ihr eigenes männliches und weibliches Prinzip und für sich und unter ihresgleichen sein. Das folgende Gedicht von Professor Norbert Mayer mit dem Titel »Nah und Fern« bringt dies wunderbar zum Ausdruck:

Nah und Fern

Wer denkt, die Liebe sei ein ständiges Zusammenschlingen –
　　der irrt.
Das hieße Plus und Minus einer Batterie zusammenbringen –
　　das wird,
dass ständig ihre Kraft am Ende ist –
Und du stehst da, wie einer, der ohne Hände ist.

Es ist das Wesen und der Dinge eigner Lauf –
der Mann lädt sich bei Männern,
die Frauen bei Frauen auf.
Dann warten sie, solang es währt,
bis ihnen Begegnung widerfährt.

Voll Energien es funkt und wunderbar es funkelt –
und sich erkennend schaffen sie sich Stern um Stern –
es ist das Schöpfungsspiel – mal vom Blitz erhellt –
bald tief verdunkelt –
von Nähe, wenn vereint in Leibern –
von höchster Innigkeit, wenn beide fern.

Norbert J. Mayer*

Graumäusige Frauen, schlampige Männer

Dieses Wissen um die großen Unterschiede zwischen Frauen und Männern und den notwendigen Abstand zwischen ihnen ist in jedem Menschen enthalten. Die Naturvölker haben dies intuitiv gelebt und durch Rituale und Regeln den bewundernden Abstand zwischen Frauen und Männern geachtet und gewährleistet. Und in vielen südlichen Ländern, ob in Afrika, Südamerika oder Südostasien, strahlen Frauen ein Selbstbewusstsein und eine Würde aus, von der sich die Frauen des Westens weit entfernt haben.

Schon an der Kleidung und der Haltung der Frau können Sie ablesen, ob sie zu sich selbst und ihrer Weiblichkeit ein ehrendes, wertschätzendes und liebendes Verhältnis hat. Unzählige Frauen – in »spirituellen Kreisen« überproportional – kleiden sich so lieblos und geschlechtsneutral, dass man annehmen könnte, sie würden sich ihres Frauseins insgeheim schämen. Und das ist bei sehr vielen Frauen – besonders in Deutschland – auch der Fall. Die Frauenbewegung mit ihrer Latzhosenkultur und den geschorenen Köpfen hat hierzu ebenfalls beigetragen.

* Mayer, Norbert J.: *Lebenswege: System-Gedichte*, © Verlag Der Berserker, Starnberg 1994

Wagt es die eine oder andere Frau, aus dieser Graue-Maus-Kultur auszuscheren, sich mit ausgewähltem Schmuck und Kleid oder Rock zu präsentieren und das womöglich noch mit Dekolleté, dann kann sie sich der Häme und verachtenden Blicke ihrer graumäusigen Schwestern sicher sein. Hinter der Hand heißt es da: »Die hat es wohl nötig, sich so aufzubrezeln. Die sucht wohl einen Mann.« Frauen tun sich in der Verurteilung und Ablehnung ihrer Weiblichkeit untereinander ein weit größeres Leid an, als sie es durch die Männer erfahren.

Auch die meisten Männer demonstrieren mit ihrer Kleidung, dass sie sich nicht für schöne Wesen halten, deren Körper es verdient haben, mit ausgesuchter, individuell männlicher Kleidung geschmückt zu werden. Ein Blick auf ihre alten, oft ausgelatschten Schuhe zeigt bereits, dass sie mit sich und ihrem Mannsein nicht auf gutem Fuß stehen. Wie der kleine Junge von der Mama lässt sich auch der Mann nicht selten von seiner Frau einkleiden. Steht sie mit einem neuen Hemd da, das er anprobieren soll, heißt es oft: »Wenn du meinst …«, und dann zieht er es für sie an. Auch in vielen Firmen ist es immer noch verpönt, wenn Männer ohne Schlips und Kragen oder mit einem farbigen Hemd erscheinen, neben weiß ist gerade noch blau erlaubt. So geht der »Bürosoldat« mit seiner Individualität und seiner einzigartigen Ausstrahlung im graublauen Heer seinesgleichen unter.

Wie wir uns kleiden, bewusst oder unbewusst, den Körper betonend oder ihn versteckend, grau oder bunt, sagt sehr viel über unsere Selbstliebe und unser Selbstbewusstsein als Frau und Mann aus. Sich schön zu kleiden heißt, den Körper zu ehren und zu zeigen: Ja, ich bin gern eine Frau. Ja, ich liebe es, ein Mann zu sein. Und auch das, was man nicht außen sieht, die Unterwäsche, legt Zeugnis davon ab, ob ich mein Geschlecht liebe oder nicht.

Wir trauen uns nicht, etwas Besonderes zu sein, weil sich andere dadurch schlecht fühlen und uns ausgrenzen könnten. Aber jeder von uns ist etwas Einzigartiges, und das dürfen Frauen und Männer wieder demonstrieren und allen anderen Mut machen, ebenfalls ihre Besonderheit zu zeigen. Das fängt bei der Kleidung an und hört beim authentischen Präsentieren seiner eigenen Lebenshaltung und Einstellung auf.

Frauen und ihre Männlichkeit, Männer und ihre Weiblichkeit

Frauen und Männer müssen wieder in sich selbst den hier weiblichen und dort männlichen Aspekt ihrer Göttlichkeit und Besonderheit entdecken, damit sie aus Begeisterung an der eigenen Unverwechselbarkeit und Schönheit wieder miteinander zu tanzen lernen. Nur wo der Mann in sich selbst und in seiner Männlichkeit steht und die Frau in ihrer urspezifischen Weiblichkeit, kann das Spiel von Distanz und Nähe gelingen. Wo keine Distanz ist, wird die Nähe zur schlaffen Angelegenheit, und Langeweile und Respektlosigkeit kehren ein, wie wir es heute in unzähligen Ehen und Beziehungen sehen.

Das bedeutet jedoch nicht, dass die Frau exklusiv das weibliche Prinzip lebt und der Mann das männliche. Jede Frau hat, wie schon am Yin- und Yang-Zeichen erläutert, in sich einen männlichen Kern und der Mann einen weiblichen. Dies erst macht die Frau zu einer »richtigen« Frau, wenn sie aus ihrer eigenen Stärke, ihrem Selbstbewusstsein und ihrer Würde heraus sich dem Leben und auch dem Mann hingeben kann in der Sexualität; die es genießen kann, vom Mann bewundert und verehrt zu werden, ohne zum profillosen Püppchen oder zur Knetmasse des Mannes zu werden. Hingabe bedeutet nicht, sich aufzugeben, Hingabe ist eine ungeheure Kraft, zu der Selbstvertrauen, Selbstbewusstsein und Liebe notwendig sind.

Und erst sein weiblicher Kern erlaubt es dem Mann, in seine ganze Kraft zu gelangen und damit der Erde und der Gemeinschaft zu dienen, weil er seinen Drang nach außen mit einem guten Kontakt zu seinem Innern, zum Gefühl und zum Herz verbindet. Der Mann geht mit seinem Phallus in das Innere der Frau, und hier »erinnert« er sich seines göttlichen Auftrags, warum er auf die Erde gekommen ist. Hier verbindet er sein Wissen mit der Liebe. Er kann seinen männlich orientierten Verstand loslassen und sich in sein eigenes weibliches Prinzip begeben. Viele erfolgreiche Männer haben diesen Kontakt zu ihrem Ursprung verloren und den Sinn ihres Tuns aus dem Auge und damit sich selbst verloren. Man kann auf dieser Erde auch ohne die Liebe erfolgreich sein, aber die Erfülltheit des Herzens muss auf diese Weise ausbleiben. Und das fühlt sich am Ende eines Lebens sehr schal an.

Die Frau darf nicht wild sein, der Mann darf keine Gefühle zeigen

So darf die Frau sich wieder an die Göttin erinnern, die sie repräsentiert, die weit davon entfernt ist, schwach zu sein. In jeder Frau ist neben aller Feinfühligkeit, Zärtlichkeit und Liebesfähigkeit genauso viel Wildheit und Kraft enthalten, wie wir sie von Mutter Erde kennen, wenn sie in ihrem Meer tobt oder ihre Vulkane explodieren. Diese Kraft hat unter anderem Clarissa Pinkola Estés in ihrem bekannten Buch *Die Wolfsfrau* mit ihren kraftvollen Geschichten beschrieben. Die Wildnatur in der Frau ist ebenso aufregend und attraktiv für den Mann wie die Sensibilität und Hingabefähigkeit des Mannes auf der anderen Seite.

Beiden wird aber genau das in Kindheit und Jugend von Müttern wie Vätern ausgetrieben. Das Mädchen wird in seiner ungestümen Wildheit – vor allem von den Müttern – gezähmt und domestiziert, der Junge wird mit seiner Sensibilität, seiner Verletzlichkeit und seinen Ängsten – vor allem von den Vätern – verachtet und beschämt.

Es ist interessanterweise besonders unser Verhältnis zum gegengeschlechtlichen Pol in uns, das darüber entscheidet, ob der Mann sein ganzes Potenzial als Mann und die Frau ihr ganzes Potenzial als Frau entfaltet und lebt. Wir haben heute auf der einen Seite vermännlichte Frauen, die die Hosen auch in ihrer Beziehung anhaben und dem Mann – wie schon die Mama – sagen, wo es langgeht. Und wir haben verweiblichte Männer ohne einen – pardon – »Arsch in der Hose«, die nicht wissen, was sie wollen, oft mit ihrer Mutter verstrickt sind und glauben, es sei schon männlich, morgens in eine Firma hinein- und abends hinauszugehen und sich vielleicht nach den Spätnachrichten noch mal auf die Frau zu legen. Da kann man verstehen, warum sich starke weibliche Frauen nach dem starken männlichen Mann sehnen.

Die Frau kann, ohne zum Mannweib zu werden, männliche Stärken entwickeln und zeigen: Kraft, Selbstbewusstsein, Wille, Disziplin, Mut, Klarheit, Ordnung, Struktur, Beharrlichkeit, Führungsfähigkeit, Zielorientiertheit, Standhaftigkeit und andere. Und der Mann kann, ohne ein »Weichei« zu werden, Zugang finden zu weiblichen Qualitäten wie Mitgefühl, Schwäche-zeigen-Können, Emotionalität, Intuition, Geduld, Sanftmut, Vertrauen, Mütterlichkeit, Hingabe, Dienen, Sehnsucht, Leidenschaft, Ekstase u. a. Weder

Gleichmacherei noch die Fahnenflucht zum anderen Geschlecht bringen Frauen und Männer in ihre Kraft und Würde, sondern das Finden, Erkennen und Bejahen ihres spezifisch Geschlechtlichen.

So kann die Frau – fest verankert im Bewusstsein ihres inneren Geheimnisses als Frau – hinausgehen und auch das männliche Prinzip leben, wenn sie als erfolgreiche Geschäftsfrau oder Managerin agiert, ohne in Sprache, Verhalten und Kleidung zu verbergen, dass sie eine Frau ist. Aber sie kehrt immer wieder in ihr urweibliches Prinzip und Bewusstsein zurück, indem sie immer wieder nach innen geht. Und so kann auch der männliche Mann sich entscheiden, im Haushalt das Frühstück zu bereiten oder für einige Jahre als liebevoller Hausmann für die Kinder zu sorgen, ohne dass ihm ein Zacken aus der Männerkrone bricht. Er sollte neben seiner mütterlichen Tätigkeit jedoch auch immer wieder nach außen gehen in den Kontakt mit Materie, mit Natur und auch mit anderen Männern.

Du kannst Liebe nicht machen

»Du meinst, es sei Liebe, wenn ein Körper einen anderen gern hat oder einige ausgewählte Körper in seiner Umgebung. Das ist Unsinn! Liebe ist wirklich nichts, was du tust. Erst wenn du dich im Zustand der Liebe befindest, wird dir eine Tatsache ständig und vollkommen bewusst, nämlich dass Liebe etwas ist, was du bist!

Liebe ist deine innerste Essenz, dein eigentliches Sein, und du hast keine Kontrolle darüber, denn sie ist, was du bist. Sie ist einfach da, das heißt, sie ist dir von der Quelle gegeben. Und aus ihr ist alles geschaffen. Wenn du also liebst, merkst du auch, dass dies etwas ist, worüber du überhaupt keine Kontrolle hast. Gleich, wer dir vor die Augen kommt – Liebe ist in diesem Augenblick Wirklichkeit ...

Vergiss nicht, wenn wir von Liebe sprechen, dass du sie nicht machen kannst; du kannst sie nicht wollen, und du kannst sie nicht fordern. Du kannst nur einen Weg einschlagen, von dem du hoffst, dass er sie verkörpern wird. Und so, wie du immer tiefer verstehst, was du bist und was nicht, wirst du dieser neuen Wirklichkeit deines Lebens bewusst werden ...

Es gibt keine Formel, um Liebe zu erzeugen: die Liebe fließt bereits durch dich. [...] Es ist ein Zustand tiefer, anhaltender Liebe und Fürsorge gegenüber allen Menschen und Dingen, nach dem du strebst. Du musst begreifen, dass du die Verantwortung hast zu entdecken, dass du dich jetzt noch keineswegs in diesem liebenden Zustand befindest. Bitte, trachte wirklich mit deinem ganzen Herzen und mit all deinen Sinnen danach, ihn in deinem eigenen Sein zu entdecken.«

Bartholomew *

* Bartholomew: *Bartholomew's Lachende Weisheit*, © Falk Verlag, Seeon 1989, Bd. 1, S. 18f.

Kapitel 9
Wer liebt, leidet nicht

»Solange ihr durch Liebe Schmerz erleidet, habt ihr weder euer wahres Selbst noch den goldenen Schlüssel der Liebe gefunden.«

Mikhaïl Naimy *

Da die meisten Menschen glauben, »den Richtigen« oder »die Richtige« bis heute nicht gefunden zu haben – auch viele von denen, die eine Beziehung haben –, suchen sie innerlich oder äußerlich weiter und werden immer wieder aufs Neue enttäuscht. Ent-Täuschung muss die logische Folge sein, wenn ich mich in etwas täusche. Aber es ist nicht der Expartner, in dem wir uns getäuscht haben, sondern in den meisten Fällen sind es unsere völlig verrückten, unrealistischen Erwartungen an den anderen und an uns selbst, mit denen wir uns selbst ständig täuschen und die zu Frustration, Wut und Enttäuschung führen müssen.

Wer von seiner Beziehung bzw. seinem Partner das Glück im Leben erwartet, wer also glaubt, die Partnerschaft könne ihn glücklich machen, wo er ohne Partnerschaft nicht glücklich ist, der muss sich als gescheitert erleben, wenn es wieder mal nicht klappt.

Es geht mir um ein neues Verständnis von Beziehung zwischen Mann und Frau, von Partnerschaft und Liebe, damit mehr und mehr Frauen und Männer aufwachen und aussteigen aus dem Kreislauf von Hoffnung und Enttäuschung. Ich wünsche uns, dass wir den Mut haben, diese ganze Frau-

* Naimy, Mikhaïl: *Das Buch des Mirdad*, S. 97

Mann-Geschichte neu zu betrachten und dass jeder von uns seine eigenen Antworten findet und lebt, anstatt sich weiter von den Vorstellungen anderer – seien es Psychologen oder Theologen, Illustrierten-Schreiber oder der eigene Bekanntenkreis – abhängig zu machen.

Bitte übernehmen Sie auch meine Gedanken nicht blindlings, sondern spüren Sie in sich nach, wenn möglich mit Ihrem Herzen, wie stimmig sie sich für Sie anfühlen. Mein größter Wunsch ist, dass sich Frauen wie Männer in Liebe, Freude und Freiheit begegnen, dass sie sich gegenseitig wertschätzen, ehren, achten und lieben, ohne sich selbst oder den anderen in seiner Freiheit und seinem Selbstausdruck einzuschränken und in seiner Entfaltung zu behindern. Liebe geht immer mit Freiheit einher. Wo keine Freiheit ist, da wird noch nicht geliebt.

Ich selbst bin der Schöpfer all meiner Beziehungserfahrungen

Alles, was wir in Beziehungen erfahren – allein und mit unseren Partnern –, halte ich für extrem wertvoll. Auch die schmerzhaftesten Erfahrungen und Enttäuschungen können uns helfen, aus einem Leben voller Unbewusstheit, Angepasstheit und Unfreiheit aufzuwachen. Im Äußeren sind heute die meisten Menschen frei. Sie können mehr oder weniger tun und lassen, was sie wollen, solange sie das Strafgesetzbuch beachten. Sie können nach Australien auswandern, sie können lernen, was sie wollen, sie können ins Kloster gehen oder mit Männern und Frauen in einer Wohngemeinschaft leben. Innerlich jedoch scheinen die wenigsten die Freiheit zu haben, genau das zu tun, was sie glücklich macht. In unserer Welt sind wirklich glückliche Menschen rar. Warum ist das so? Weil den wenigsten bewusst ist, dass sie selbst die Schöpfer ihrer Lebenswirklichkeit sind.

Die meisten glauben, irgendjemand sei schuld an ihrem Schicksal. Unser Denken ist voll von Verurteilungen anderer Menschen. Frauen verurteilen Männer, Männer verurteilen Frauen. Beide verurteilen die Gesellschaft oder die eigenen Eltern oder machen das Schicksal für ihr bisheriges Unglück verantwortlich. Und die meisten geben sich insgeheim selbst die Schuld. Sie empfinden Schuld- und Schamgefühle, weil sie es bisher nicht geschafft haben, glücklich zu werden.

Ich wünsche uns allen, dass wir uns dem Gedanken öffnen, niemals das Opfer anderer gewesen zu sein, weil wir – einzeln und als Paare – Schöpfer sind, die sich ihre Beziehungswirklichkeit allein und gemeinsam erschaffen haben und auch in Zukunft erschaffen werden. Wer glaubt, andere seien schuld am eigenen Schicksal, oder man habe halt Pech gehabt, der denkt sich in Machtlosigkeit, in Ohnmacht hinein und macht sich handlungsunfähig. Wir sind aber auch nicht »schuld« daran, dass wir nicht glücklich sind, denn wir haben unbewusst gehandelt. Wir haben es alle so gut gemacht, wie wir konnten. Und wer dies tut, kann gar nicht schuldig sein, aber er ist und bleibt der Schöpfer seiner Wirklichkeit und darf die Verantwortung für seine Schöpfung übernehmen.

Wir sind in jeder Stunde unseres Lebens schöpferisch Tätige. Wir erschaffen unsere Lebenswirklichkeit durch unsere grundlegenden Gedanken über uns, andere und das Leben. Diese Gedanken erzeugen Gefühle. Gedanken und Gefühle zusammen erzeugen Zustände und Ereignisse in unserem Körper, in unseren Beziehungen und in allen Lebensbereichen. Zu den Gedanken und Gefühlen kommen unser Sprechen und Handeln. Die Gedanken, Gefühle, Worte und Handlungen der Vergangenheit haben genau zu der Lebenssituation geführt, in der sich der Einzelne heute befindet. Da ihm dieser Zusammenhang jedoch weitgehend unbekannt war, hat er diese Situation unbewusst erschaffen. Darum steht über fast allen Lebensläufen: Sie wissen nicht, was sie tun. Unwissenheit und Unbewusstheit sind die erste Quelle für Leiden.

All meine Beziehungen waren sinnvoll

Die Verurteilung der eigenen Beziehungsgeschichten und die Unfähigkeit, sie zu verstehen, führen dazu, dass die leidvollen Erfahrungen von Frauen und Männern verlängert und wiederholt werden müssen. Nur wenige Menschen machen sich die Mühe, wirklich verstehen zu wollen, wie sie – gemeinsam mit anderen – Erfahrungen des Leidens und der Enttäuschung erschaffen haben. Nur wer dies zutiefst versteht, kann den Kreislauf von Hoffnung und Enttäuschung durchbrechen. Und dazu ist dieses Buch da.

Es gibt nichts Sinnloses im Leben. Unser Verstand erklärt immer das für sinnlos, was ihn stört oder schmerzt und was er nicht versteht. Alles hat Sinn, aber wir Menschen verstehen bisher nur recht wenig von uns selbst. Und solange wir nicht verstehen, müssen wir mit Neugier und Offenheit Fragen stellen. Wer nur wütend fragt »Warum muss mir das immer passieren? Warum schon wieder diese Enttäuschung?«, will gar keine Antwort finden, denn er hat sein Urteil schon gefällt. Ein solcher Mensch sagt in Wirklichkeit *Nein* zu dem, was sich in seinem Leben zeigt.

Wir können den Sinn von etwas jedoch nur erfassen, wenn wir uns entscheiden zu denken, dass es im Leben und auch in unseren Beziehungen absolut nichts Sinnloses gibt.

Es ist eine Grundhaltung des Vertrauens, die wir dem Leben gegenüber einnehmen können. Jemand, der glaubt, dies oder jenes könne einfach keinen Sinn haben, wird diesen Sinn natürlich auch nicht erkennen, selbst wenn ihn alle anderen um ihn herum ganz deutlich sehen.

Ich lade Sie ein, sämtliche Beziehungen, die Sie bisher zu einem Mann oder einer Frau hatten, zu würdigen – ja, zu würdigen, anzuerkennen, wertzuschätzen und sich innerlich bei Ihren Expartnern dafür zu bedanken, denn Sie haben gemeinsam genau die Erfahrungen gemacht, die Sie brauchten. Je länger Sie glauben, auch nur eine Ihrer Beziehungen – sei es diese eine Nacht oder Ihre zwanzigjährige Ehe – sei sinnlos gewesen oder gescheitert, desto länger laufen Sie mit inneren Wunden herum, und die tun weh. *Ich behaupte, Sie haben nur erfolgreiche Beziehungen hinter sich.* Egal wie lange sie dauerte, egal wie Sie sie gelebt haben, jede einzelne Beziehung war erfolgreich, weil Sie darin Erfahrungen gemacht haben, die Sie offensichtlich brauchten, um da hinzukommen, wo Sie heute stehen. Würden Sie wohl dieses Buch lesen, wenn in Ihrem Leben alles glattgelaufen wäre? Wie viel Sie aus Ihren Erfahrungen auch gelernt haben, sie gehören zu Ihrem Lebensschatz. Und von Ihren Beziehungspartnern sind Sie durch besonders intensive emotionale Erfahrungen geführt worden, auch wenn diese schmerzhaft waren. All diese Erfahrungen haben zum Ziel, dass wir erkennen, auf welche Weise wir selbst Schmerz und Leid erzeugen, Urteile aufrechterhalten und ein Leben der Unfreiheit, der gegenseitigen Verstrickung und des Missbrauchs führen. All dies führt uns letztlich zur Sehnsucht unseres Herzens: in die Freiheit, in die Liebe und zum Lieben.

Durch Liebe entsteht niemals Leid

Die Liebe und das Lieben sind in unserem Denken so sehr mit der Vorstellung von Schmerz, Enttäuschung und Leid verknüpft, dass kaum jemand dies infrage stellt. In Zigtausenden von Songs und Schlagern wird das angeblich von der Liebe verursachte Leid, das Liebesleid, besungen, und wir summen die gefälligen Melodien schmachtend mit, ohne uns auch nur die Bohne Gedanken über den gesungenen Schwachsinn zu machen.

Ich wünsche mir, dass wir genauer hinschauen und erkennen, woher der Schmerz und das Leid kommen, die wir in und nach Beziehungen immer wieder empfinden. Mein Herz *und* mein Verstand sagen mir: Schmerz und Leid können nie von der Liebe und vom Lieben verursacht werden. Das ist eine Verunglimpfung der Liebe. Wo Liebe ist, ist kein Leid. Und wo das Leid (noch) ist, ist (noch) keine Liebe, da wird etwas noch nicht geliebt.

Allerdings ist offensichtlich: Auf der Suche nach dem Glück und nach der Liebe begegnen wir sehr häufig dem Schmerz. Wir erleben selten so viel und so tiefen Schmerz wie mit sogenannten Liebespartnern, ob in heterosexuellen oder homosexuellen Beziehungen. So oft, wenn wir uns auf eine Beziehung, auf einen Menschen eingelassen haben, hat es wehgetan, manchmal nach kurzer Zeit, manchmal erst viel später. Nicht erst, wenn es auseinanderging, haben wir gelitten, aber dann meist am heftigsten.

Worin besteht das Leid in und um Partnerschaft und Liebesbeziehung? Worunter genau leiden wir? Was verursacht das Leiden und was löst es aus?

WIR LEIDEN IN UNSEREN BEZIEHUNGEN VOR ALLEM UNTER

- Verletzungen durch den anderen
- Enttäuschung darüber, dass der andere unsere Erwartungen nicht erfüllt
- Verunsicherung durch das Verhalten des Partners
- lieblosem, gewalttätigem Verhalten
- mangelnder Aufmerksamkeit bis Desinteresse des anderen
- unserer Hilflosigkeit, Ohnmacht und Handlungsunfähigkeit
- unserem Ärger, unserer Wut und unserem Hass dem anderen und uns selbst gegenüber
- unserer Eifersucht oder der Eifersucht des Partners
- unserem Neid und unserer Missgunst, wenn wir sehen, dass es dem anderen nicht genauso schlecht geht wie uns selbst
- Verzweiflung, wenn der andere geht oder stirbt
- einer Vielzahl von Ängsten

WELCHE DER FOLGENDEN ÄNGSTE KENNEN SIE VON SICH SELBST?

- Angst, die Beziehung könne (wieder einmal) scheitern
- Angst, die »alten Fehler« zu wiederholen
- Angst, den anderen zu verlieren
- Angst, eine falsche Entscheidung getroffen / den Falschen genommen / sich geirrt zu haben
- Angst, vom anderen hintergangen / betrogen zu werden
- Angst, den anderen nicht verändern zu können
- Angst, nie den Richtigen zu finden

- Angst, vom anderen übervorteilt zu werden
- Angst, vom anderen abhängig zu werden oder zu bleiben
- Angst, ohne den anderen nicht mehr leben zu können
- Angst, den anderen nicht glücklich machen zu können / dem anderen nicht zu genügen
- Angst, für immer unter dem anderen leiden zu müssen

Wenn wir uns diese Ängste und Leidenszustände genauer anschauen, werden wir immer eines erkennen: *Wir leiden nie am anderen, sondern immer an uns selbst.* Die Ursache des Leidens liegt für unseren Verstand meist beim anderen. »Wenn er anders wäre, ginge es mir besser …«, versucht er uns weiszumachen. Aber Ihr Partner, Ihre Frau, Ihr Mann war nie die Ursache Ihres Leidens. Das mit dem Leiden haben Sie ganz allein hinbekommen.

Wodurch erschaffen wir Schmerz und Leid?

Die Leiden und Schmerzen, die wir mit Männern und Frauen in unseren Beziehungen erleben, werden im Wesentlichen verursacht durch

- unser unbewusstes Denken, Reden und Handeln
- die Weigerung, persönliche Verantwortung für unsere bisherigen Schöpfungen und unser Lebensglück zu übernehmen
- unser chronisch trennendes, verurteilendes Denken
- Ablehnung, Verdrängung und nicht bejahendes Fühlen der von uns selbst erzeugten Emotionen wie Angst, Wut, Hass, Trauer, Schuld, Scham, Ohnmacht, Minderwertigkeit, Neid, Eifersucht

- die seit unserer Kindheit angelernte Unliebe für uns selbst und die Ablehnung unserer ungeliebten Seiten
- unser unbewusstes Nein zum Leben als Frau oder Mann und als Mensch in diesem Körper
- die nicht gelösten Verstrickungen mit der Mutter und dem Vater der Kindheit sowie mit Expartnern
- unwahre, verrückte Gedanken über Männer, Frauen, Beziehung und Liebe, die der Normalmensch von seinen Eltern, vom Massenbewusstsein und von den Medien übernimmt
- die Verurteilung körperlich-sexueller Lust und das Festhalten an Regeln des Anstands und der Moral, die mit Liebe nichts zu tun haben
- das Festhalten an der Vergangenheit und die Weigerung, weiterzugehen und anzuerkennen, dass das Leben ständige Veränderung und Wandlung ist
- die Angst vor der Liebe und der Freiheit
- die Unkenntnis grundlegender Gesetzmäßigkeiten des Lebens

Wenn wir erkennen, dass die Ursachen von Schmerz und Leid in einer Beziehung so vielfältig sind wie hier beschrieben, beginnen wir mehr und mehr zu begreifen, wie wichtig die Beziehung zu einem Partner für unsere eigene Entwicklung und unseren Reifeprozess ist. Nichts auf dieser Welt bietet uns so große Möglichkeiten des inneren Wachstums und des Erwachens wie eine Partnerschaft mit einem anderen Menschen. Darum ist jede Beziehung *immer* auch eine sehr spirituelle Angelegenheit. Sie will uns hinführen zum Erkennen, wer und was wir in Wirklichkeit sind, nämlich geistige Wesen, die sich zurzeit in einem menschlichen Körper auf Erfahrungsreise befinden.

Der Schmerz, dem wir auf dieser Reise begegnen, sei es auf der psychischen oder auf der körperlichen Ebene, ist nie das eigentliche Problem, sondern nur ein Hinweis auf seine Lösung. Jeder Schmerz ist ein Bote, der an unsere Tür klopft und sagt: »Ich habe eine Botschaft für dich. Bist du bereit, sie anzuschauen und zu verstehen, oder muss ich mich jetzt für viele Jahre bei dir einquartieren, bis du meine Botschaft endlich begreifst?« Kein Schmerz hat ein Interesse daran, bei uns zu bleiben. Wir sind es, die ihn festhalten, weil wir nicht bereit oder noch nicht in der Lage sind, liebevoll zu fragen, was hinter ihm steckt.

Viele Menschen haben sich in einer Art Dauerschmerz eingerichtet, nicht weil sie Masochisten sind, sondern weil sie die Bedeutung des Schmerzes noch nicht verstanden haben. Er ist der Weg in die Freiheit. Schmerz tut weh, und es ist menschlich, dass der Betroffene denkt: »Ich will das nicht. Ich will ihn weghaben.« Aber genau diese Haltung verlängert das Leiden.

Der Schmerz selbst fühlt sich zwar unangenehm an, aber dennoch ist er gar kein richtiges Gefühl – im Gegenteil: Der Schmerz ist im Grunde ein Widerstand gegen das Fühlen des Gefühls, das hinter ihm steckt. Darum heißt eine Botschaft des Schmerzes immer: »Fühle, was du bisher nicht fühlen wolltest. Nimm endlich wahr, wie viel Angst, Wut, Hass, Trauer, Ohnmacht, Scham, Schuld, Trotz, Verachtung usw. in dir stecken, und das schon seit Jahrzehnten. Öffne dich diesen Gefühlen und fühle sie bejahend. Geh bewusst, atmend, fühlend und annehmend durch die Angst, die Wut, die Scham und so weiter hindurch.«

Wie zu Beginn dieses Buches geschildert wurde, haben wir schon als Kind, schon während der »Vertreibung aus dem Paradies« begonnen, all diese Gefühle durch entsprechende Gedanken zu erschaffen. Da wir jedoch nie gelernt

haben, sie auszudrücken und uns selbst liebend damit anzunehmen, konnten sie bis heute nicht aus unserem Emotionalkörper verschwinden. Wir haben sie immer wieder
nach innen verdrängt, wo sie sich Jahr um Jahr vermehrt
haben – oft so lange, bis unser physischer Körper daran er-
krankte. Die Verdrängung und Ablehnung unserer Emotionen sind die erste Ursache aller Krankheiten, nicht nur der
sogenannten psychosomatischen.

Jeder Schmerz ruft uns zu: »Wach doch endlich auf und
begreife, wes Geistes Kind du warst und bist. Mit vielen
Gedanken der Unliebe über dich selbst und andere hast du
eine Unmenge von Gefühlen erschaffen und angesammelt.
Es sind deine eigenen Schöpfungen, die sich jetzt wünschen,
von dir wahrgenommen, gewürdigt und bejahend gefühlt
zu werden. Geh durch diese Gefühle hindurch, und du bist
frei davon.« Jedes Nein zu etwas, das schon da ist, blo-
ckiert den Fluss der Energien und führt zu Problemen. Erst
das Ja öffnet die Schleusen, und das Angestaute kann fließen. Darum fließen beim bejahenden Fühlen auch oft Tränen, und das ist gut so. Festgefahrene Energien kommen in
Fluss, und das Leben kann weitergehen.

Mein Partner ist dazu da, meine Knöpfe zu drücken

Kaum jemand ist besser in der Lage, unangenehme Gefühle
in uns auszulösen, als unser Partner. Nur unsere Kinder
können ihn darin noch übertreffen. Wenn unser Mann oder
unsere Frau unangenehme Gefühle in uns auslöst, stehen
wir dem meist unglücklich und hilflos gegenüber, weil wir
nicht verstehen, warum es geschieht. Ich möchte Sie jedoch
bitten, sich dem Gedanken zu öffnen, dass hier immer etwas
Segensreiches passiert. Ja, es ist die Aufgabe Ihres Partners,

Ihre »Knöpfe« zu drücken und Enttäuschung, Wut, Angst usw. in Ihnen auszulösen. Unter anderem dafür haben Sie ihn angezogen. Und in diesem – oft schmerzhaften – Vorgang liegt immer ein Geschenk, das die wenigsten erkennen.

Wenn Ihr Partner etwas tut, worauf Sie mit Ärger oder Enttäuschung reagieren, dann kommen diese Gefühle nicht von Ihrem Partner, und er hat sie auch nicht verursacht. Er löst sie lediglich durch sein Verhalten in Ihnen aus. Das ist keine Wortklauberei, sondern eine grundlegend neue Sicht der Dinge. Mit seinem Verhalten legt er den Finger in eine alte Wunde und erinnert Sie an einen bisher nicht geheilten Schmerz. Und darin liegt ein großes Geschenk. Wenn Sie nämlich keinen Partner haben, weil Sie so etwas Schmerzhaftes gar nicht erst erleben wollen, haben Sie deutlich weniger Gelegenheiten, das Ungeheilte und Ungeliebte in sich selbst kennenzulernen und zu verwandeln.

Wenn unser Partner also unsere Wünsche und Erwartungen nicht erfüllt, ist dies oft eine größere Liebestat, als wenn er sie erfüllen würde. Es ist nicht die Aufgabe Ihres Mannes oder Ihrer Frau, es Ihnen recht zu machen.

Wenn Ihr Mann Ihre gemeinsamen Verabredungen oder seine Zusagen nicht einhält, wenn er Ihre Leistung in der Familie wenig wertschätzt oder herunterspielt, wenn er nicht sieht, dass Sie beim Friseur waren, wenn er Ihren Geburtstag vergisst, wenn er keinen Dank dafür ausspricht, dass Sie gut gekocht haben, dann ist das für Sie zwar enttäuschend, aber es ist seine Aufgabe, so zu handeln. Natürlich tut er dies unbewusst und ohne Absicht, aber daran, mit wie viel Enttäuschung oder Wut Sie darauf reagieren, können Sie erkennen, wie viele von diesen Energien schon seit langer Zeit in Ihnen stecken.

Wenn Ihre Frau ständig etwas an Ihnen auszusetzen hat, wenn sie nicht sieht und wertschätzt, wie Sie sich in der Firma anstrengen, wenn sie nicht versteht, dass Ihnen schon am Nachmittag nach einem Bier zumute ist, wenn sie Sie immer wieder an Ihre Mutter erinnert oder selten Lust hat, mit Ihnen zu schlafen, dann ist genau das ihre Aufgabe. Ohne zynisch zu sein, können wir sagen: Dann brauchen Sie das (noch). Warum? Um zu erkennen, wie sehr Sie noch von der Anerkennung und vom Verhalten Ihrer Frau abhängig sind.

All diese kleinen und größeren schmerzauslösenden Vorgänge zwischen Männern und Frauen sind wichtig für Selbsterkenntnis, Klärung und Heilung. Sie bieten uns Gelegenheiten zu erkennen, was in uns und mit uns los ist. Unser Lebensglück wird nicht dadurch gesichert, dass unser Partner nett zu uns ist oder unsere Erwartungen erfüllt. Das liegt überhaupt nicht in seiner Hand. Unsere Macht und unsere Handlungsfähigkeit und damit unser Heil liegen einzig und allein darin, wie wir auf das reagieren, was der Partner in uns auslöst. Doch leider konzentrieren wir uns meist mehr auf das, was unser Partner tut oder nicht tut, und weniger auf das, was sich in uns abspielt: Wie reagieren wir auf ihn und seine Handlungen?

Du kannst dich nur selbst verletzen

Für den Schmerz, die Enttäuschung, die Wut und die Verzweiflung, die wir in Beziehungen erleben, ist also nicht unser Partner verantwortlich, auch wenn er sich uns gegenüber ganz offensichtlich lieblos verhält. Dies zu erkennen, fällt vielen Menschen schwer. Aber es ist ein zentraler Punkt, der begriffen werden muss, wenn wir unserem Leiden in Beziehungen ein Ende setzen wollen. Die Trennung von diesem Partner kann sinnvoll sein, ist aber keine Lösung des grundlegenden Problems.

Solange mich etwas, das der andere sagt oder tut, trifft, betrifft es mich auch. Er legt seinen Finger in eine ungeheilte Wunde, und darum löst sein Verhalten eine negative Resonanz in mir aus. Bevor unser Partner uns vermeintlich verletzt, haben wir uns selbst schon lange verletzt und verurteilt. Wer sich selbst nicht anerkennt, wertschätzt und liebt, sondern mit herabsetzenden minderen Gedanken und Urteilen quält, findet dies im Verhalten des Partners und anderer Menschen gespiegelt. Die für viele unangenehme Wahrheit lautet: Du kannst dich nur selbst verletzen.

Mein Partner als »Arschengel«

Wenn wir mit uns selbst im Frieden sind, wenn wir unsere Vergangenheit geklärt und uns aus Verstrickungen mit Eltern, Geschwistern, Expartnern und anderen befreit haben, wenn wir gelernt haben, uns selbst als Frau oder Mann zu ehren und zu würdigen, dann verändert sich das Verhalten unserer Umwelt entsprechend. Es wird jedoch immer wieder Menschen geben, die Ihre Selbstliebe »testen«, indem sie Sie angreifen, kritisieren oder lieblos behandeln. Das sind Prüfsteine Ihrer Selbstliebe. Kritisiert oder beschimpft Ihr Partner Sie zum Beispiel als »blöde Kuh, dumme Zicke, Schlappschwanz« oder »Versager«, und wirft er Ihnen Sätze an den Kopf wie »Du bist genau wie deine Mutter/dein Vater«, dann spüren Sie sofort, ob Sie sich davon getroffen fühlen, ob Ihnen das Messer in der Tasche aufgeht und Sie zum Gegenangriff ansetzen. Sind Sie mit sich selbst im Frieden, können Sie liebevoll sagen: »Du darfst ruhig so reden. Ich weiß, dass ich das nicht bin. Und ich liebe dich trotzdem.«

Immer dann, wenn ein Partner lieblos agiert, handelt das verletzte Mädchen oder der verletzte Junge in ihm. Wenn wir in der Liebe bleiben, können wir unser Herz in solchen Momenten offen halten und fragen: »Darf ich dich mal in den Arm nehmen?«

Auch außerhalb von Frau-Mann-Beziehungen dürfen wir begreifen: Jeder Mensch, der uns wehtut (wie unser Verstand sagt), ist in Wirklichkeit ein Engel, der uns auf alte Verletzungen und auf unsere Selbstverurteilungen aufmerksam machen möchte. Da unser Verstand einen solchen Gedanken empört als »unmöglich« zurückweist, schlage ich Ihnen vor, diesen Menschen vorübergehend als »Arschengel« zu bezeichnen. Irgendwann begreifen wir, dass die Begegnungen mit solchen Menschen letztlich segensreich sind und zu innerem Wachstum sowie zum Frieden in und mit uns selbst führen. Dann wird auch der Letzte erkennen, dass der unbewusst und lieblos agierende Mensch tatsächlich ein Engel für ihn oder sie ist. Man kann salopp sagen: Dann fällt der »Arsch« ab und der Engel bleibt übrig.

Wenn der Partner uns verlässt – der Trennungsschmerz

Besonders schmerzt es uns, wenn der Partner von uns geht – sei es, dass er sich von uns trennt oder dass er stirbt. In beiden Fällen reagieren die meisten mit einem wütenden Nein. Wir wollen nicht wahrhaben und schon gar nicht akzeptieren, dass wir jetzt ohne den anderen weiterleben sollen. Aber auch in diesem Vorgang liegt letztlich immer ein Segen für uns. Auch hier entsteht das Leiden nicht dadurch, dass der andere fortgeht, sondern einzig und allein durch unsere innere Reaktion.

Wenn jemand von uns geht oder stirbt, dann soll dies immer so sein. Es ist die Sprache des Lebens, das sagt: »Jetzt geht etwas zu Ende, und ich bitte dich, dies zu akzeptieren.« Immer wenn jemand deprimiert oder wütend zu mir kommt und sagt »Nach zwanzig Jahren hat mich mein Partner verlassen!«, antworte ich ihm, dass er in spätestens fünf Jahren sagen wird: »Das war das größte Geschenk, das er mir machen konnte.« Und viele bestätigen mir dies bereits nach einem oder zwei Jahren, weil sie den Sinn dieses Vorgangs allmählich begreifen.

Es ist noch nie jemand zu früh oder zu spät gegangen oder gestorben. Das Leben kennt einfach keine Fehler. Wir aber glauben, klüger als Gott oder das Leben zu sein und das Recht zu haben, ihn oder es zu verurteilen. Wenn ein Partner geht, will uns das Leben Gelegenheit geben, entweder etwas Wichtiges in uns zu erkennen und/oder einen neuen Lebensabschnitt zu beginnen.

Menschen, die schon öfter verlassen wurden, können sich fragen, ob sie dies nicht selbst durch unbewusste Gedanken wie »Ich werde immer verlassen« oder »Im Leben kann man sich auf keinen verlassen« provoziert haben. Viele dieser Menschen haben bereits in ihrer Kindheit erlebt, dass sie von einem Elternteil – häufig vom Vater – verlassen wurden oder dieser ganz oder häufig abwesend war. Andere haben sich immer wieder allein und verlassen gefühlt. Die Gedanken, die sich das Kind in diesen schweren Zeiten macht, wirken im Erwachsenen ungebrochen weiter und verursachen solche Erfahrungen des Verlassenwerdens.

Andere Gedanken können sein: »Ich bin es nicht wert, dass mich jemand wirklich liebt oder bei mir bleibt. Ich bin nicht liebenswert.« Die alte Wunde des Verlassenwerdens will und muss geheilt werden, wenn wir die Liebe mit einem Partner in Frieden und Freiheit erleben wollen.

Menschen, die von ihrem Partner verlassen werden, haben sich selbst in ihren Gedanken und in ihrem Verhalten schon lange vorher immer wieder verlassen und sind sich und ihrem Herzen untreu geworden. Durch ihre verurteilenden Gedanken und ihr liebloses, hartes Verhalten sich selbst gegenüber haben sie sich von der Selbstliebe abgetrennt. Das Verlassenwerden durch den Partner ist nur ein Spiegel ihres Verhaltens sich selbst gegenüber. Andere entscheiden sich, lieber den Partner zu verlassen, bevor dieser sie verlässt, um dem Schmerz und der Scham zu entgehen, die durch das Weggehen des anderen ausgelöst werden.

Und wenn ein Partner nach vielen Jahren des Zusammenlebens stirbt, dann hat auch das einen tieferen Sinn. Oft besteht er darin, dass der Zurückbleibende jetzt selbst all die Dinge in die Hand nehmen darf, die früher der Partner übernommen hat. Er darf lernen, in sich selbst zu stehen und wirklich selbstständig zu werden. Besonders die Witwen machen es sich oft unsäglich schwer, wenn sie innerlich gegen das Leben anrennen und meinen: »Mein Mann sollte noch leben. Ich will nicht, dass er tot ist.« Nur dieses Nein zu dem, was doch schon geschehen ist, verursacht den Schmerz.

Die Trauer, die beim Abschied von einem geliebten Menschen – sei es durch Tod oder Fortgehen – gefühlt werden will, kann erst spürbar werden, wenn das Nein zum Ja wird, wenn wir Demut gegenüber dem Leben zeigen und uns dem beugen, was geschehen ist. Unser NEIN verursacht nur Schmerz, unser JA lässt die Trauer fließen, und das ist zutiefst menschlich und führt dann wieder zur Freude am Leben.

In Wirklichkeit gibt es keine Trennung

Die unsäglichen Trennungskriege zwischen Männern und Frauen gehören zu den großen Leidenskapiteln, die deutlich machen, wie weit wir von der wahren Liebe entfernt sind. Oft sind beide verletzte Kinder in erwachsenen Körpern, die enttäuscht, wütend und verzweifelt darüber sind, dass es (wieder einmal) nicht geklappt hat. Obwohl sie vordergründig auf den Partner sauer sind, liegt der Hauptkriegsschauplatz immer in ihnen selbst. Wenn Krieg herrscht, führen ihn beide – der Angreifer wie der Verteidiger, der Verlassende wie der, der verlassen wurde. Die Liebe schenkt uns die große Freiheit, aus dem Krieg auszusteigen, denn zum Krieg gehören immer zwei, zum Frieden jedoch nur einer.

Wer sein Inneres geklärt und Frieden mit sich selbst, seiner Vergangenheit und seinem Partner geschlossen hat, dessen Partner kann toben und wüten. Er liegt dann nur noch im Krieg mit sich selbst. Wer auch beim Auseinandergehen den Weg des Herzens geht, der wird den Segen, der hierin verborgen liegt, bald genießen können.

Ein großer Irrtum, der in diesem Zusammenhang viel Leid verursacht, ist der Glaube an Trennung. Viele Menschen sind der Meinung, sie könnten sich komplett von einem anderen Menschen trennen. Dies aber ist eine Illusion. Wir sind und bleiben mit allen Menschen verbunden, mit denen wir jemals enger zusammen waren, nicht nur mit unseren Expartnern. Im ganzen Universum gibt es in Wirklichkeit keine Trennung, da alles mit allem verbunden ist und natürlich auch jeder Mensch mit jedem Menschen. Dies gilt besonders für die Männer und Frauen, mit denen wir uns sexuell verbunden haben. Lösen können wir lediglich die Verstrickungen und das Versprechen, unseren Weg durchs Leben gemeinsam zu gehen – als Paar oder als Familie.

Mit all unseren Expartnern sind wir im Feinstofflichen verbunden. Wenn wir anerkennen können, dass der andere uns gedient hat, und zwar völlig unabhängig davon, was er getan oder nicht getan hat, dass er es uns ermöglicht hat, wichtige Erfahrungen zu machen, die unserer Selbsterkenntnis, unserem Erwachen und unserer Heilung dienten, dann können wir den Krieg beenden. Die Frage, wer an der Trennung schuld war, führt immer ins Nichts und trägt nur zur Aufrechterhaltung des Schmerzes bei. Dahinter steht der Glaube, der andere habe uns absichtlich verletzt und er habe anders handeln können. Wenn er oder sie wirklich gewollt hätte, wäre die Beziehung weiter möglich gewesen. Auch dies ist ein Irrtum. Jeder tut, was er kann. Mehr geht – im Moment – nicht. Auch Sie haben zu jeder Zeit Ihr Bestes gegeben.

Für das Glück in einer Partnerschaft ist es wichtig, dass wir all unsere Expartner innerlich würdigen und ehren, denn wir haben jeden Einzelnen von ihnen gebraucht, um dahin zu kommen, wo wir heute sind. Entziehen wir einem von ihnen Anerkennung und Wertschätzung und halten wir alte Urteile aufrecht, ziehen wir diesen Unfrieden (und die dahinter stehende Selbstverurteilung) in unsere nächste Beziehung mit hinein. Jeder Unfriede mit einem Expartner ist eine innere Wunde, die auf Heilung wartet. So, wie viele Partner immer noch mit dem Vater oder der Mutter der Kindheit verstrickt sind, sind sie es auch mit ihren Expartnern. Die Liebe aber ruft nach Verstehen, Vergeben, Anerkennen und Würdigen.

Warum machen sich Beziehungspartner das Leben oft so schwer?

Neben den bereits ausführlich erläuterten kann man eine Vielzahl weiterer Ursachen für das Leiden in Beziehungen finden. Anhand der folgenden Liste können Sie herausfinden, wie Sie es bisher geschafft haben, das Glück auf Distanz zu halten.

BEZIEHUNGSPARTNER MACHEN SICH DAS LEBEN OFT SCHWER,

- weil sie vom anderen Dinge erwarten, die er nicht bieten kann
- weil sie eine Liebesbeziehung als Tauschhandel missverstehen
- weil sie glauben, vom anderen Dinge und Leistungen fordern zu können
- weil sie tief in sich einen Mangel empfinden, den sie durch den Partner ausgleichen wollen
- weil sie sich selbst nicht lieben, sondern ablehnen, verachten und hassen, aber gleichzeitig erwarten, dass der andere sie liebt
- weil sie ihre Schwächen und Verletzlichkeiten vor dem anderen und vor sich selbst verbergen wollen
- weil sie Angst vor dem Alleinsein haben
- weil sie den Partner benutzen, statt ihn zu lieben
- weil sie sich nicht um die Heilung ihrer alten Wunden kümmern
- weil sie ihre Gedanken über die Männer und die Frauen nicht überprüfen
- weil sie sich selbst nicht kennen
- weil sie sich gegenseitig kontrollieren und einschränken

- weil sie sich für den anderen aufopfern und dann dafür etwas haben wollen
- weil sie glauben, der andere könne oder müsse ihre Bedürfnisse befriedigen
- weil sie glauben, der andere habe die Mittel und Fähigkeiten, sie glücklich zu machen
- weil sie nicht mit sich allein sein können und sich selbst nicht begegnen wollen
- weil sie nicht miteinander über ihre geheimen Wünsche und Gelüste sprechen
- weil sie ständig in der Angst leben, der andere könne sie verlassen
- weil sie glauben, eine Beziehung müsse ewig dauern
- weil sie das gemeinsame Leben nicht im Jetzt feiern und für jeden gemeinsam verbrachten Augenblick dankbar sind
- weil sie den anderen ab- oder aufwerten, das heißt niedriger oder höher einstufen als sich selbst
- weil sie den anderen – meist unbewusst – als Ersatzpapa oder Ersatzmama missbrauchen
- weil sie mehr geben als empfangen wollen
- weil sie mehr haben als schenken wollen
- weil sie innerlich glauben, nicht viel wert zu sein und deshalb nicht viel geben zu können
- weil sie sich selbst nicht lieben
- weil sie voller Scham- und Schuldgefühle sind, die sie dem anderen und sich selbst nicht eingestehen können
- weil sie das Nein in der Liebe nicht kennen
- weil sie (von Mama oder anderen) gelernt haben, das Opfer zu spielen
- weil sie nicht sagen, was sie sich wirklich wünschen
- weil sie denken, es könnte noch etwas Besseres kommen

- weil sie nicht bei sich selbst sind, sondern in Gedanken immer beim Partner
- weil sie glauben, das Loch, die Leere und den Hunger in sich selbst mithilfe des Partners stopfen bzw. stillen zu können
- weil sie glauben, der andere habe etwas, was sie selbst nicht haben
- weil sie glauben, den anderen verändern zu müssen
- weil sie glauben, den anderen retten zu müssen
- weil sie sich ständig in die Angelegenheiten des anderen einmischen und Grenzen übertreten
- weil sie an den Wahnsinn des romantischen Liebesideals glauben

Liebe ist keine Tugend

»Liebe ist keine Tugend. Liebe ist eine Notwendigkeit,
mehr als Brot und Wasser, mehr als Licht und Luft.
Lasst niemanden auf die Liebe stolz sein.
Atmet vielmehr die Liebe ein und atmet sie so unbewusst und
   frei aus,
wie ihr die Luft einatmet und wieder ausatmet.
Denn die Liebe braucht niemanden, der sie erhöht.
Die Liebe wird das Herz erhöhen, das ihrer würdig ist. ...

Die Liebe leiht nicht und borgt nicht; die Liebe kauft nicht und
verkauft nicht; aber wenn sie gibt, gibt sie alles; und wenn sie
nimmt, nimmt sie alles. Sogar ihr Nehmen ist ein Geben. Sogar
ihr Geben ist ein Nehmen. Darum ist sie stets dieselbe: heute,
morgen und in alle Ewigkeit.

So wie ein mächtiger Strom, der sich ins Meer ergießt, stets
wieder durch das Meer aufgefüllt wird, so müsst ihr euch selbst
in die Liebe ergießen, damit ihr immer von Liebe erfüllt seid. Der
Teich, der die Gabe des Meeres dem Meere vorenthalten wollte,
wird zum stehenden Gewässer ...«

*Mikhaïl Naimy**

* Naimy, Mikhaïl: *Das Buch des Mirdad*, S. 98f.

Kapitel 10
Was spiegelt mir mein Partner?

Alle Begegnungen und Ereignisse unseres Lebens wollen uns etwas über uns mitteilen. Besonders die Menschen, die uns nahestehen, helfen uns zu erkennen, wo wir mit uns selbst und dem Leben stehen. Sie sind ein exzellenter Spiegel unseres Bewusstseins, in dem wir sehen können, wie unbewusst oder bewusst wir durchs Leben gehen und wie viel wir von dessen Gesetzen verstanden haben. Die Mitmenschen und unsere Erfahrungen mit ihnen gehören daher zu den wertvollsten Quellen für psychisches und spirituelles Wachstum auf dem Weg zu einem reifen und freien Menschen.

Dies wird bisher leider nur von wenigen erkannt und für den persönlichen Wachstumsweg genutzt, woraus sich auch die vielen Wiederholungen in unseren Beziehungsgeschichten erklären. Wenn wir denken, unsere Probleme seien vom Partner verursacht, und wir selbst hätten nichts damit zu tun, dann muss uns das Leben wiederholt und immer deutlicher auf unsere eigenen blinden Flecken hinweisen, damit wir aus dem Schlaf der Unbewusstheit erwachen. Schmerz, Enttäuschung und Leiden sind Boten des Lebens, die uns mitteilen wollen, dass wir etwas Wesentliches noch nicht verstanden haben. Sie fordern uns auf, grundlegende Gedankenfehler zu erkennen und die Welt und das Leben neu zu betrachten, damit wir endlich erwachen und ein Leben in Freiheit und Freude erschaffen können.

Viele Menschen glauben immer noch an Schicksal, Pech oder Glück als von uns selbst unabhängige Faktoren, die einen Einfluss auf unser Leben haben. Unzählige geben ihre Macht an die scheinbare »Macht der Sterne« und an Astrologen ab und glauben an »gute« oder »schlechte« Sternzeichen. Der unbewusste Mensch lechzt geradezu nach Mächten, die über ihm stehen, damit er sich vor der Verantwortung für das eigene Lebensglück drücken und weiter im Opferbewusstsein verharren kann. Die Wissenschaft der Astrologie, die ich sehr hoch schätze, ist für dieses Verharren in der Ohnmacht und für das Starren auf die Sternkonstellationen weniger verantwortlich als der Mensch, der seine Macht an sie abgibt.

Statt zum Himmel zu schauen, um etwas Wesentliches über unser Leben zu erfahren, sollten wir besser darauf achten, welche Menschen wir in unser Leben ziehen und welche Erfahrungen wir mit ihnen machen. Daran können wir ablesen, wes Geistes Kind wir sind und wo wir auf dem Weg in die Freiheit stehen. Vor allem unsere Partner und Kinder können uns Wegweiser der wertvollsten Art sein. Was immer im Zusammensein mit ihnen geschieht, was immer uns berührt – angenehm oder unangenehm –, hat seinen Sinn und seine Berechtigung und möchte von uns verstanden werden. Alles geschieht zu unserem Besten, auch jede schmerzhafte Erfahrung.

Darum empfehle ich jedem Menschen, dem, was in all seinen Lebensbereichen, aber vor allem in Partnerschaft und Familie geschieht, mit der Haltung eines neugierigen Beobachters zu begegnen. Wer zu beobachten und zu fragen beginnt, ist auf dem Weg des Verstehens und der Veränderung. Wer noch nicht neugieriger Beobachter seines Lebens ist, der wird schnell zum Verurteilenden und macht sich damit zum Opfer seiner eigenen Schöpfungen. Wie werden wir zum Beobachter? Indem wir immer dann, wenn uns etwas stört, nervt, aufregt oder verletzt, mit neugierigem Interesse fragen: »Ist das nicht interessant?« Diese kleine Frage holt uns aus der Rolle eines ohnmächtigen Opfers heraus und sorgt für den inneren Abstand zwischen uns und dem, was in uns und um uns herum geschieht. Dann können wir weiterfragen: »Wie habe ich das wohl erschaffen oder in mein Leben gezogen?« Natürlich gelingt dies anfangs nicht immer sofort, aber wenn Sie sich für diese Frage öffnen, werden Sie sich immer schneller aus der Haltung eines leidenden oder sich selbst bemitleidenden Menschen herausholen und für den Weg der Erkenntnis öffnen. Diese Frage ist unendlich segensreich, weil sie uns in das Bewusstsein eines Schöpfers bringt, der sich die Augen reibt und fragt: »Wie funktioniert das Leben hier eigentlich? Könnte ich selbst dafür gesorgt haben, dass mir dies geschieht? Was kann ich jetzt über mich und das Leben lernen?«

Schauen wir uns eine Reihe typischer Ereignisse in Beziehungen an, um zu klären, was sie dem Betroffenen sagen wollen.

Mein Partner ist gebunden und/oder wohnt weit weg.

Viele Menschen beklagen, dass sie keinen Mann/keine Frau finden, der/die ganz frei für sie ist. Entweder leben die von ihnen erwünschten Partner in einer Ehe oder Partnerschaft, oder sie sind innerlich noch sehr an ihren Expartner gebunden. Und nicht selten wohnen sie dann auch noch ein paar Hundert Kilometer entfernt.

Dieser Gebundenheit des anderen steht immer eine eigene innere Gebundenheit gegenüber, die hierdurch bewusst gemacht werden kann. Der angeblich freie Partner ist in Wirklichkeit noch gar nicht frei oder offen für eine enge und intensive Beziehung zu einem anderen Menschen. Er braucht – aus welchem Grund auch immer – den äußeren Abstand, um sich seine innere Distanz zu seinen Gefühlen, besonders seinen Ängsten, anzuschauen und sich selbst näherzukommen. Die Angst vor Nähe und dem Einlassen auf eine tiefe, gefühlsintensive Beziehung sitzt den meisten Menschen noch sehr in den Knochen. Das Kind im Erwachsenen hat sich damals in der Kindheit oft geschworen: »Ich will nie wieder von jemandem abhängig sein, ich will frei sein.« Wirkliche Freiheit ist auf diese Weise jedoch nicht zu erreichen.

Der Mensch, der häufig gebundene Partner anzieht, die auch noch weit weg wohnen, darf sich fragen: »Woran bin ich innerlich noch gebunden? Ist es vielleicht der Vater oder die Mutter der Kindheit? Bin ich als Papas Prinzessin oder Mamas Prinz innerlich immer noch mit ihm oder ihr verheiratet? Bin ich noch so an meine damaligen angstmotivierten Schwüre der Abgrenzung gebunden? Habe ich innerlich mit meinem letzten Partner Frieden geschlossen und ihn freigelassen? Bin ich durch verdrängte Ängste, Wut, Trauer oder andere Gefühle noch an meine unglückliche Vergangenheit gebunden?«

Mein Partner beachtet mich kaum. Mein Partner ist nicht lieb zu mir.

Viele Frauen und auch Männer beklagen sich darüber, dass ihr Partner sie oft links liegen lässt, sich nicht besonders für sie interessiert und sie nie fragt, wie es ihnen geht. Für die Betroffenen ist es in der Regel leicht zu erkennen, wie sie ein solches Verhalten ihres Partners erschaffen haben und aufrechterhalten.

Viele Kinder haben in ihrem Elternhaus das Gefühl gehabt, nicht wirklich gesehen und wahrgenommen zu werden. Diese Erfahrung – verbunden mit der Trauer darüber – führt oft zu dem Grundgedanken: »Ich werde nicht gesehen. Man sieht mich nicht.« Dieser Gedanke verbindet sich oft mit ähnlichen Gedanken wie: »Ich bin nicht wichtig für die anderen. Ich bin nichts Besonderes. Ich falle nicht auf.«

Solche Gedanken über uns selbst bekommen im Laufe der Jahre oft eine derartige Macht, dass sie sich verselbstständigen und zu einer Energie werden, die wir unbewusst ausstrahlen. Und jeder unserer Mitmenschen nimmt diese im Stillen ausgesandte Botschaft auf und muss darauf reagieren. Wie schon erwähnt haben Grundgedanken über uns selbst, das Leben und die anderen, die wir in der Kindheit zu einem Teil unseres inneren Inventars gemacht haben, noch vierzig Jahre später dieselbe, Lebenswirklichkeit erzeugende Kraft, wenn sie in der Zwischenzeit nicht bewusst gemacht und durch neue Gedanken ersetzt wurden. Und die sich ständig wiederholende Erfahrung mangelnder Aufmerksamkeit vonseiten anderer bestätigt scheinbar ihre Richtigkeit.

Wenn Ihr Partner Ihnen also wenig Aufmerksamkeit schenkt und Sie kaum beachtet, dann ist dies höchstwahrscheinlich ein Signal dafür, dass auch Sie solche Gedanken ausstrahlen und Ihr Partner gar nicht anders kann, als darauf entsprechend zu reagieren. Es ist keine bewusste Lieblosigkeit von ihm, wie unser Verstand oft behauptet. Sie dürfen sich fragen: »Wie viel Aufmerksamkeit schenke ich mir eigentlich selbst? Wie wichtig nehme ich mich selbst? Stehe ich selbst im Zentrum meiner eigenen, liebenden Aufmerksamkeit? Nehme ich mich selbst wichtig und sorge ich gut für mich?«

Dasselbe gilt für liebloses oder respektloses Verhalten des Partners. Wer sich nicht gewürdigt, geachtet und geliebt fühlt, darf in zwei Richtungen forschen. Erstens sollte er sich fragen, ob er sich selbst würdigt und achtet, besonders im inneren Monolog. An diesem inneren Selbstgespräch können viele sehr schnell beobachten, wie schneidend, verurteilend und abwertend sie mit sich selbst umgehen. Wer dies tut, darf sich nicht wundern, dass der Partner es ebenso mit ihm tut. Außerdem dürfen wir uns fragen: »Wie gehe ich denn im Denken und Verhalten mit meinem Partner um? Bin ich in der Liebe mit ihm? Liebe ich ihn auch, wenn er nicht gut drauf ist?«

Wie das Kind im Elternhaus beziehen auch viele Partner jedes Verhalten des anderen sofort auf sich selbst und interpretieren es völlig falsch. Wenn sich der eine Partner mürrisch, verschlossen oder lieblos verhält, hat das erst einmal gar nichts mit dem anderen zu tun. Es zeigt nur, dass es ihm gerade nicht gut geht, dass er nicht glücklich ist und dass er mit seinem unbewussten Verhalten nach Liebe ruft. Indem wir dies aus unserer eigenen Verletzlichkeit und Bedürftigkeit heraus auf uns und die Partnerschaft beziehen, machen wir die Sache erst richtig schlimm. Wir dienen dem anderen und der Liebe zu ihm in dieser Situation mehr, wenn wir ihn entweder in Ruhe lassen oder ihm signalisieren: »Ich liebe dich und traue dir zu, dass du deine Probleme löst. Du schaffst das schon.« Das ist besser, als seine Probleme zu unseren eigenen zu machen.

Je mehr wir allerdings innerlich noch mit dem Vater oder der Mutter der Kindheit verstrickt sind, desto schwerer wird es uns fallen, uns in dieser liebenden Weise abzugrenzen und dem Partner seinen Raum zu geben.

Mein Partner ist aggressiv und destruktiv.

Wenn Sie einen aggressiven Partner haben, ist auch er im Moment genau richtig für Sie. Das meine ich nicht zynisch, sondern ehrlich. Ich sage nämlich nicht: »Lassen Sie sich nur alles gefallen, das geschieht Ihnen recht so.« Die Liebe zu uns selbst und zu unserem Partner fordert uns auf, diesem Verhalten ein klares Nein entgegenzusetzen, ohne den anderen zu verurteilen. Aber das schaffen bisher nur wenige. Der Grund dafür ist, dass wir nicht erkennen, warum wir einen aggressiven Partner angezogen haben. Solange wir uns als Opfer des aggressiven oder destruktiven Verhaltens anderer empfinden, können wir diesen Zusammenhang noch nicht sehen. Unser verurteilendes Denken macht uns blind dafür.

Was haben die Aggressionen unseres Partners mit uns zu tun? In vielen Fällen sagen die Betroffenen: »Ich bin nicht aggressiv, sondern friedlich und sehne mich nach Harmonie.« Dies ist jedoch ein Irrtum, denn wir sind immer beides. In uns finden sich sowohl Friedfertigkeit als auch Aggression. Die meisten Menschen – Männer wie Frauen – haben allerdings nie gelernt, sich ihres Ärgers, ihrer Wut und ihres Hasses bewusst zu werden und einen Weg zu finden, diese Energien angemessen auszudrücken und mit Liebe zu verwandeln.

Da das eigene Aggressionspotenzial den meisten große Angst macht und weil Aggression seit ihrer Kindheit als schlecht verurteilt wurde, sagen sich viele Menschen: »Ich will friedlich sein.« Selbst bei den Menschen, die Friedensmärsche veranstalten und für den Weltfrieden auf die Straße gehen, kann man unschwer eine Menge unterdrückter Wut ausmachen, die dann auf die »Bösen« dieser Welt projiziert wird.

Der Mensch, der glaubt, nur friedlich zu sein, betrügt sich selbst, denn er verdrängt seine Wut tief in den Schattenbereich seines Bewusstseins und zieht dadurch aggressive Menschen in sein Leben. Dies geschieht entweder denen, die in der Kindheit einen jähzornigen Vater erlebten und sich damals schworen, nie so zu werden oder nie so einen Mann haben zu wollen. Oder es geschieht denen, die einen schwachen oder abwesenden Vater hatten und daher keine innere Verbindung zur männlich-aggressiven Kraft entwickeln konnten. Wer die Männer und das Laute, Aggressive, Robuste und Kämpferische an ihnen verurteilt und ablehnt, der tut sich schwer zu entdecken, dass dies alles auch in ihm selbst steckt und gefühlt und gelebt werden will. Wer nur friedlich und harmonisch sein möchte, verkennt die Grundnatur des Menschen, die besagt: »In dir findest du alles – das Laute wie das Leise, das Aggressive wie das Friedliche, das Verurteilende wie das Liebende.« Nur wer sein Herz für beide Seiten öffnet, wird sich selbst auf die Schliche kommen und Frieden mit den Guten und den Bösen dieser Welt sowie mit dem Guten und dem Bösen in sich selbst schließen können.

Wer das Aggressive in sich selbst aus seiner Wahrnehmung ausschließt und verleugnet, bei dem wird es durch die Hintertür wieder hereinkommen – sei es in Form eines aggressiven Partners, eines aggressiv-auffälligen Kindes, aggressiver Hunde oder einer aggressiven Krankheit wie zum Beispiel Krebs.

Meine Frau ist zu hart. Mein Mann ist zu weich.

Wie bereits erwähnt erleben wir heute eine zunehmende Zahl von Beziehungen, in denen die Frau, die sich durch männliches Aussehen und Verhalten auszeichnet, die Hosen anhat, während sich der Mann durch Weichheit, Nachgiebigkeit, Schwäche und nicht selten Schlaffheit hervortut. Ich habe in Kapitel 6 erläutert, wie es dazu kommt. Offensichtlich ist, dass solche Frauen und Männer zueinanderpassen, denn sie bleiben meist sehr lange zusammen. Dennoch sind viele von ihnen nicht glücklich mit diesem Zustand und wünschen sich von ihrem Partner oft ein anderes Verhalten und eine Veränderung in den Eigenschaften.

Die harte Frau, die ihre eigene Weiblichkeit noch nicht entdeckt hat, die sich nicht fallen lassen und vertrauen kann, sondern alles unter Kontrolle behalten will, zieht oft einen völlig gegensätzlichen Mann an. Der wiederum hat noch nicht herausgefunden, was einen männlichen Mann auszeichnet, oft bedingt durch eine sehr enge Mutterbindung und einen schwachen oder abwesenden Vater. Beide dienen einander in ihrer Polarität, um zu erkennen, was sie in sich selbst bisher abgelehnt und unterdrückt haben. Und genau dieses im eigenen Geschlecht noch nicht Gelebte und Gewürdigte führt ihnen ihr Partner täglich vor Augen.

Viele finden sich damit ab, weil sie sehen, dass die Partnerschaft ja auch so ganz gut funktioniert, aber beide Partner wissen oder spüren, dass ihnen zum Glück und zum Frieden in sich selbst noch etwas Entscheidendes fehlt: das Leben und Feiern des eigenen Geschlechts im Körper einer Frau und eines Mannes. Statt sich auf die Suche nach ihrer weiblichen bzw. männlichen Identität zu machen, bleiben sie in der Verurteilung des Partners stecken und benutzen ihn als Ausrede, um sich die eigenen nicht gelebten und abgelehnten Anteile nicht anschauen zu müssen.

Die Entwicklungsaufgabe der vordergründig starken Frau besteht nun nicht darin, schwach zu werden oder die Schwache zu spielen. Wohl aber darf sie sich liebevoll all das anschauen, was sie bisher an sich selbst, an den Frauen der Welt, oft auch an ihrer Mutter und an ihrem eher weiblichen Mann abgelehnt und verurteilt hat, um zu erkennen: »Das alles ist ja auch in mir: der Wunsch, die Kontrolle aufzugeben, zu vertrauen, mich fallen zu lassen, mich zu entspannen, mich führen zu lassen, in mir zu ruhen und mein singendes Herz zu spüren in Leichtigkeit, Fröhlichkeit und Hingabe an das Leben.«

Die Wachstumsmöglichkeiten des weichen, oft schwachen Mannes an der Seite einer männlichen Frau liegen nicht in der Rebellion gegen diese Frau (oder die oft überbehütende, kontrollierende Mutter der Kindheit), sondern in der Entwicklung seines eigenen männlichen Potenzials und seiner Eigenständigkeit. Er braucht inneren und oft auch äußeren Abstand von seiner Frau, um herauszufinden, was alles in ihm steckt und was sein Herz leben will. Das vermeintlich starke Geschlecht zeichnet sich heute durch eine Unzahl schwacher, depressiver, schweigender und muttergebundener Männer aus, die nicht selten unter Erektionsstörungen leiden, sich aber mit ihrem Schicksal abgefunden zu haben scheinen.

Mein Partner sollte nicht so viel trinken.

Viele Frauen beklagen sich über trinkende Männer und nicht wenige Männer über ihre alkoholabhängigen Frauen; aber trinkende Männer scheinen weiter verbreitet zu sein. Ihre Partner leiden unter ihrer Sucht und verlangen von ihnen, ihr Verhalten zu ändern – meist jedoch vergeblich. Unendlich viele Dramen spielen sich wegen dieses Themas in Familien und Partnerschaften ab, und der Partner eines trinkenden Mannes oder einer trinkenden Frau empfindet häufig Verzweiflung, Ohnmacht, Wut und Hoffnungslosigkeit.

Sehr selten erkennen die nicht trinkenden Partner, was die Abhängigkeit ihres Partners mit ihnen selbst zu tun hat. Schnell sind der Schuldige und die Ursache für das Leid ausgemacht, die Rollen des Täters und des Opfers in den Köpfen vergeben. Und auch der trinkende Partner empfindet Schuld und Scham, fühlt sich minderwertig und als kompletter Versager. Nicht selten denkt er sogar daran, seinem Leben selbst ein Ende zu machen.

Wer einen trinkenden Partner hat, darf sich fragen: »Wovon bin ich selbst abhängig?« Oft hatten Frauen mit alkoholabhängigen Männern einen Vater, den sie als schwach oder leidend empfanden und der ihnen leidtat. Von diesem Vater sind sie innerlich noch sehr abhängig, da sie mit ihm verstrickt sind. Andere Frauen dürfen sich fragen, von welchen begrenzenden Gedanken über sich selbst oder ihre Lebenssituation sie noch abhängig sind. Zum Beispiel denken Frauen oft: »Ich muss hier alles selbst machen. Wenn ich es nicht tue, bleibt alles liegen.« Wer solche oder ähnliche Gedanken hegt, tut unbewusst alles dafür, dass sein Partner von ihm abhängig wird. Die Frau entzieht ihm die Verantwortung für sein Leben, indem sie ihn abwertet und sich überall einmischt.

In der Tradition der Mütter maßen sich viele Frauen an, sich ständig in die Angelegenheiten ihres Partners einzumischen, zum Beispiel mit Fragen wie: »Wo warst du? Was hast du denn da angezogen? Hast du heute schon was gegessen? Und wenn du das gemacht hast, kannst du dann noch dieses machen? Du solltest mehr auf dein Gewicht achten ...« Es fehlt nur noch, dass sie fragen: »Hast du heute schon Verdauung gehabt?«

Dies ist ein unbewusstes Macht- und Kontrollspielchen, und viele mutterverstrickte Männer spielen es mit. Sie machen sich nicht gerade und sagen nicht: »Stopp! Kümmere du dich um deins und ich mache meins.« Männer, die das Gleiche bei ihrer Mutter erlebt haben, kommen sich oft wie Volltrottel vor und bestätigen damit das Bild, das ihre Frau von ihnen hat. Sie resignieren, haben in einer Nische im Keller ihre Trösterflasche stehen, entziehen sich ihrer Frau, wo sie nur können, oder werden zu großen Schweigern. Frauen, die einen Großteil ihrer Energie darauf verwenden, dieses und jenes an ihrem Mann auszusetzen, an ihm herumzumachen und über ihn zu meckern, dürfen sich nicht wundern, wenn er sich öfter besäuft. Stattdessen sollten sie nach innen gehen und sich ihre Urteile über sich selbst anschauen. Jede Verurteilung eines anderen ist eine versteckte Verurteilung des eigenen Selbst. Der Partner wird benutzt, damit man sich sein eigenes schwaches, herabsetzendes Selbstbild nicht anschauen muss.

Nicht zuletzt darf der vermeintlich nicht süchtige Partner, der denkt »Mein Mann (oder meine Frau) sollte nicht so viel trinken«, diesen Satz einmal umkehren und denken: »Ich sollte nicht so viel schlucken!« Hierin versteckt sich oft das Spiegelbild, das wir zur Selbsterkenntnis nutzen dürfen. Der eine schluckt alles runter, was eigentlich ausgesprochen werden will, der andere säuft sich zu. Das sind letztlich sehr ähnliche Verhaltensweisen, mit denen vermieden wird, sich die eigenen verdrängten Gefühle einzugestehen und die Macht über das eigene Leben und Glück zu beanspruchen.

Ein trinkender Partner hat immer etwas mit uns selbst zu tun, so unangenehm dieser Gedanke für viele auch ist. *Das Leben kennt keine Fehler. Es schickt uns immer die Menschen, die wir brauchen, um etwas in uns selbst zu erkennen, zu integrieren und lieben zu lernen.* Und wenn diese Botschaft verstanden und umgesetzt wird, können wir das Leben mehr und mehr gemeinsam feiern.

Die richtigen Fragen stellen

Derjenige, dem in seinem Partner oder in anderen Menschen Unangenehmes begegnet oder dessen Partner ständig seine Knöpfe drückt, darf sich liebevoll und mit großer Ehrlichkeit eine der folgenden Fragen stellen:

* Wo tue oder bin ich das *auch*, was ich an meinem Nächsten kritisiere oder beklage?
* Wo verbiete ich mir das, was mir da im Außen entgegenkommt? Wo grenze ich etwas aus, lehne etwas ab, hasse vielleicht gar etwas, was doch *auch* zu mir gehört?

Wer belogen wird, darf sich fragen:

* Wo belüge ich mich selbst?
* Wo will ich meine Wahrheit nicht sehen?
* Wo lebe ich meine Wahrheit nicht?

Wer betrogen wird, darf sich fragen:

- Wo betrüge ich mich selbst?
- Wo lebe ich gegen meine innere Stimme, gegen mein Herz?
- Wo versuche ich, es anderen recht zu machen in der Hoffnung, Anerkennung und Bestätigung von ihnen zu bekommen?

Wer bestohlen wird, darf sich fragen:

- Wo oder wie stehle ich mir selbst etwas / gönne ich mir etwas nicht / gestehe ich mir etwas nicht zu oder verbiete es mir, wie beispielsweise uneingeschränkten Wohlstand, Reichtum, Glück usw.?
- Wo missgönne ich anderen ihren Reichtum?

Wer verlassen wird, darf sich fragen, wie viele Verlassenheitsängste er in seinem Leben schon verdrängt und nicht bejahend gefühlt hat. Oder:

- Wo habe ich mich selbst verlassen bzw. im Stich gelassen?

Wer geschlagen wird, darf sich fragen, wo er sich innerlich selbst dauernd prügelt, zum Beispiel mit lieblosen Gedanken wie »Ich bin doch eh nichts wert. Mit mir kann man es ja machen. Im Grunde bin ich selbst daran schuld. Ich mache nur Fehler. Ich bin halt beziehungsunfähig.« Menschen, die sich selbst nicht in Würde, Achtung und Liebe begegnen, steht – sichtbar für alle – auf der Stirn geschrieben: »Hau mir eine rein, ich tue es auch täglich.«

Derjenige, dessen Leistungen nicht gesehen oder gebührend gelobt und gewürdigt werden, obwohl er sich den ganzen Tag für die Familie abschuftet, darf sich fragen, wie sehr er sich selbst lobend und würdigend begegnet. Wer sich für andere abrackert, hat dies oft von Mutter oder Vater übernommen und fühlt sich auf unbewusste Weise schuldig.

Erkennen Sie Ihre Schattenfiguren

Für die Frauen und auch für jeden Mann kann es sehr hilfreich sein, einmal darauf zu achten, worauf sie extrem großen Wert legen, welches Verhalten, welche Eigenschaften, ja welche Tugenden ihnen ganz besonders wichtig sind.

Je extremer Sie eine bestimmte Eigenschaft oder Verhaltensweise leben, desto stärker treibt das Gegenteil genau dieser Eigenschaft in Ihrem Innern, im Unbewussten, sein Unwesen, wirkt sich auf sehr kraftvolle Weise in Ihrem Leben aus und beherrscht Sie. *Das Abgelehnte entwickelt sich geradezu zu einem inneren Schattenwesen.* Es lebt im Schatten unseres Bewusstseins und bekommt immer mehr Macht über uns. Sie erinnern sich: »Was ich ablehne, das ermächtige ich.« Wir führen dem Abgelehnten in uns Energie zu und nähren es durch unsere Unliebe.

Wenn Sie schon einmal einen Menschen so richtig gehasst haben, dann wissen Sie, welche Macht dieser Mensch letztlich über Sie hatte und welchen Raum er in Ihnen einnahm. Genauso verhält es sich mit allen von uns abgelehnten Seiten und Eigenschaften. Sie werden – in gebündelter Form – letztlich zu dem, was wir unseren Teufel nennen. Solch ein Teufel existiert nirgends sonst als in uns. Wir haben ihn selbst gezüchtet und können ihm in der Meditation sogar begegnen. Er verkörpert die Summe des in uns

Abgelehnten. Solche Schattenfiguren sind bei Frauen zum Beispiel die folgenden:

- Achten Sie besonders pingelig darauf, dass Sie immer korrekt, sauber und elegant gekleidet sind? Dann dürfen wir annehmen, dass die Schattenfigur in Ihrem Inneren eine verwilderte, verlotterte Alte ist, die sich einen Dreck um Sauberkeit oder Eleganz schert und die in Ihrem äußeren Leben ihren Tribut fordert. Wenn Sie selbst diese verlotterte Alte nicht hin und wieder leben können, dann lebt Ihre Tochter sie vielleicht für Sie.

- Achten Sie im Haushalt und natürlich bei Ihren Kindern, Ihrem Mann oder auch Ihrem Chef immer auf adrette Sauberkeit und Ordnung? Kann man bei Ihnen zu Hause vom Fußboden essen und ist Ihnen spontaner Besuch ein Gräuel, weil Sie dann sofort denken: »Bei mir ist doch gar nicht aufgeräumt«? Daraus dürfen wir schließen, dass tief in Ihnen eine alte Schlampe sitzt, die sich einmal so richtig im Dreck suhlen und herumschlampen möchte. Wenn Sie diese alte Schlampe nicht auch leben und lieben können, lebt Ihr Mann sie vielleicht für Sie, indem er seine Socken und Unterhosen immer da liegen lässt, wo er sie ausgezogen hat.

- Sind Sie immer besonders nett, lieb, zuvorkommend, hilfsbereit, und lächeln Sie auch dann noch, wenn man Ihnen gerade etwas Beleidigendes gesagt hat? Dann wohnt in Ihrem Keller vermutlich eine wütende Frau, die häufig Lust hat, einfach nur laut »Scheiße!« zu brüllen. Wenn Sie selbst nicht »die Sau rauslassen«, tut es ein anderer für Sie. Vielleicht Ihr Sohn oder Ihr Mann?

- Sind Sie in sexuellen Dingen besonders schüchtern und empfindsam? Warten Sie vielleicht schon seit dreißig Jahren auf den Mann, der mit Anstand und viel Rücksicht (weil Sie ja eine Frau sind), sehr zärtlich und geduldig Ihren Körper liebkost, damit Sie sich ihm am Ende öffnen und hingeben können? Nun, wie glauben Sie sieht die Schattendame, das innere Gegenstück dazu aus? Ich würde sie als eine wilde, wollüstige Hure bezeichnen. Wenn Sie selbst diese Hure nicht leben können, sucht Ihr Mann sie sich vielleicht woanders. Wilde Huren können auf Männer nämlich sehr erregend wirken.
- Sind Sie eine besonders Fleißige, Tüchtige? Stellen Sie die anderen – Ihre Kolleginnen, Ihre Schwestern, Ihre Mutter – mit Ihrer Emsigkeit in den Schatten? Dann können Sie davon ausgehen, dass es in Ihnen einen großen Faulpelz gibt, der seinen Tribut fordert und immer wieder an die Tür Ihres Bewusstseins klopft. Wenn Sie nicht bereitwillig auf ihn hören, wird er sich auf andere Weise bemerkbar machen, am einfachsten dadurch, dass er Sie krank werden lässt. Dann ist's aus mit dem Fleißigsein. Und wenn Sie selbst nicht mit Lust faul sein können, dann übernimmt Ihr Sohn oder Ihre Tochter das vielleicht für Sie.

Warum ist das so? In jedem Menschen sind alle Aspekte des Menschseins enthalten, und sie wollen wahrgenommen und angenommen werden. Je einseitiger ein Mensch denkt und handelt, desto störender muss sich der ungeliebte Gegenpol in seinem Leben, das heißt in seinem Körper und bei den Menschen seines Umfelds zum Ausdruck bringen. Denn jede Beziehung zwischen Mann und Frau und jede Familie (ebenso wie jede Firma, jede Organisation, jede Stadt, jedes Land und die ganze Menschheit) ist ein Energiesystem, das nach Ausgleich strebt. Je einseitiger ein Mitglied dieses Systems denkt und sich verhält, desto stärker wird ein anderes Mitglied des Systems auf unbewusste Weise gezwungen, den von jener Person abgelehnten Pol zu leben.

Diese Schattenfiguren sind keine Fantasiegebilde, sondern werden in vielen Frauenträumen erlebt, wie Sie in psychoanalytischen Büchern (von Frauen geschrieben) nachlesen können. Sie sitzen im Keller des Bewusstseins, also tief im Inneren der Frau, weil sie schon in früher Kindheit dort eingesperrt wurden und weil diese Aspekte der Frau in den letzten Jahrtausenden immer wieder verurteilt, tabuisiert und bestraft wurden.

Jede extreme Einseitigkeit rächt sich und verlangt nach Ausgleich. Achten Sie also darauf, dass auch Ihre Gegenseite Raum bekommt, dass auch sie hier und da gelebt wird.

Kapitel 11
Sich selbst lieben

Gelebte Liebe zu sich selbst ist Grundlage und Voraussetzung für ein glückliches Leben und auch für das Glück in jeder Partnerschaft. Menschen, die in Beziehungen unglücklich sind, lieben sich selbst so gut wie nie und sind meist in hohem Maße mit den Personen und Ereignissen ihres Lebens verstrickt. In diesem Kapitel möchte ich deutlich machen, wie Selbstliebe in der Praxis aussieht.

Die meisten Menschen im Westen werden weder durch ihre Eltern auf ihr Leben als Erwachsene vorbereitet noch durchleben sie bewusst Jahre, in denen sie ganz auf sich selbst gestellt sind. Die Auswirkungen dieses großen Mankos zeigen sich in vielen Beziehungsgeschichten.

Natürlich sehnen wir uns alle nach Harmonie, Nähe, Verbindung, Berührung, Vertrautheit, Liebe und befriedigenden sexuellen Begegnungen, aber wir suchen danach am falschen Ort, nämlich in einer Beziehung. All das, was wir uns von einem Partner wünschen, müssen wir uns erst einmal selbst schenken:

* Harmonie in uns, zum Beispiel zwischen unserem physischen Körper, unseren Emotionen, Gedanken und Herzenswünschen
* Nähe zu uns selbst, zu unserem Innersten, unserer Sehnsucht, aber auch zu unseren Ängsten, unserer Verletzlichkeit und all unseren Gefühlen
* Verbindung zwischen Verstand und Herz, aber auch zu allen verdrängten, verleugneten und abgetrennten Anteilen unserer selbst

- Liebe zu allem, was uns ausmacht: zu unserem Menschsein, unserem Mann- oder Frausein sowie zu unserem Körper
- Und auch die Sexualität beginnt bei uns selbst, und zwar nicht erst bei dem, was wir Selbstbefriedigung nennen

Im Laufe einer Beziehung wird immer deutlich, wie sehr oder wie wenig sich die Partner selbst wertschätzen, würdigen, annehmen und lieben. Darum sollte das Thema Selbstliebe schon im Kindergarten und in der Grundschule einen hohen Stellenwert haben, und es sollte auch aufgezeigt werden, wie dies praktisch gelebt werden kann. Selbstliebe muss wieder vom Ruch des Egoismus befreit werden. Der sich selbst liebende Mensch ist nicht nur in der Gemeinschaft zweier Menschen ein Segen, er ist auch für unsere Gesellschaft und Demokratie insgesamt ein großer Gewinn. Denn er bringt die Energie des inneren Friedens, der Freude, der Tatkraft und der Liebe in diese Gesellschaft hinein, übernimmt Verantwortung für seine eigenen Angelegenheiten und sorgt gut für sich. Der sich nicht selbst liebende Mensch verursacht enorme Kosten für die Gesellschaft, denn er leidet an Stress, Konflikten und Krankheiten.

Wir haben gesehen, dass der Mensch bereits in den ersten sechs Lebensjahren lernt, sich auf das Schärfste zu verurteilen, weil er glaubt, er sei so, wie er ist, nicht in Ordnung und nicht liebenswert. Er verliert – sofern er ihn als Kleinkind je gehabt hat – den Glauben an seine Schönheit, seine Einzigartigkeit, seine Großartigkeit. Diese Selbstablehnung, ja dieser Selbsthass, sitzt den meisten Menschen tief in den Knochen, ohne dass es ihnen bewusst ist – obwohl sie es an der Art, wie sie täglich mit sich selbst umgehen, leicht ablesen könnten. Die Unliebe zu sich selbst ist so schmerzhaft, dass sie ständig verdrängt und auf andere Menschen projiziert werden muss.

Ich bitte Sie eindringlich, der Selbstliebe viel Raum in Ihrem Leben zu geben und eine klare Entscheidung zu treffen, die zum Beispiel so lauten könnte: *Ich entscheide mich, mein Verhältnis zu mir selbst gründlich zu erforschen und die Unliebe, die ich mir selbst gegenüber in Gedanken, Gefühlen, Worten und Handlungen an den Tag lege, aufzudecken.* Wer hierzu noch nicht bereit ist, wird weiterhin schmerzhafte Erfahrungen in seinen Partnerschaften machen müssen, denn unser Partner ist der erste und wichtigste Spiegel für die Beziehung zu uns selbst. Dieser Zusammenhang sollte inzwischen deutlich geworden sein.

Die Liebe zu uns selbst beginnt also mit einer Haltung der Neugier und Fragen wie:

- Was denke und fühle ich über mich selbst als Mensch in diesem Körper?
- Was denke und fühle ich über mich als Frau oder als Mann? Liebe ich mein Geschlecht, und wie ist mein Verhältnis zu Männern und Frauen?
- Was denke und fühle ich über mein bisher gelebtes Leben, meine Biografie?
- Wie gehe ich mit mir selbst im Alltag um? Was genau tue ich für mich selbst?
- Was tue ich mir selbst alles zur Freude? Was gönne ich mir selbst?
- Bin ich mir selbst die beste Freundin / der beste Freund?
- Wie verhalte ich mich mir gegenüber, wenn es mir nicht gut geht? Wie lenke ich mich dann von meinen mir unangenehmen Gefühlen ab?

- Habe ich ein sehr enges, ja intimes Verhältnis zu mir selbst? Stehe ich mir selbst sehr nahe? Bin ich ein intimer Kenner meiner selbst?
- Wann und wofür verurteile ich mich selbst?
- Was habe ich bisher an mir auszusetzen? Was lehne ich an mir ab?
- Kann ich gut mit mir selbst allein sein? Kann ich viel mit mir selbst anfangen und eine gute Zeit mit mir verbringen?
- Wie sehr lobe, ehre, würdige ich das, was ich bin und tue?

Ich bitte Sie, diese und ähnliche Fragen schriftlich zu beantworten, und zwar an mehreren Abenden. Am besten nehmen Sie sich dafür eine ganze Woche Zeit. Sie können auch Ihre Lebensgeschichte aufschreiben, und zwar unter dem Gesichtspunkt, wie Sie bisher im Inneren wie im Außen mit sich selbst umgegangen sind. Schreiben Sie auf, an welchen Stellen Ihrer Biografie Sie Entscheidungen gegen Ihr Herz oder gegen Ihre innere Stimme getroffen haben. Listen Sie auf, wo Sie sich viel Druck gemacht haben und noch immer machen, wie sehr Sie sich selbst durchs Leben hetzen und mit welcher Art von Kritik Ihr innerer Kritiker Sie täglich bombardiert.

In diesem Zusammenhang empfehle ich Ihnen sehr, den inneren Druckmacher und Kritiker in einer Meditation kennenzulernen und anschließend in Rente zu schicken (siehe Meditations-CD *Schluss mit Hetze, Druck und Stress*).

Selbstliebe ist eine Grundeinstellung und bedeutet, sich dem eigenen Selbst zu verpflichten und eine lebenslange Liebesaffäre mit sich selbst einzugehen. Wer sich selbst zur wichtigsten Person seines Lebens erklärt, handelt alles andere als egoistisch, sondern schafft die Voraussetzung, um auch andere lieben zu können. »Liebe deinen Nächsten wie dich selbst« muss in diesem Sinne verstanden werden. Es ist das Beste, was Sie Ihrem jetzigen und allen zukünftigen Beziehungspartnern schenken können. Wer die Verantwortung für das eigene Glück übernimmt, ist ein Segen für die Menschheit. Wer sich selbst liebt, ehrt und achtet, ist ein gutes Vorbild für den Partner, für seine Kinder und seinen Nächsten.

Verbringen Sie Zeit mit sich allein

Ganz gleich, ob wir in einer Partnerschaft leben oder nicht: Wir brauchen Zeit in Ruhe für uns selbst; Zeit, in der wir ganz allein mit uns sind. Wer sich das nicht gönnt, wird im Zusammensein mit anderen Menschen Klarheit, innere Ordnung, Selbstsicherheit und Selbstbewusstsein vermissen. Ich empfehle jedem Menschen, sich täglich mit sich selbst zu beschäftigen oder, besser, mit sich zu sein, ohne dass ihn jemand dabei stört. Diese Zeit können Sie in Ihrem Zimmer oder Wohnzimmer verbringen, auf Ihrem Balkon, in Ihrem Garten oder in der Natur. Diese Zeit ist genauso bedeutend wie ein wichtiger Geschäftstermin, denn hier treffen Sie den allerwichtigsten Menschen Ihres Lebens: sich selbst. Meine Empfehlung lautet, folgende Zeiträume fest einzuplanen und zum Lebensritual zu machen, selbst wenn Sie Mutter von drei Kindern sind oder mit Ihrer Arbeit als Selbstständiger alle Hände voll zu tun haben:

- Mindestens eine Stunde pro Tag für sich allein
  (z. B. eine halbe Stunde morgens und eine halbe Stunde abends, aber nicht erst vor dem Schlafengehen).

- Einen halben Tag am Wochenende oder mindestens vier Stunden am Samstag oder Sonntag für sich, wenn möglich jedoch öfter mal einen ganzen Samstag oder Sonntag.
- Ein ganzes Wochenende pro Monat, an dem Sie am besten an einen ruhigen, erholsamen Ort fahren (z. B. in eine Pension in einer schönen Gegend).
- Ein bis zwei Wochen im Jahr für sich (z. B. eine Woche im Frühjahr und eine Woche im Herbst). Sie können natürlich mit Ihrer besten Freundin oder Ihrem besten Freund in diesen Urlaub fahren; wichtig ist jedoch, dass Sie am Urlaubsort viel Zeit mit sich allein verbringen. Eine solche Woche ist auch bestens geeignet für die Teilnahme an einem Seminar zur Selbsterforschung und Klärung.

Gehen Sie regelmäßig nach innen

»Was kann ich in dieser Zeit tun?«, werden manche fragen. Zunächst einmal geht es nicht vordergründig um das Tun, sondern um das Mit-sich-selbst-Sein. Es wäre sehr hilfreich, einen Teil dieser Zeit in absoluter Stille und im Nichtstun zu verbringen. Sie können dies Meditation nennen, aber wenn Sie mit diesem Wort auf Kriegsfuß stehen, weil Sie damit OM singende kahlköpfige Mönche verbinden, können Sie auch einfach sagen: »Ich gehe nach innen, atme und bin bei mir.«

Denn erst, wenn wir es um uns herum still werden lassen, können wir den Lärm in unserem Inneren wahrnehmen, die Unruhe, die vielfachen Empfindungen unseres Körpers, unsere Emotionen wie Angst, Trauer, Wut sowie die vielen Gedanken, die auftauchen. Werden Sie in dieser Zeit zum

Beobachter dessen, was Sie spüren, fühlen und hören, und sagen Sie immer wieder: »Alles in mir darf jetzt da sein. Ich bin bereit, es wahrzunehmen.« Ihr Körper, Ihre Gefühle, Ihre Gedanken und Ihr Herz sehnen sich danach, dass Sie ihnen Zeit und Aufmerksamkeit schenken.

Unsere Tage sind so übervoll mit Reizen von außen, dass wir uns oft selbst verlieren oder nicht zu uns selbst finden. Wie sollen da Klarheit, innere Ruhe, Gelassenheit, Ausgerichtetheit und Selbstzentriertheit entstehen? Die einseitige Orientierung nach außen fordert ein Gegengewicht: die Hinwendung nach innen. Die meisten Menschen können nicht einmal die Frage beantworten, wozu sie eigentlich leben, oder was das Wichtigste in ihrem Leben sein soll. Folglich stolpern sie völlig unbewusst durch ihr Leben und wundern sich, warum sie auf keinen grünen Zweig kommen und so viele Probleme haben.

Neben dieser stillen Art, mit sich selbst zu sein, gibt es eine Menge geführter Meditationen von mir selbst und vielen anderen, die Ihnen helfen, sich auf ein bestimmtes Thema oder ein Gefühl zu konzentrieren. Eine andere wirkungsvolle Art, allein zu sein, bietet die Musik. Wählen Sie Musikstücke, wo Sie bereits beim ersten Hören spüren: »Das tut mir gut.« Wer jeden Tag eine halbe Stunde gezielt, also ohne etwas nebenbei zu tun, Musik hört, die berührt und das Herz öffnet, wird schon nach ein, zwei Wochen feststellen, dass sich sein Gemütszustand verändert.

Wer glaubt, hierfür keine Zeit zu haben, darf sich einmal anschauen, mit welchen Tätigkeiten er regelmäßig Zeit verschwendet oder gar totschlägt: mit Fernsehen, dem Blättern in Zeitschriften, Herumtrödeln, unsinnigen Streitereien und Telefonaten, dem Einmischen in die Angelegenheiten anderer und so weiter. Durch diese Zeiten mit sich allein gewinnen Sie sogar Zeit, denn der selbstzentrierte, in sich geklärte und selbstbewusste Mensch arbeitet effektiver und konzentrierter und stellt weit mehr auf die Beine als der Mensch, der glaubt, hierfür keine Zeit zu haben.

Schenken Sie sich Freude

Ist in Ihrem Leben genug Freude? Führen Sie ein freudvolles, begeistertes Leben? Wenn die Antwort Nein lautet, haben Sie noch nicht beschlossen, sich selbst ein hohes Maß an Freude zu schenken. Wir erwarten meist, dass Freude mehr oder weniger zufällig in unser Leben kommt oder dass andere Menschen immer mal wieder ein paar Gramm Freude an unserer Haustür abliefern. Das Geheimnis heißt jedoch: Wer sich selbst in reichem Maße Freude schenkt, der erhält die doppelte und dreifache Portion vom Leben dazu. Wer das nicht tut, signalisiert dem Leben: »Bitte bei mir keine Freude anliefern!«

Jeder weiß, was ihm schon einmal Freude gemacht hat. Bei manchen ist es lange her, dass sie getanzt oder gesungen, gemalt oder etwas gestaltet haben, dass sie ein Musikinstrument spielten oder etwas Neues gelernt haben. Unser Leben ist so überreich an Möglichkeiten, etwas zu tun, was Freude macht, dass unsere Ahnen vor Neid erblassen würden, wenn sie das sehen könnten. Finden Sie heraus, was Ihnen persönlich große Freude bereiten würde, und reservieren Sie mindestens einen Abend pro Woche dafür. Aber erwarten Sie nicht, dass Ihr Partner es mit Ihnen teilt. Im Gegenteil: Wenn Sie mit sich oder Freunden ein- bis zweimal pro Woche etwas unternehmen, das Ihre Zellen jubeln und Ihr Herz singen lässt, sind Sie ein Gewinn für Ihren Partner. Sie zeigen ihm, dass Sie sich selbst lieben und sorgen für Zufriedenheit und Entspanntheit.

Wo leben Sie Ihr Feuer? Welche Tätigkeiten üben Sie mit Feuer und Flamme aus? Das frage ich gern Menschen, bei denen eine Entzündung des Körpers vorliegt, wo also etwas im Körper oder auf der Haut brennt. Viele Menschen hören diese Fragen zum ersten Mal, und dann geht ihnen ein Licht auf. Feuer ist eines von vier Elementen, das von uns gelebt und geliebt werden will. Wer sein Feuer nicht in Form von Begeisterung lebt, wer sich nicht entflammt für ein Thema, einen Sport oder eine andere Aktivität, der gibt seinem inneren Feuer keine Nahrung. Dann muss sich dieses Feuer, das zu unserer Natur gehört, den eigenen Körper vornehmen. Wer sein Feuer nicht lebt, den verbrennt es von innen. Dieses Leben ist nicht dazu da, in fader, lauwarmer und langweiliger Manier »heruntergelebt« zu werden. Das herrliche Freudenfeuerwerk, das wir an Silvester entzünden, steht als Symbol dafür, dass unser Leben ein solches Feuerwerk sein soll – strahlend schön und weithin sichtbar. Es ist nicht die Aufgabe Ihres Partners, Ihr inneres Feuer zu entzünden oder Ihre Begeisterung zu wecken. Das ist Ihr ganz eigener Job.

Vergeben Sie sich alle Selbstverurteilungen

Was an uns nagt, was nicht wenige von innen her geradezu zerfrisst wie im Fall von Krebs und anderen Krankheiten, sind unsere ätzenden, schneidenden, destruktiven Gedanken und Urteile über uns selbst. Wir haben gesehen, wie mies wir uns selbst behandeln auf unserem Lebensweg. Wir haben gelernt, an unserem Wert zu zweifeln. Wir setzen uns selbst herab und die anderen dazu.

Fast alle Menschen glauben, in ihrem Leben viele Fehler gemacht zu haben, aber das ist ein Irrtum. Sie haben keine

Fehler gemacht, sondern wichtige Erfahrungen gesammelt, die Sie machen mussten und die Ihre Seele machen wollte. Jede Erfahrung – und war sie auch noch so schmerzvoll – hatte ihren Sinn und ihre Berechtigung. Sie ließ uns seelisch wachsen und schließlich aufwachen und neugierig werden auf etwas völlig Neues, auf das Verständnis von Leben und Liebe.

Schreiben Sie alles auf, was Sie bisher an sich verurteilt haben und bis heute bedauern, bereuen und sich innerlich ankreiden. Jede aufrechterhaltene Verurteilung ist wie eine Wunde in unserem Energiesystem, mit der wir jeden Tag durch unser Leben gehen. Diese Wunden warten auf Heilung – durch uns selbst. Die Heilung geschieht, wenn wir allmählich begreifen: *Damals konnte ich nicht anders. Ich habe es immer und zu jedem Zeitpunkt so gut gemacht, wie ich konnte.* Vielleicht sind wir heute schlauer und würden manches anders machen. Aber daraus zu schließen, wir hätten es auch damals anders und besser machen müssen, ist eine Selbstverletzung.

Alle Urteile uns selbst und anderen Menschen gegenüber sind Irrtümer unseres Denkens. Sie können korrigiert und zurückgenommen werden. Wir können uns entscheiden, neu und anders zu denken über unseren Weg und unsere Handlungen. Diesen Prozess nennt man Selbstvergebung. Vergebung bedeutet die Korrektur unwahrer Gedanken. Dieses ganze Buch ist eine Einladung an Sie, völlig neu über sich selbst und Ihren Partner zu denken. Über neue Gedanken, deren Wahrheit unser Herz uns signalisiert, erschaffen wir ein völlig neues Leben in Freude, Frieden, Freiheit und Gesundheit.

Zur Selbstliebe gehört es auch, die alten Wunden im eigenen Inneren heilen zu lassen. Die Gefühle der Scham, der Schuld, des Versagens und der eigenen Minderwertigkeit, unter denen die meisten Menschen leiden, sind und waren das Ergebnis von Urteilen, die wir über uns selbst gefällt haben. Hierfür dürfen und können wir die Verantwortung übernehmen, indem wir sagen: »*Heute erkenne ich, dass ich mich geirrt habe. Ich habe die Urteile anderer über mich übernommen und sie oft noch verstärkt. Ich habe so oft ohne Liebe über mich gedacht und mich lieblos behandelt. Heute sehe ich, dass ich mich damit nur selbst verletzt habe*« (siehe auch die Meditations-CD *Mir selbst vergeben*).

Schließen Sie alle Baustellen des Unfriedens

Wer sich selbst liebt, gibt seinem inneren Frieden und dem Frieden mit allen Begleitern auf dem bisherigen Weg höchste Priorität. Jeder von uns hat im Laufe seines Lebens gelernt, Menschen und Ereignisse zu verurteilen. Nicht nur unsere Eltern und Geschwister gehörten dazu, sondern auch dieser oder jener Lehrer, der uns nicht mochte oder übersehen hat. Es waren immer wieder Menschen, von denen wir uns nicht geliebt, sondern zurückgewiesen oder verletzt fühlten. Im Laufe der Jahre haben wir so manche Leiche in unserem Keller versteckt, die noch heute eine Belastung für unser Innerstes darstellt.

Noch nach vierzig, fünfzig Jahren können wir uns gut an den Lehrer von damals erinnern, der uns vor der ganzen Klasse beschämt oder zu Unrecht bestraft hat. Wenn wir heute an ihn denken, kommt das Gefühl von damals mit der gleichen Intensität hoch. Noch heute könnten wir ihm eine reinhauen. Das zeigt, dass es sich hier nicht um tote Vergangenheit handelt, sondern dass uns dieses Erlebnis noch immer belastet. Es ist wie eine Baustelle mit dem unfertigen Rohbau eines Energiehauses. Jede dieser Baustellen belastet uns und wartet auf Bereinigung. Je weniger Bau-stellen wir unterhalten, desto leichter gehen wir durchs Leben und desto mehr können wir uns und andere lieben.

Machen Sie sich am besten eine Liste aller Personen, mit denen Sie noch keinen Frieden geschlossen haben, und schrei-ben Sie auf, was Sie der jeweiligen Person damals vorge-worfen haben und heute noch vorwerfen. Wenn es Ihnen schwerfällt, einer Person zu vergeben, dann widmen Sie ihr einen Brief, den Sie nicht abschicken und in dem Sie sich Ihren ganzen Ärger oder Ihre Wut von der Seele schreiben. Schreiben Sie dieser Person, wie sehr Sie sich verletzt ge-fühlt haben, und nehmen Sie diesen Schmerz zur Kenntnis. Dieser Brief wird Ihnen helfen, Zugang zu Ihrer eigenen in-neren Wunde zu erhalten und zu erkennen, wie sehr Sie sich selbst in all den Jahren verletzt haben, indem Sie die Verurteilung aufrechterhielten.

Verwandeln Sie Angst, Trauer, Wut, Scham, Schuld & Co. in Freude

Es klingt unglaublich, aber am meisten leiden wir unter unseren eigenen Schöpfungen. Allen voran ist es die Ener-gie der Angst, die unsere Stimmung trübt, die uns klein und verzagt macht, die uns am Leben zweifeln und manchmal verzweifeln lässt. Es ist die Angst, die hinter all den ande-ren unangenehmen Gefühlen steckt, hinter Wut und Trauer, Schuld und Scham, Eifersucht und Neid. All diese Gefühle sind unsere »Babys«. Wir selbst haben sie erschaffen und genährt durch Gedanken wie: »Ich fühle mich schlecht. Ich bin allein. Ich bin nicht gut genug. Ich bin nicht liebens-wert. Ich muss es schaffen. Ich kann nicht ... Ich darf nicht ... Ich muss ... Ich sollte ...«

Da wir in Kindheit und Jugend nicht gelernt haben, liebevoll und konstruktiv mit diesen Gefühlen umzugehen, müssen wir es heute tun. Nach jahrzehntelangem Verdrängen, Verleugnen, Ablenken und vielen Versuchen, sie wegzumachen, müssen wir begreifen, dass diese Gefühle unser Energiehaus, unsere feinstofflichen Körper nur auf einem Weg verlassen können: indem wir sie bejahend fühlen und durch liebevolles Annehmen verwandeln. Aber der erste Schritt ist die Erkenntnis: »Ich war und bin der Schöpfer all meiner Gefühle, und ich übernehme jetzt die Verantwortung für sie.« Genauso wie Ihre leiblichen Kinder – wenn Sie welche haben – sich Zuwendung, Aufmerksamkeit und Liebe von Ihnen wünschen, sehnen sich auch Ihre Gefühle danach. Sie warten schon so lange, werden immer wieder von unseren Mitmenschen ausgelöst – und dann stehen wir hilflos vor ihnen und wollen sie nur weg haben.

Wer erkennt »Ich habe das, was ich hier fühle, selbst erschaffen«, der begreift schnell: »Dann kann auch nur ich es verändern.« Gefühle wollen bejahend gefühlt werden, und ich bitte Sie, sich hierfür immer wieder Zeit zu nehmen. Das ist wahre Selbstliebe, wenn wir unser Herz öffnen für alles, was es in uns fühlt. Gefühle sind Energien, die fließen wollen – so wie Wasser, Gas und Luft sich bewegen und fließen wollen. Sie kommen in Fluss, wenn wir nach innen gehen, atmen und unseren Gefühlen freien Lauf lassen. »Ich bin bereit, das jetzt zu fühlen. Du, meine Angst, du, meine Wut, darfst jetzt da sein«, lautet die innere Ansprache an das Gefühl.

Niemand leidet gleichzeitig unter vielen negativen Gefühlen, sondern meist nur unter einigen wenigen. Kümmern Sie sich also regelmäßig um diese Ihre »Kinder«, indem Sie für fünfzehn bis zwanzig Minuten nach innen gehen – entweder jeden Tag oder zwei- bis dreimal pro Woche. Widmen Sie Ihre Zeit und Aufmerksamkeit einem der Gefühle, die Ihnen im Alltag immer wieder in die Quere kommen bzw. die Ihr Partner, Ihre Kinder, Ihre Eltern oder andere Personen in Ihnen auslösen. Sie können das mit einer Anleitung auf CD machen oder auch ohne (Empfehlung: Meditations-CD *Negative Gefühle in Freude verwandeln*).

Wenn Sie in der Begegnung mit Ihrem Partner spüren, dass Ärger und Wut oder Angst in Ihnen hochkommen, unterbrechen Sie das Gespräch und ziehen sich für eine Weile zurück. Sie können sagen: »In mir kommt Wut hoch. Ich brauche jetzt etwas Zeit für mich. Vielleicht können wir später weiterreden.« Und dann gehen Sie an einen ruhigen Ort, zur Not auf die Toilette, atmen sich bewusst in das Gefühl hinein, bleiben dabei aber der Beobachter und sagen sich: »Ich will das jetzt bewusst fühlen. Es ist mein Gefühl, und mein Partner hat es nur ausgelöst.« Das heißt: Sie suhlen sich nicht in Selbstmitleid oder Weltschmerz, sondern lenken Ihre Aufmerksamkeit sehr bewusst zunächst auf Ihre Körperempfindungen (Wo steckt die Angst, die Wut usw.?) und dann auf das Gefühl selbst.

Spüren Sie das Gefühl so intensiv wie möglich und sagen Sie sich: »Ich kann das jetzt fühlen. Ich will das jetzt fühlen. Dies hier ist mein Gefühl, meine Schöpfung. Es ist schon lange in mir, und jetzt kann ich es bewusst und bejahend fühlen.« Nach fünf bis zehn Minuten intensiven Fühlens stellen Sie sich vor, dass Sie in glitzerndem, silbernem Licht baden, innen wie außen. Das Licht berührt vor allem die Stellen Ihres Körpers, an denen das Gefühl massiv zu spüren war. Nach einer Minute wechseln Sie zu violettem Licht, und anschließend fragen Sie sich: »Welche Farbe tut mir jetzt gut?« Sie werden schnell eine Farbe sehen, in der Sie sich abschließend baden und einhüllen können. Dieser Vorgang kann zehn, fünfzehn Minuten dauern.

Es ist ein großes Selbstliebe-Geschenk, das Sie nach und nach von einer inneren Last befreit, die Sie seit Jahrzehnten mit sich herumschleppen und die nicht nur Sie selbst, sondern auch Ihre Partnerschaft belastet hat. Noch einmal: Ihr Partner ist nicht für Ihre Wut, Ihre Angst oder Ihre Eifersucht verantwortlich. Er löst sie nur aus. Diese Emotionen waren schon lange als ungeliebte Kinder in Ihnen. Jetzt, wo Sie bereit sind, sie liebend anzunehmen, können sie Ihr Energiehaus mehr und mehr verlassen.

Egal was damals geschah, es ist vorbei. Aber wenn wir keinen friedlichen Schlussstrich unter das Geschehene setzen und den anderen in Frieden entlassen, verlängern wir den Schmerz um ein Vielfaches. Wer sich immer noch als Opfer einer Person sieht, fügt sich nur selbst Leid zu. Öffnen Sie sich der Wahrheit, dass jeder Mensch auf Ihrem Weg wichtig war – besonders die Menschen, an denen Sie sich gerieben haben. Es ist das Herz, das erkennt: Diese Menschen konnten damals nicht anders, sie waren selbst im Inneren verletzte Kinder. Nur unser Verstand will die Verurteilung aufrechterhalten. Unser Herz sehnt sich danach, zu vergeben und Frieden zu finden.

Dies betrifft natürlich vor allem unsere Expartner. Frieden mit ihnen zu schließen, wirkt sich nicht nur wohltuend auf unsere innere Befindlichkeit aus, sondern auch auf unsere jetzigen und zukünftigen Beziehungen. Andernfalls tragen wir unseren Groll, Hader und Ärger in die nächste Beziehung und müssen die damals gemachte Erfahrung wiederholen, bis wir begreifen, warum wir sie in unser Leben gezogen haben. Jeder Partner war wichtig auf unserem Weg. In Wirklichkeit gab es weder Täter noch Opfer. Beide waren unbewusste Schöpfer in einem gemeinsam inszenierten Drama. Jedem müssen und können wir irgendwann danken. Jeder wartet auf unsere Würdigung. Und je eher wir den betreffenden Menschen würdigen, desto besser geht es uns.

Steigen Sie aus den »alten Schuhen« aus

In meinem Buch *Raus aus den alten Schuhen!** habe ich beschrieben, in welchen alten Mustern, Gewohnheiten und Programmen des Denkens und Verhaltens der Normalmensch gefangen ist. Jeder dieser Schuhe schmerzt uns. Es ist ein Akt der Selbstliebe, sie zu entsorgen. Wir haben uns zum Opfer der anderen gemacht und unser Glück für andere geopfert. Wir haben gegeben und gegeben und dachten, dies sei ein Akt der Liebe. Aber es waren unsere Schuldgefühle und unsere unwahren Gedanken, die uns dazu getrieben haben.

Wir haben von anderen gelernt, das Leben zu verurteilen und Schwere, Hetze und Druck zum Dauerzustand zu machen. Wir wollten von anderen Anerkennung und Bestätigung, weil wir sie uns selbst nicht schenken konnten. Wir haben uns auf das Negative im Leben konzentriert und all die kleinen und großen Geschenke ignoriert, die es uns macht. Wir haben uns ständig mit anderen verglichen und als nicht gut genug verurteilt. Wir wollten perfekt sein, um endlich geliebt zu werden. Statt dem Leben zu vertrauen, haben wir uns ständig Sorgen um alles Mögliche gemacht und auf diese Weise Krankheiten in unseren Körper gezogen. Wir haben unseren Körper missbraucht und ihn verurteilt, wenn er mit Schmerz reagierte.

Wir haben uns in Kleinheit und Minderwertigkeit hineingedacht und andere benutzt, um diesen Zustand aufrecht-

* Betz, Robert: *Raus aus den alten Schuhen!*, Integral, München 2008

zuerhalten. Wir selbst haben uns geweigert, zu unserer Größe zu stehen und uns Selbstliebe, Würdigung und Ehre zu schenken. Wir wurden als Löwe geboren und haben uns angepasst, bis wir ein Schaf unter Schafen waren. Wir haben lange genug geschlafen. Jetzt ist es Zeit, aufzuwachen und ein Leben zu führen, das diesen Namen verdient. Treffen Sie eine neue Entscheidung, und entschließen Sie sich, nicht mehr »normal«, brav und angepasst zu sein, sondern glücklich und mutig Ihren ganz eigenen Weg zu gehen – den Weg der Liebe zu sich selbst und zu allen anderen. Es ist die Liebe, die uns aus den Mustern des Normalmenschen befreit und den Weg zu Frieden, Freude, Freiheit und Fülle zeigt.

Untersuchen Sie jeden der »alten Schuhe«, die ich in meinem Buch *Raus aus den alten Schuhen!** ausführlich beschrieben habe. Der erste Schritt besteht darin wahrzunehmen, welche Muster, Programme und Verhaltensweisen ich von anderen, den Eltern, der Gesellschaft übernommen habe. Der zweite Schritt besteht im Erspüren, ob es für mich noch angemessen und stimmig ist, so zu leben. Und der dritte Schritt ist die Entscheidung, aus diesem und jenem Schuh auszusteigen – aus dem, was »man« tut. Das Leben fragt uns jeden Tag: »Willst du weiter eine Kopie der anderen sein? Oder willst du das Original leben, das du in deinem Inneren schon immer bist?«

Machen Sie Ihr Leben zum Genussleben

Dieses Leben ist dazu da, gefeiert zu werden und es in jedem Moment auszukosten. Wer die wesentlichen Gesetze des Lebens begreift; wer versteht, wie er selbst in der Vergangenheit Mangel, Leid, Enttäuschung und Krankheit in sein Leben gezogen hat, der ist in der Lage, seinem Leben eine völlig neue Richtung zu geben. Wir haben dieses Leben durch unwahre Grundgedanken zu einer anstrengenden Sache gemacht und geglaubt, neben viel Arbeit und Mühsal auch ein wenig Freude und Spaß erleben zu dürfen – am Wochenende oder im Urlaub. Dies ist ein Missverständnis, ein kollektiver Irrtum.

Wenn wir in Dankbarkeit wahrnehmen, was uns das Leben täglich an unendlich vielen kleinen und großen Geschenken bietet, können wir jeden Tag zu einem Genusstag machen. Genießen Sie das Geschenk Ihres Körpers, Ihre Beweglichkeit, Ihr Atmen, Ihr Fühlen, Ihr Lachen und Ihre Fähigkeit zu lieben und zu entscheiden, wer Sie sein wollen in Ihrem Leben. Hierzu bietet uns das Leben jeden Tag Gelegenheiten am laufenden Band. Will ich jemand sein, der bewusst lebt, der jeden Tag mit Freude und Dankbarkeit begrüßt, der das Geschenk eines warmen Bettes, der warmen Dusche, des reich gedeckten Frühstückstischs, der Anwesenheit anderer geliebter Menschen zu schätzen weiß und in Liebe annimmt? Will ich jemand sein, der sich bei Sonnenschein fragt, wann es wohl wieder regnen wird, der den Regen als »schlechtes Wetter« verurteilt, der das Auto als Kostenfaktor sieht und nicht als Quelle der Freude? Will ich jemand sein, der die Arbeit verurteilt und die Freizeit lobt; jemand, der die unzähligen Schönheiten seines Landes nicht zur Kenntnis nimmt?

Wir sind doch im Übermaß beschenkt und privilegiert, in einem reichen und schönen Land des Westens – in Deutschland, Österreich oder der Schweiz – leben zu dürfen. Wenn ich dankbar wahrnehme, was das Leben mir jeden Tag bietet, dann kann das Genießen beginnen. Wer sein Leben zum Genussleben macht, wird auch zum Genuss für andere, denn er strahlt Freude aus. Es ist nicht unser Partner, der uns diesen Genuss auf dem goldenen Tablett serviert.

Wir selbst müssen dieses Tablett füllen, und zwar durch unsere dankbar annehmende Haltung dem Leben gegenüber. Wer sich selbst nicht genießt, wird auch für andere ungenießbar und drückt die Stimmung in Familie und Partnerschaft nach unten.

Manchmal fragen Teilnehmer meiner Seminare: »Darf ich mein Leben wirklich genießen, wo es doch so vielen anderen Menschen schlecht geht?« Was würden Sie darauf antworten? Wir dürfen es nicht nur, es ist sogar das größte Geschenk, das wir anderen machen können. Genießen können wir übrigens auch mit wenig Geld. Genießen heißt nämlich nicht konsumieren. Genießen bedeutet, auch im Alltag immer in Empfangsbereitschaft zu sein. Wir empfangen Freude, wenn wir unsere Aufmerksamkeit auf die vielen schönen und herrlichen Details des Lebens lenken: auf den Baum vor unserer Haustür, der sein Kleid im Jahreslauf ständig verändert; auf den Gesang der Amsel am frühen Morgen, auf die Stille der Nacht, auf die Schönheit eines Bildes; auf den geistigen Reichtum, der in unseren Büchern steckt, auf den Zauber der Musik und nicht zuletzt auf das aufregende, erstaunliche, Ehrfurcht gebietende Wesen, das uns in der Person unseres Partners oder unserer Partnerin begegnet. Wenn wir uns von den Vorstellungen lösen, die wir uns von unserem Partner gemacht haben, wird er erst richtig interessant für uns.

Geben Sie mit Freude und gehen Sie in Empfangsbereitschaft

Wer glaubt, das Geben in einer Beziehung betonen zu müssen, während er sich mit dem Empfangen schwertut, empfindet mit der Zeit Groll, Enttäuschung oder gar Wut. Er hat das Gefühl, zu kurz gekommen zu sein. Das ist nicht die Schuld des Partners, sondern liegt in seiner eigenen Verantwortung. Zuerst müssen wir uns selbst beschenken und Freude in uns selbst finden, sonst stehen wir nämlich wie ein Bettler mit leeren Händen vor unserem Partner und fragen: »Hast du was für mich?« Wer sich fordernd darüber beklagt, dass »eine Beziehung doch ein Geben und Nehmen ist«, gehört meist zu denen, die viel gegeben, aber wenig zurückbekommen haben. Jetzt wollen sie endlich auch etwas haben.

Ich bitte all die, die in einer Beziehung viel geben, zu prüfen, was ihr wirkliches Motiv ist. Das einzige Motiv, das hinter dem Geben stehen sollte, ist die Freude daran. Wenn es Ihnen keine Freude macht, Ihren Partner zu beschenken, warum tun Sie es dann? Damit er Ihnen dankbar ist? Damit er bei Ihnen bleibt? Mit übermäßigem und falsch motiviertem Geben setzen Sie Ihren Partner in die Position eines Schuldners.

Zumindest unbewusst haben viele Menschen das Gefühl, bisher zu kurz gekommen zu sein – in ihrer Beziehung oder in ihrem ganzen Leben. Nicht wenige fühlen sich vom Leben geradezu betrogen. Unbewusst glauben sie, das Leben schulde ihnen etwas oder hätte ihnen das Falsche geliefert. Dies drückt sich dann in einer Haltung des Vorwurfs und des Reklamierens aus, in einer Haltung, die vor allem die am nächsten stehenden Personen ungut zu spüren bekommen. Wenn Sie zu den Menschen gehören, die sich innerlich oder auch ausdrücklich über das Leben beschweren, sollten Sie sich klarmachen, dass Sie auf einem Irrweg sind und dass Sie sich nur selbst Lasten aufladen, indem Sie sich be-schweren.

Geben Sie nur aus Freude am Geben und am Lieben. Das Geben selbst macht Sie reicher. Es beschenkt Sie, weil es Ihr Herz erfreut und öffnet. Und wer noch nicht so geben kann, der möge sich zunächst einmal selbst beschenken. Der beste Partner ist der, der sich vom Leben so reich beschenkt fühlt, dass er sagt: »Ich habe so viel Freude in mir, die muss ich unbedingt mit meinen Mitmenschen teilen. Das halte ich sonst gar nicht aus.«

Machen Sie aus Ihrem Leben ein Kunstwerk

Sich selbst zu lieben bedeutet, seine eigene Schöpferkraft immer deutlicher zu erkennen und bewusst in Besitz zu nehmen. Sie selbst, nicht Ihr Partner, gestalten Ihr Leben täglich, ja stündlich durch Ihre eigenen Gedanken, Gefühle, Worte und Handlungen. Die Natur hat Sie zu einem Künstler gemacht, zu einem Schöpfer. So wie der Bildhauer ständig an seiner Skulptur arbeitet, wie der Maler an seinem Bild malt und der Komponist eine Symphonie kreiert, so gestalten und verändern auch Sie permanent Ihr Leben und sich selbst.

Betrachten Sie Ihr Leben daher als ein großartiges Kunstwerk, das Sie nicht mit den Maßstäben Ihres Verstandes bewerten, sondern mit dem Herzen betrachten. Alles, was Sie bisher erschaffen und erfahren haben, war wichtig und notwendig. Jederzeit können Sie an diesem Kunstwerk Veränderungen vornehmen, denn Sie haben die Freiheit der Wahl. Wie schon früher beschrieben erlangen wir erst nach vier, fünf Jahrzehnten die Kunstfertigkeit und das Bewusstsein eines professionellen Lebenskünstlers, der immer mehr begreift, was er will. Vergleichen Sie Ihr Kunstwerk nicht mit dem Ihres Nachbarn oder Ihres Kollegen, denn jeder geht seinen eigenen Weg in seinem eigenen Tempo.

Sie werden die Schönheit Ihres Lebenskunstwerks erst dann vollends erkennen können, wenn Sie eines Tages aus diesem Körper gehen und es von oben überschauen. Spätestens dann werden Sie Ehrfurcht und Achtung empfinden vor den Kräften und Energien, die Sie in die Welt geschickt haben, und vor sich selbst als großartigem Schöpfer. Stehen Sie jeden Morgen in dem Bewusstsein auf, dass ein neues Leben beginnt, denn jeder einzelne Tag ist ein in sich abgeschlossenes Leben. Am Morgen werden Sie geboren und am Abend sterben Sie als Schöpfer dieses Tages. Und morgen wachen Sie voraussichtlich erneut auf und legen einen neuen Schöpfungstag hin.

Jeden Morgen fragt Sie das Leben: »Was willst du heute aus mir machen? Und was willst du aus dir selbst machen? Wes Geistes Kind willst du heute sein? Möchtest du heute ein Leben in Freude, Frieden, Freiheit und Fülle erschaffen? Du hast alles in dir, um dies zu tun. Erkenne den Künstler in dir und mache aus mir, deinem Leben, ein einzigartiges, strahlendes Juwel. Lebe mich mit großer Liebe zu dir selbst und zu allem, was sich dir zeigt – zu deinem Partner, zu deinen Kindern, zu allen Menschen –, und in Liebe zu deinem Schöpfer, der dich mit seiner Schöpferkraft ausgestattet hat.«

Kapitel 12
Den Partner lieben

Es dürfte jetzt jedem klar sein, dass wir einen anderen Menschen nicht lieben können, solange wir uns selbst nicht kennen und lieben. Was aber heißt es, einen anderen Menschen zu lieben und mit ihm in Liebe zu sein? Wie kann das aussehen? Folgende Grundhaltungen mögen Ihnen Anlass sein herauszufinden, wie Sie die Liebe bisher gelebt haben und wie Sie vielleicht morgen lieben wollen.

Ich kenne dich (noch) nicht

Viele Menschen, die in einer Partnerschaft oder Ehe leben, behaupten, ihren Mann bzw. ihre Frau zu kennen. Doch was wir da zu kennen glauben, sind Vorstellungen vom anderen, Bilder, die wir uns von ihm oder ihr gemacht haben, vermischt mit Gedanken über Männer und Frauen, die uns schon lange begleiten. Und auch unsere Wünsche, wie unser Partner sein möge, fließen in diese Vorstellungen mit ein. Wir stellen diese Bilder zwischen uns und den anderen, aber mit ihm oder ihr haben sie nicht viel zu tun. Die Behauptung, einen anderen Menschen zu kennen – selbst nach zwanzig Jahren des Zusammenseins –, ist eine Anmaßung. Wir kennen uns ja nicht einmal selbst wirklich. Was wir von uns selbst wissen und zu kennen glauben, das sind Gedanken, die wir uns gemacht und von denen wir viele bereits in Kindheit und Jugend von anderen übernommen haben. Und auf unser Gegenüber schauen wir durch dicke, verzerrende Brillengläser, durch die Vater- und die Mutterbrille mit einer Stärke von mindestens zwanzig Dioptrien. Wir sind nicht in der Lage, unseren Partner in seiner ganzen Schönheit und Einzigartigkeit wahrzunehmen, solange unser Verhältnis zum Vater und zur Mutter unserer Kindheit nicht von Klarheit, Frieden und Freiheit geprägt ist.

Lieben heißt, neugierig zu sein auf den anderen und ihn in keinen Rahmen einzupassen. Wer denkt, er kenne seinen Partner, hört auf zu lieben und nimmt sich selbst die Chance, das wahre Wesen des anderen in all seiner Schönheit, Einzigartigkeit und Heiligkeit zu erkennen. Ihr Partner ist in Wirklichkeit immer ein heiliges, ein göttliches Wesen, das sich noch nicht in all seiner Herrlichkeit sehen kann, weil auch sein Blick auf sich selbst getrübt ist von den verzerrenden Bildern der Vergangenheit und seinen mindernden und kleinmachenden Gedanken über sich. Werfen Sie also den Rahmen weg, mit dem Sie versucht haben, das Bild von Ihrem Partner zu begrenzen und einzufrieren. Wer sich ein festes Bild von seinem Partner gemacht hat, beraubt sich selbst der Möglichkeit, den Partner immer wieder mit ganz neuen Augen zu sehen, und nimmt dem Partner die Freiheit, sich zu entwickeln und neue Wege zu gehen. Das ist das Ende einer lebendigen Beziehung.

Sagen Sie stattdessen innerlich zu Ihrem Partner: »Ich habe dich angezogen und bin neugierig, wer du wirklich bist. Ich glaube, dass unendlich viel in dir steckt, und ich freue mich darauf, immer neue Facetten von dir zu entdecken. Ich will dich immer wieder neu erfahren, denn wer du heute bist, ist nicht der Mensch von gestern. Und ich freue mich, wenn du neue Seiten an dir selbst entdeckst und ich sie sehen darf. Ich maße mir nicht an, dich zu kennen, denn ich wünsche dir, dass du immer weitergehst auf deinem Weg und dich immer weiterentwickelst. Indem ich deine vielen bunten Seiten erkenne, entdecke ich Neues in mir selbst.« Es ist die Liebe, die sagt: »Ich bin bereit, mehr in dir zu sehen, als du selbst bisher in dir erkennst. Ich öffne mich dem Gedanken, dass du ein faszinierendes, göttliches, unbegrenztes Wesen bist. Ich habe Lust, dies in dir zu entdecken, und ich freue mich über jeden Schritt, den du mit dir selbst gehst.«

Du darfst so sein, wie du bist

Den anderen zu lieben heißt, ihm zu erlauben, so zu sein, wie er jetzt ist, und aufzuhören, ihn verändern zu wollen oder Veränderungen von ihm zu verlangen. Wer Forderungen an seinen Partner stellt, wird mit Gegenforderungen konfrontiert werden, und das schmerzt. Voneinander zu fordern, bedeutet Unliebe und Trennung. Vermitteln Sie Ihrem Partner durch Ihre innere Einstellung, durch Ihre Worte und Ihr Verhalten, dass Sie ihn so annehmen und lieben, wie er jetzt ist: »Ich liebe dich so, wie du bist. Und wenn du morgen anders bist, dann werde ich dich weiter lieben. Ich selbst möchte auch so sein dürfen, wie ich bin, und ich erteile mir selbst die Erlaubnis hierzu. Du brauchst meine Erlaubnis nicht, um der zu sein, der du bist. Aber ich schenke dir meine Wertschätzung für deine Art, zu sein. Du darfst auch mürrisch sein. Du darfst auch schweigsam sein. Du darfst auch ängstlich und verletzlich sein. Auch an mir kenne ich ähnliche Seiten, und die gestehe ich mir auch selbst zu. So wie du bist, bist du in Ordnung für mich. Wenn du zu mir nicht in der Liebe sein kannst, dann darf das auch sein, denn es ist dann so. Aber ich erlaube mir dann auch, mich zurückzuziehen, wenn mein Herz mir dies rät. Meine Selbstliebe rät mir, mich nicht (mehr) als Opfer deiner Selbstunliebe anzubieten.«

Und wenn Sie Ihren Partner noch nicht so lieben und annehmen können, wie er ist, dann schauen Sie sich diese Eigenschaften und Verhaltensweisen genau an. Was stört Sie? Was darf in Ihren Augen am anderen nicht so sein? Was hat es mit Ihnen zu tun, wenn Ihr Partner unordentlich bis chaotisch ist? Sind Sie vielleicht das genaue Gegenteil: ordentlich, strukturiert bis pingelig? Dann haben Sie das Chaotische an und in sich selbst verurteilt und ausgeschlossen. Es klopft über das Verhalten Ihres Partners wieder bei Ihnen an und sagt: »Auch ich gehöre zu dir und wünsche mir, von dir angenommen zu werden.«

Ist Ihr Partner aggressiv und launisch? Was könnte das mit Ihnen zu tun haben? Haben Sie vielleicht schon früh gelernt, das Aggressive, Laute und Launische zu verurteilen, vielleicht bei Ihrem jähzornigen oder autoritären Vater? Dann haben Sie vermutlich gesagt: »So will ich selbst nie sein.« Auf diese Weise haben sich Ihre eigenen aggressiven Anteile nach innen verkrochen und nagen nun an Ihrer Seele und an Ihrem Körper. Wer nicht gelernt hat, seine Wut anzunehmen, Verantwortung dafür zu übernehmen und sie angemessen auszudrücken, ohne den anderen anzugreifen, dem begegnet sie im aggressiven Verhalten des Partners oder der Kinder wieder.

Niemand fordert von Ihnen, den anderen bedingungslos zu lieben. Das kann kaum ein Mensch, wenn er nicht gerade Jesus heißt. Der Verstand kann nicht lieben und ist darauf getrimmt, zu trennen und zu verurteilen. Solange es ungeliebte Seiten in uns gibt, werden wir immer auf Menschen treffen, die unsere »Knöpfe« drücken. Das ist ein schmerzhafter, aber segensreicher Vorgang. Wir können aufhören, den anderen dafür zu verurteilen und erkennen: Das ist ein unbewusster Liebesdienst, denn nur, wenn jemand meine Knöpfe drückt, bemerke ich die ungeheilten

Wunden und ungeliebten Seiten in mir selbst. Hier kann Heilung durch Liebe beginnen, wenn wir sagen: »Das ist ja interessant, dass mich das (noch) aufregt. Ich will mir das genauer anschauen und Frieden machen in mir.«

Ich danke dir für alle Erfahrungen mit dir

Dankbarkeit ist das größte Geschenk, das wir unserem Partner machen können. Und wir können jedem Partner dankbar sein. Jeder Partner hat unseren Dank verdient. Wer seinem Partner den Dank vorenthält, der ist auch sich selbst und dem Leben gegenüber undankbar. Denn das Leben präsentiert sich Ihnen ganz besonders in dem Partner, den es Ihnen schickt und den Sie angezogen haben – gleichgültig wie dieser Mensch sich verhält. Wie schon früher gesagt: Sie haben immer die richtigen Partner angezogen, denn falsche Partner gibt es nicht. Das Leben kennt keine Fehler.

Wofür können wir unserem Partner danken? Wir sollten ihm zunächst nicht für das danken, was er für uns tut, sondern dafür, dass er da ist, dass er sich uns so zeigt, wie er ist, ob freundlich oder unfreundlich, anwesend oder abwesend, liebend oder verurteilend. Damit gibt er uns viele Gelegenheiten: die Gelegenheit, zu entscheiden, wer wir sein wollen; die Gelegenheit, uns selbst in unserer Reaktion auf ihn zu erfahren; die Gelegenheit, alte Wunden in uns aufzuspüren und heilen zu lassen, und letztlich die Gelegenheit, uns selbst und alle anderen Menschen annehmen und lieben zu lernen. Denn das ist der erste und letzte Sinn jeder Partnerschaft: das Lieben zu lernen oder besser: die Liebe zu sein, die wir von Natur aus sind. Machen wir unser Denken zum Danken und öffnen wir uns für den Gedanken, dass in jedem Ereignis und in jedem Verhalten des anderen – auch wenn wir es als schmerzhaft empfinden – ein Geschenk liegt.

Und wer für solche Ereignisse noch nicht dankbar sein kann, der möge sich nicht dafür verurteilen, denn so wie wir mit der Zeit und mit zunehmender Erfahrung in die Liebe hineinwachsen, so wächst auch unsere Dankbarkeit. Erst der Blick der Liebe auf uns und den anderen öffnet uns für die Kraft und das Wunder der Dankbarkeit. Machen Sie Ihr Denken mehr und mehr zum Danken, und Sie werden wahre Wunder erleben. Das klingt für den Verstand des Normalmenschen verrückt, aber die Liebe ist aus der Sicht des Verstandes ohnehin etwas total Verrücktes. Hätte der Verstand recht, wären wir alle bereits sehr glücklich, denn wir sind ihm und seinen unwahren Gedanken gefolgt. Das Herz aber schaut hinter die Fassade des Verstandes.

Danken Sie Ihrem Partner und allen Expartnern. Jeder hat Ihnen auf seine ganz eigene Weise gedient. Jeder war ein Geschenk des Lebens an Sie. Und wenn Sie noch nicht danken können, dann entscheiden Sie sich dafür, verstehen zu wollen, warum Sie diese Menschen in Ihr Leben gezogen haben. Bevor wir einem Expartner vergeben und Frieden mit ihm schließen können, dürfen wir verstehen lernen. Verstehen kommt vor Vergeben. Wenn ich verstanden habe, warum ich einen bestimmten Menschen in mein Leben gezogen habe und was er mir gespiegelt hat, kann ich meine unwahren Gedanken zurücknehmen und vergeben. Dies macht den Weg frei zur Liebe und zur Dankbarkeit.

Ich traue dir zu, dass du deine Probleme selbst löst

Viele Menschen meinen, es sei ein Zeichen von Liebe, zu versuchen, die Probleme des anderen zu lösen bzw. aus dem Weg zu räumen, nach dem falsch verstandenen Motto: »Einer trage des anderen Last.« Es geht aber im Leben nicht darum, Lasten zu tragen, sondern zu erkennen, wo diese Lasten herkommen und sie von den Schultern zu nehmen und zu entsorgen. Sogenannte Probleme sind Wachstumsmaterial. Und wenn ich den anderen liebe, traue ich ihm zu, dass er die Verantwortung für sein Problem, seine Verletzungen und seine Themen übernimmt. Das hat nichts Liebloses an sich. »Ich mute dir deinen ganz eigenen Weg durch deine Themen zu«, können wir innerlich und auch im Außen sagen. »Du schaffst das. Und wenn ich dich unterstützen kann durch mein Zuhören oder indem ich meine Sicht der Dinge mit dir teile, dann frage mich. Ich werde mich dir nicht aufdrängen oder mich in deine Angelegenheiten mischen. Ich respektiere deinen ganz eigenen Weg, wie ich auch meinen eigenen achte.«

Für eine lebendige Beziehung in Liebe ist es wichtig, dass beide Partner unterscheiden lernen: »Was ist meine Angelegenheit und was ist die Angelegenheit meines Partners?« Solange wir uns – wie unsere Eltern es uns vorlebten – in die Angelegenheiten unseres Partners einmischen, gibt es Ärger und Unmut, und die Beziehung kann nicht wachsen. Wie mein Partner sich ernährt, was und wie viel er trinkt, was er mit seiner Zeit anfängt, wie er seiner Arbeit nachgeht, wann er nach Hause kommt, wo er war – all das sind seine Angelegenheiten. Wer lernt, dies zu respektieren, sich nicht weiter mahnend, fordernd und kritisierend einmischt und sich ausschließlich um seine eigenen Angelegenheiten kümmert, der bringt dem anderen Achtung und Respekt entgegen.

Sich diesen Gedanken zu öffnen, wird vielen Menschen zunächst schwerfallen – zum einen, weil sie es von ihren Müttern und Vätern nicht anders kennen, und zweitens, weil sie meinen, das gehe sie doch etwas an, man sei ja schließlich verheiratet oder ein Paar. Auf den ersten Blick klingt das schlüssig, aber ich bitte Sie dennoch, sich diesen Vorgang sehr genau anzuschauen. Wie es in Ihrem Partner aussieht, das wissen Sie nicht und können Sie nicht wissen, denn er ist ein vollkommen eigener Mensch mit einer eigenen Biografie, eigenen Verstrickungen, unterdrückten Emotionen und einem eigenen Weg. Liebe bedeutet, ihm das Gehen seines eigenen Weges zuzugestehen und ihn selbst herausfinden zu lassen, wo es für ihn langgeht. Die größte Liebestat ist es, wenn Sie genau das leben, wovon Sie glauben, es sei für Sie richtig. So zeigen Sie Ihrem Partner Ihren Weg, und er mag sich ein Beispiel daran nehmen oder auch nicht. Erzwingen können Sie gar nichts. Wenn Sie es dennoch versuchen, erschaffen Sie höchstwahrscheinlich eine lange gemeinsame Leidensgeschichte.

Der gleiche Irrtum liegt vor, wenn Mütter glauben, es sei ein Zeichen von Liebe, sich um die Kinder und den Mann Sorgen zu machen. Das Gegenteil ist der Fall: Es ist eine Art geistiger Umweltverschmutzung, die keiner von beiden Seiten nützt. Jede Sorge vergiftet Ihr eigenes Energiehaus, denn sie ist in der Regel bereits zu einer chronischen Grundeinstellung geworden. Und wie glücklich die Kinder oder der Mann darüber sind, dass sich die Mutter ständig oder immer wieder Sorgen um sie macht, können Sie leicht an ihrem Verhalten und an ihren Gesichtern ablesen. Wer sich Sorgen um einen anderen macht, kümmert sich nicht um seine eigenen Ängste, sondern projiziert sie unbewusst in Form von Sorgen auf andere und nennt das dann auch noch Liebe.

Wir müssen unterscheiden lernen zwischen unseren eigenen Angelegenheiten und den Angelegenheiten des Partners. Das ist eine Frage des Respekts und der Wertschätzung des Partners. Sie sind nicht die Mutter Ihres Mannes oder der Vater Ihrer Frau. Wenn Sie Ihren Partner lieben, dann machen Sie sich sehr genau klar, was Ihres ist und was zum Partner gehört. Das schafft sehr viel Klarheit im Kopf und in der Beziehung.

Ich bestehe nicht darauf, recht zu haben

Viele Gespräche unter Partnern enden im Hickhack des Recht-haben-Wollens. Jeder beharrt auf seinem Standpunkt und fordert vom anderen, dass er seine Meinung zugunsten des eigenen aufgibt. Das ist destruktiv und lieblos und beruht auf dem unwahren Gedanken, dass nur einer von beiden recht haben könne. Das aber ist ein Irrtum. Denn jeder kommt aus seiner eigenen Welt und hat seine Sicht der Dinge, inklusive aller Urteile und Vorurteile.

Die Wahrheit heißt immer: Jeder hat für sich recht, weil es sein Recht ist, die Dinge so zu sehen, wie er sie sieht, und weil er im Moment nicht anders kann, als so zu denken. Selbst wenn der andere aus unserer Sicht eine extrem konträre Einstellung oder Meinung zu etwas hat, können wir ihm diese zugestehen, und wir sollten nicht versuchen, ihn vom Gegenteil zu überzeugen oder auf unsere Seite zu ziehen. Und auch wir dürfen unsere Sichtweise behalten.

Natürlich hilft es, wenn wir versuchen, eine Angelegenheit aus dem Blickwinkel des Partners zu betrachten. Vielleicht gelingt es uns, ihn dann besser zu verstehen. Aber deshalb müssen wir nicht seiner Meinung sein, sondern können respektvoll sagen: »Du siehst die Dinge so, und das ist in Ordnung für mich. Ich sehe sie anders, und jetzt haben wir zwei Sichtweisen nebeneinander.« Die Welt des Verstandes ist eine Welt des trennenden Entweder-oder. Die Liebe aber verbindet und sagt »sowohl – als auch«. Alles, was ist, auch jede Meinung, darf da sein. »Mich interessiert, was du denkst, und ich höre, was du sagst, aber ich muss dir nicht zustimmen.«

Beziehungspartner sind zwei völlig selbstständige, unterschiedliche Menschen mit verschiedenen Lebensläufen, Erfahrungen und Meinungen. Selbst wenn Ihr Partner sagen würde: »Du bist aber doof!«, können Sie sagen: »Interessant, dass du das sagst. Du darfst mich auch doof finden, und ich liebe dich trotzdem.« Und wenn Sie beleidigt sind, weil Ihr Partner Sie doof findet, dürfen Sie liebevoll nach innen gehen und sich fragen: »Habe ich mich selbst schon einmal für dumm oder nicht besonders klug gehalten? Denkt es in mir manchmal: Ich sollte eigentlich klüger sein?« Dann hat Sie Ihr Partner auf eine alte Wunde aufmerksam gemacht, die nur Sie allein heilen lassen können. Danken Sie ihm innerlich, schauen Sie sich alle lieblosen, abwertenden Gedanken über sich an und erkennen Sie: Das ist nicht wahr. Entscheiden Sie sich dann, neu und wertschätzend über sich selbst zu denken.

Ich stehe zu meiner Wahrheit und gehe meinen Weg

Wenn zwei Menschen als Paar zusammenkommen, denken sie oft: »Jetzt gehen wir unseren Weg gemeinsam.« Das klingt nett und entspricht dem romantischen Liebesideal, das besagt: Hier vereinen sich zwei Menschen wie die beiden Hälften eines Ganzen, die endlich zueinandergefunden haben. Wer sich ohne Partner als unvollständig empfindet, darf sich dieses Selbstbild einmal genau anschauen und spüren, mit welchen Gefühlen es verbunden ist. Er wird Gefühle der Minderwertigkeit, des Kleinseins und andere Mangelgefühle in sich entdecken. Jeder Mensch ist eine Ganzheit. Er ist vollständig und benötigt keinen Partner, um diese Vollständigkeit herzustellen.

Der Irrtum vieler Paare besteht darin zu glauben, dass sie, nachdem sie zusammengefunden haben, einen gemeinsamen Weg gehen und dass ihre beiden bisherigen Wege jetzt in einen Weg münden. Das stimmt aber nicht. *In Wahrheit gehen sie von jetzt an drei Wege: Sie geht ihren Weg, er geht seinen, und beide zusammen gehen einen dritten Weg, nämlich den als Paar.* Wenn dies nicht so gesehen wird, entstehen Verwicklung und Verwirrung. Es klingt paradox: Wenn der gemeinsame Weg gelingen soll, müssen beide ganz besonders darauf achten, dass jeder auch seinen eigenen Lebensweg mit Bewusstheit und Achtsamkeit geht.

Wenn der Mann oder die Frau morgens zur Arbeit geht, dann ist er oder sie mit sich allein und geht seinen/ihren eigenen Weg. Wenn er oder sie zu einem Freund oder einer Freundin geht, dann gehört dies nicht zum gemeinsamen Weg. Die viele Zeit, die jeder für sich allein oder mit Dritten verbringt, gehört zum Weg des jeweiligen Partners. So gehen zwei Menschen ihren ganz eigenen, unverwechselbaren Weg durch ihr Leben und begegnen sich auf diesem Weg immer wieder als Partner – ob ein- oder zweimal am Tag oder nur einmal in der Woche.

Eine Beziehung ist die Geschichte von Begegnungen zwischen zwei Menschen, in denen diese sich mit Achtung, Respekt und Neugier betrachten. Und nachdem diese Begegnungen stattgefunden haben, gehen wir wieder auseinander, und jeder geht auf seinem eigenen Weg weiter. Wir müssen unseren Partner für sich allein sein lassen, müssen ihn seinen Weg gehen lassen. Wenn ein Partner anfängt, den anderen auszufragen, was er denn heute zu Mittag gegessen, wen er getroffen und wofür er Geld ausgegeben hat, dann gesteht er seinem Partner diesen eigenen Weg nicht zu. Und wenn einer glaubt, nur weil er einen Partner habe, brauche er sich keine Gedanken um einen eigenen Weg zu machen, beginnt die Beziehung kompliziert zu werden und dem gegenseitigen Missbrauch und der Unliebe werden Tür und Tor geöffnet.

Natürlich wird es vorkommen, dass einer von beiden nicht gut findet, was der andere tut. Ich treffe in meinen Seminaren immer wieder Frauen, die berichten, ihre Männer seien sauer, wenn sie einen Sonntag auf einem Seminar verbringen oder eine Seminarwoche auf der Insel Lesbos mit zwanzig anderen Menschen, anstatt zu Hause zu bleiben. Das sind meist Frauen, die früher selten etwas allein gemacht haben. Jeder wird diese Männer verstehen können, die jetzt beunruhigt und verunsichert erleben, dass ihre Frau plötzlich etwas ganz für sich allein tut.

In Wirklichkeit ist dies der größte Liebesdienst, den sie ihrem Partner erweisen kann, denn damit zeigt sie, dass sie sich selbst wertschätzt und etwas für ihr Leben tut. Da kommt dann eine Frau mit deutlich mehr Klarheit, Freude und Selbstachtung vom Seminar zurück. Ein Partner, der kein Interesse daran hat, dass sich der andere weiterbewegt und in seine Kraft kommt, fühlt sich davon natürlich verunsichert. Aber wenn er die Chance erkennt, die hierin auch für ihn und die Partnerschaft liegt, wird er anfangen, ebenfalls etwas für sich zu tun.

Das Nein in der Liebe

Die Liebe ist keine zuckersüße Angelegenheit, bei der jeder dem anderen nette Sachen sagt und es ihm recht macht. Besonders herausgefordert wird die Liebe, wenn es in einer Beziehung zu verletzendem oder gar gewalttätigem Verhalten eines Partners kommt oder wenn der eine den anderen auf irgendeine Art ausbeutet. Unendlich viele Partner lassen zu, dass der andere sie lieblos anspricht, beschimpft, herabsetzt, demütigt oder entwürdigt, und das nicht einmal im Monat, sondern fast täglich. Bei vielen geschieht dies nach übermäßigem Alkoholkonsum.

Es sind keineswegs nur die Männer, die ein solches Verhalten an den Tag legen. Auch viele Frauen behandeln ihren Mann ähnlich, wie es schon ihre Mütter getan haben. Das unliebevolle Verhalten der Frauen besteht oft darin, dass sie unentwegt etwas an ihrem Mann auszusetzen haben, dass sie sich bei ihm und über ihn beklagen, ihn herabsetzen und entwürdigen. Und der mit seiner Mama verstrickte Mann schweigt und leidet und ist dann auch meist schnell wieder weg – und sei es nur in den Keller oder in die Garage. Er ist oft nicht in der Lage, auf den Tisch zu hauen und seiner Wut über diese Behandlung Ausdruck zu verleihen. Eher frisst oder säuft er seinen Frust weg und denkt: »So ist das halt, wenn man verheiratet ist.« Es ist auffallend, dass sich Männer zu Hause oft nicht wohlfühlen, weil die Frau diesen Bereich als ihr Reich definiert. Hier dominiert sie, lässt dem Mann keine Luft zum Atmen, gesteht ihm keinen eigenen Raum zu und kann ihn auch nicht in Ruhe lassen.

Und unzählige Frauen ertragen es, von ihren Männern wie eine Putzhilfe behandelt zu werden und sich wenig geachtet zu fühlen. Viele Männer betrachten das von ihnen verdiente Geld als das ihre. Die Frau muss ihren Mann bitten, ihr für diese oder jene Anschaffung oder sogar für ihre eigene Kleidung Geld zu geben. Andere Männer geben das Geld aus oder verspielen es, machen Schulden und übersehen, dass sie mit ihrer Frau in einer Wirtschaftsgemeinschaft leben, in die beide durch ihre Leistungen einzahlen, für deren Erfolg beide verantwortlich sind und aus der beide Gewinn ziehen dürfen.

Andere Frauen sehen sich nach einigen Jahren Ehe mit einem Schuldenberg konfrontiert, für den sie mithaften und den sie jahrzehntelang mit abzahlen dürfen. Und nicht wenige erdulden es, dass der Mann, der nie gelernt hat, Verantwortung für seine unterdrückte Wut und seinen Frust zu übernehmen, in seinem Jähzorn und seiner Hilflosigkeit ausrastet, tobt, die Frau auf das Übelste behandelt oder ihr gar körperliche Gewalt antut. Psychische und physische Gewalt in der Ehe sind heute sehr weit verbreitet, und die Frauen dulden sie und antworten auf die Frage, warum sie sich das antun, nicht selten »Aber ich liebe ihn doch« oder »Was soll ich denn machen?«. Im einundzwanzigsten Jahrhundert herrscht in unzähligen Ehen noch tiefstes Mittelalter. Die Außenwelt bekommt davon kaum etwas mit, und diejenigen, die doch etwas mitbekommen, schweigen meist.

Es hat aber weder etwas mit Liebe zu tun, noch werden diese Vorgänge verstanden, wenn man die gewalttätigen Männer einseitig anklagt. Das sogenannte Opfer von Lieblosigkeit oder Gewalttätigkeit ist nicht weniger für die Aufrechterhaltung dieser Zustände verantwortlich wie der Täter. Das hört eine Frau, die unter der Gewalttätigkeit eines Mannes leidet oder gelitten hat, natürlich nicht gern. Will sie jedoch etwas Entscheidendes in ihrem Leben ändern, wird sie irgendwann ihre Schöpferverantwortung dafür übernehmen müssen, dass sie diesen (und oft noch manch anderen Mann mit ähnlichem Verhalten) angezogen hat. Oft haben Frauen, die von ihren Männern geschlagen werden, bereits Gewalt von ihren eigenen Eltern erlebt. Wie bereits zu Beginn dieses Buches erwähnt wurde, bekommt ein Kind, das geschlagen wird, mehr Energie als eines, das ignoriert bzw. mit Liebesentzug bestraft wird. Jeder Mensch (nicht nur die geschlagene Frau), der gewalttätige, ihn missbrauchende, mobbende oder ausbeutende Menschen in sein Leben zieht, darf sich fragen, wie er über sich selbst und seinen Wert denkt und fühlt. Solange sich Menschen innerlich zutiefst verurteilen und hassen und kein gutes Haar an sich selbst lassen, werden sie auch von manchen anderen Menschen wie Dreck behandelt. Und die Täter, unter denen sie leiden, sitzen im selben Boot namens Selbsthass.

Die Gewalt in der Ehe und in Beziehungen wird erst aufhören, wenn die Opfer – meist die Frauen – ein entschiedenes und lautes »Nein, mit mir nicht mehr!« ausrufen können. Aber dieses Nein muss einhergehen mit einem klaren Ja zur Wertschätzung und Würdigung ihrer selbst. Es ist ein schmerzhafter Prozess zu erkennen, dass wir uns selbst über viele Jahre Gewalt angetan, entehrt und entwürdigt haben, und zwar durch unser Selbstbild, das meist in der frühen Kindheit entstand. Viele Kinder, die geschlagen werden, denken: »Mit mir ist anscheinend etwas nicht in Ordnung, sonst würde ich nicht immer geschlagen. Ich habe das wohl verdient.«

Das Nein in der Liebe betrifft aber nicht nur Partner, bei denen die Gewalt schon offen zutage tritt. Jeder ist in seinen Beziehungen aufgefordert, darauf zu achten, wo er von seinem Gegenüber nicht geachtet oder lieblos behandelt wird, und entsprechende Grenzen zu setzen. Wo die Würde des einen durch unbewusstes Verhalten des anderen verletzt wird, muss der erste deutliche Worte finden, zum Beispiel: »Ich möchte nicht, dass du so mit mir umgehst. Ich erwarte mehr Respekt und Achtung von dir.« Oder: »Ich weiß, dass du zurzeit nicht glücklich bist mit deiner Situation, aber ich akzeptiere nicht, dass du deinen Frust an mir ablässt. Übernimm Verantwortung für deine Probleme und kümmere dich um eine Lösung.« Oder: »Wenn du weiter Gewalt anwendest, muss ich gehen!«

Ich kümmere mich um das Wesentliche – um mich selbst

Eine der größten Liebestaten besteht darin, seine Aufmerksamkeit auf sich selbst und die eigenen Angelegenheiten zu richten. Wer mit neugierigem Blick auf sich selbst schaut, wer sich auf sich selbst konzentriert und beginnt, gut – ja bestens – für sich und sein Wohlergehen zu sorgen, der ist ein Liebender. Denn er übernimmt die Verantwortung für sein inneres Wohlergehen, für Klarheit, inneren Frieden und Selbstbewusstheit im besten Sinne. Dieser Mensch entlastet seinen Partner wie seine Kinder, ja seine ganze Umwelt.

Viele haben an ihren Müttern und Vätern beobachten können, was es bedeutet und wohin es führt, wenn sich der Mensch nicht vor allem um sich selbst kümmert und gut für sich sorgt. Die Haltung der Selbstzentriertheit ist ein Ausdruck der Liebe zu sich selbst und allen anderen. Wer sich nicht um seine eigenen Gefühle und Gedanken kümmert, wer keine Verantwortung für die Heilung seiner Wunden übernimmt, wer nicht selbst entscheidet, auf welche Weise er durchs Leben gehen will, und wer sein Eigenes nicht in Freude zum Ausdruck bringt, der lädt seinen inneren Müll unbewusst beim Partner ab, nach dem Motto: »Schau, was du damit anfängst.« Dieser Mensch wird zur Belastung für den anderen. Er dient weder sich noch seinem Partner. Es ist nicht Ihre Aufgabe, das Wohlergehen Ihres Partners sicherzustellen, und es ist nicht der Job Ihres Partners, sich um Ihr Wohl zu kümmern. Das ist Ihre ganz eigene Aufgabe.

Wie ich schon in einem Anfangskapitel gesagt habe, ist es nicht die Aufgabe Ihres Partners, Sie glücklich zu machen, auch wenn sich das viele noch immer wünschen. Aber das liegt gar nicht in seiner Macht. Selbst wenn der andere alles daransetzen würde, Ihre Wünsche und Bedürfnisse zu erfüllen, wären Sie damit auf Dauer nicht glücklich. Wirkliches Glücksgefühl entsteht nämlich aus dem Bewusstsein, dass wir alles in uns selbst haben, was wir zum Glücklichsein brauchen, und aus der Erfahrung, die wir machen, wenn wir uns selbst Freude, Anerkennung und Liebe schenken und den Weg unseres Herzens gehen. *Wer vom anderen erwartet, er möge ihn glücklich machen, ist innerlich noch das Kind seiner Eltern und fordert seinen Partner zum Missbrauch auf.* Denn wenn der andere wirklich die Macht hätte, Sie glücklich zu machen, dann hätte er auch die Macht, Sie unglücklich zu machen. Beides ist nicht die Wahrheit. Wir können uns nur selbst glücklich oder unglücklich machen.

Wer selbst herausfindet, was sein Herz wünscht, was seinem Körper, seinem Geist und seiner Seele guttut und sich dies gönnt, ist ein großes Vorbild für seine Mitmenschen – ganz besonders für den Partner und die Kinder. Kümmern Sie sich endlich um sich selbst, denn Sie sind das mit Abstand Wichtigste in Ihrem Leben. Das ist wahres christliches, liebendes Denken. Damit werden Sie zum Licht der Welt. Und andere werden Ihnen folgen.

Wie würde die Welt aussehen ...

»Wie würde die Welt aussehen, wenn plötzlich jeder in Sachen Sexualität machen würde, was er (oder sie) will? Was würde geschehen, wenn man alle Regeln wegließe? ... Ich habe absolutes Vertrauen, dass, wenn ihr eure äußeren Regeln fallen ließet, eure inneren Regeln sich als weit menschlicher, spontaner, liebevoller und freundlicher erweisen würden. Ich glaube an euch, wo ihr nicht an euch glaubt. Ihr scheint euch für eine Art eingesperrter Raubtiere zu halten, die, wenn der Käfig geöffnet würde, wenn es keine Regeln gäbe, alle möglichen schrecklichen Dinge tun würden. Es ist nicht so, meine Freunde. Ihr seid ein Teil der Schöpfung, die in sich ein Bewusstsein trägt, im Falle einer möglichen Wahl das für sie Zuträglichste zu tun. Wenn ihr euch jedoch auf Regeln bezieht, anstatt auf euch selbst, dann wird die Sache unklar.«

*Bartholomew**

* Bartholomew: *Bartholomew's Lachende Weisheit*, S. 40f.

Kapitel 13
Das große Geschenk der Sexualität

Obwohl wir seit Menschengedenken Sexualität praktizieren, wissen wir bis heute sehr wenig darüber. Die meisten der vielen Tausend Bücher zu diesem Thema beschäftigen sich schwerpunktmäßig mit sexueller Gymnastik oder mit Techniken, wie Frau und Mann zu erfüllendem Sex finden können. Das hat viele Menschen auf die falsche Fährte geführt und unter einen Leistungsdruck gesetzt, der genau das verhindert, was ersehnt wird: Befriedigung, Erfüllung und ein körperlich-seelisches Glücksgefühl.

Die sogenannte sexuelle Revolution der Siebzigerjahre des letzten Jahrhunderts hat viel frischen Wind in das Thema gebracht, was dazu führte, dass sich immer mehr Menschen auf die Suche nach einer beglückenden Sexualität machten. Viele Menschen trauen sich auf diesem Gebiet heute weit mehr als unsere Elterngeneration. Sie lesen entsprechende Bücher, besuchen Tantrakurse, nehmen sich einen Liebhaber und finden sich immer weniger mit jahrzehntelangem Frust und Mangel ab. Besonders die Frauen haben begriffen, dass sie nicht warten müssen, bis die Männer ihnen eine schönere Sexualität schenken, sondern dass sie selbst Neuland entdecken dürfen. Frauen wagen immer häufiger ein offenes Gespräch mit anderen Frauen und erfahren so, dass sie mit ihren Erfahrungen nicht allein dastehen.

Der Weg von der Ware »Liebe« zur wahren Liebe wird in den kommenden Jahren von immer mehr Menschen gegangen werden. Ich bin in diesem Punkt so optimistisch, weil sich unser Herz nach der Liebe sehnt und weil schon viele Menschen begonnen haben, seinem Ruf zu folgen. Sex kann man auch ohne Liebe leben – genau wie Beziehungen, Ehen und Partnerschaften –, und das haben wir lange Zeit gemacht, sowohl als Menschheit wie auch in unseren individuellen Lebensläufen. In diesen aufregenden Umbruchjahren, in denen die äußeren Strukturen der Wirtschaft und einer Gesellschaft, in der nicht aus und in der Liebe gehandelt wurde, das Zeitliche segnen, wird es auch auf dem Gebiet der Mann-Frau-Beziehung und insbesondere in der Sexualität große Veränderungen geben.

Immer mehr Menschen finden sich nicht mehr mit den Konventionen und Anstandsregeln des »Normalmenschen« ab, die bei Frauen und Männern unendlich viel psychisches wie körperliches Leid verursacht haben. In diesen Jahren wird alles hinterfragt, was im Kern nicht von der Liebe getragen und motiviert ist. Darum empfehle ich auch Ihnen, jeden Ihrer Lebensbereiche – jede Beziehung zu einem Menschen, jedes Arbeitsverhältnis und jede Aktivität – daraufhin zu überprüfen, ob er der Wahrheit Ihres Herzens entspricht und ob sich die Liebe hier zu Hause fühlt.

Die Sexualität ist eines der größten Geschenke, die der Mensch von Gott empfangen hat. Sie ist dazu da, Freude zu erleben und das Menschsein zu feiern. Vor zweitausend Jahren wurde dieses Geschenk sehr viel bewusster, freudvoller, lustvoller und selbstverständlicher gelebt als heute. Ängste und Verklemmungen, Scham- und Schuldgefühle, Verletzungen und Missverständnisse zwischen Männern und Frauen sind das Ergebnis einer vermeintlich »christlichen Kultur«, die den Menschen das Leiden an der Lust beigebracht hat. Der neue Mensch, der die Liebe und das Lieben wieder ins Zentrum seines Lebens stellen wird, wird sich von keiner Kirche, keinem Staat und keinem Guru

vorschreiben lassen, wie er Sexualität zu leben hat. Er wird
auf sein Herz hören und ihm folgen. Hierzu ermutige ich
auch Sie.

Ich möchte Ihnen einige Fragen stellen. Bitte nehmen Sie
wahr, welche Gefühle in Ihnen auftauchen, während Sie
diese Fragen beantworten.

- Haben Sie schon einmal darüber nachgedacht, dass
  Sie Ihre Existenz als Mensch der Tatsache verdanken,
  dass Ihre Mutter und Ihr Vater Sex miteinander
  hatten, dass Ihre Existenz als Mensch unmittelbar
  mit Sexualität verbunden ist, Sie als Mensch also ein
  Ergebnis von Sexualität sind?
- Haben Sie schon einmal darüber nachgedacht, dass
  Ihr Weg in diese Welt durch die Vagina Ihrer Mutter
  führte? Ist Ihnen dieser Gedanke unangenehm?
- Welche Rolle spielen Lust, Freude oder gar Ekstase
  heute in Ihrem Leben? Leben Sie ein lustvolles Leben?
- Welche Rolle spielt die sexuelle Lust in Ihrem Leben?
  Verbinden Sie Ihre Sexualität vor allem mit Lust-
  gefühlen, mit Freude oder eher mit Frust? Gestehen
  Sie sich selbst Ihre sexuellen Gelüste – welcher Art sie
  auch immer sein mögen – ein? Dürfen sie da sein?
  Und erlauben Sie sich, sie auch zu befriedigen?
- Haben Sie Sexualität bisher in reichem Maße erlebt
  oder empfinden Sie einen Mangel an erfüllenden
  sexuellen Begegnungen?
- Warum, glauben Sie, geht mindestens jeder dritte
  verheiratete oder in einer Beziehung lebende Mann
  mehr oder weniger regelmäßig zu einer Prostituierten,
  gibt also Geld aus, um Lust zu erleben? Warum gibt es
  bei uns eine Rotlicht-Wirtschaft, in der Milliarden
  umgesetzt werden, wo doch äußerlich jeder frei ist, zu

tun und zu lassen, was er will, und sich Millionen
Frauen und Männer nach sexueller Erfüllung sehnen?

Über Sex sind unzählige Bücher geschrieben worden. Hat
es je mehr Zeitschriften und Bücher über Sex gegeben? Man
kann auch fragen: Hat es je mehr Sex gegeben, und wurde
je mehr Sex gelebt als heute? Wissen wir nicht längst alles
darüber?

Man könnte natürlich sagen: Sex muss man machen und
leben, um ihn zu erfahren – so wie man essen muss, um
satt zu werden. Nun, wir scheinen mit beidem unsere di-
cken Probleme zu haben, sowohl mit der Ernährung als
auch mit dem Sex. Vom Essen werden wir satt, aber ich
habe bisher nur wenige Menschen getroffen, die vom Sex
satt geworden sind, die so viel Sex gelebt haben und in
einer Art, dass sie zutiefst gesättigt und befriedigt waren.
Im Zusammenhang mit Sex können wir zwei Tendenzen
feststellen:

1. DIE FRUST-TENDENZ

Nicht wenige Menschen ziehen sich mehr und mehr von
sexuellen Aktivitäten zurück oder verrichten sie auf kleinst-
möglicher Flamme wie so eine Art Notdurft. Nicht wenige
sagen sich: »Darauf kann ich verzichten. Ich brauche das
nicht. Das bringt doch nur Ärger. Das ist mir viel zu kompliziert.« Und für Millionen von Menschen, für die meisten in langjährigen Beziehungen, ist Sex zu einer Routine-
angelegenheit verkommen, die keinen von beiden wirklich
beglückt – auch wenn es von außen oft so aussieht, als käme
zumindest der Mann dabei »auf seine Kosten«.

2. DIE SUCHT-TENDENZ

Der Mann oder auch die Frau jagt sexuellen Erlebnissen hinterher – mit einem oder mit mehreren Partnern. Man sucht den »Kick« entweder in der Häufigkeit oder in der Ausgefallenheit der sexuellen Praktiken. Dies betrifft Männer ebenso wie Frauen.

Sex ist eines der wichtigsten Themen, über die wieder gesprochen werden muss, sowohl öffentlich als auch miteinander. Der Sex-Medienmarkt und der Erfolg von Sexshop-Ketten zeigen nur, wie groß das Interesse an dem Thema ist. Aber als Gesprächsthema ist Sex nach wie vor schwierig, wenn nicht gar tabu, selbst bei den meisten Paaren. Oder können Sie ganz locker zu Ihrem Partner sagen: »Du, ich möchte mal über unsere Sexualität sprechen. Da gibt es einige Punkte, die ich gern mit dir klären und verändern möchte.«

Und wenn wir mit Freunden (Frauen und Männern) zusammen sind, traut sich in der Regel kaum einer, ein ernsthaftes Gespräch über Sexualität zu beginnen für einen fruchtbaren Gedankenaustausch. Das Thema ist einfach zu heiß, zu sehr mit Angst, Scham- und Schuldgefühlen belegt. Daran will sich keiner verbrennen, da will niemand etwas von sich preisgeben. Welche Frau traut sich denn, auch nur zu ihrer Freundin zu sagen: »Du, ich habe in den letzten zehn Jahren mehr Frust als Lust erlebt. Darüber bin ich ganz unglücklich ...«

Warum macht es Sinn, über Sexualität zu sprechen?

1. Es ist notwendig, weil Sexualität eine der wichtigsten Quellen für Lebensfreude, körperlich-seelische Gesundheit, Glück, Selbstwert, Selbsterfahrung und Selbstentwicklung ist bzw. sein kann, wenn wir uns bewusst dafür entscheiden und die Dinge klären, die dem bisher im Wege stehen.

2. Es ist notwendig, weil die Tabus, die uns heute daran hindern, offen über Sexualität zu sprechen, dieselben sind, die uns in anderen Lebensbereichen – in der Partnerschaft, im Beruf, in der Familie, in der Öffentlichkeit – davon abhalten, unsere ganz persönliche Wahrheit zu leben und unseren eigenen Weg zu gehen.

Die meisten von uns gehen im Leben wie in der Sexualität den Weg des ängstlichen, angepassten Normalmenschen. Wir tun im Großen und Ganzen das, was »man« tut. Wir fragen nicht unser eigenes Herz, was wir tun sollen, sondern folgen unserem Verstand, der vollgestopft ist mit den einengenden und oft verurteilenden Gedanken des Massenbewusstseins.

Sexualität ist ein Schlüsselthema unseres Lebens, das sich uns noch gar nicht erschlossen hat, dessen Geheimnisse uns noch verborgen sind. Ich gehe so weit zu behaupten, dass wir von der Wahrheit und Schönheit der Sexualität so wenig Ahnung haben wie ein Kleinkind, das Sandburgen baut, Ahnung von wirklichen Burgen hat. Und ich bin überzeugt, dass sich gerade auf diesem Gebiet im Bewusstsein der Menschheit einiges bewegen wird. In den kommenden Jahrzehnten werden sich unsere Grundeinstellung und unsere Art, Sexualität zu leben, grundlegend verändern.

Was ist Sexualität? Wo beginnt sie?

Sexualität ist eine zutiefst natürliche Regung in jedem Menschen, angefangen vom Baby bis zur Oma. Wir werden in der Sexualität gezeugt und sind von Geburt an durch und durch sexuelle Wesen. Dies zeigt sich in dem Wunsch, sich selbst zu berühren und berührt zu werden. Hautkontakt, Zärtlichkeit, Streicheln, Liebkosen, Küssen, Lecken, Schmusen, Kuscheln, Halten, Drücken, Lachen, Spielen, sich freuen, sich hingeben, empfangen und schenken – all das gehört zur Sexualität, all das ist Sexualität.

Wo beginnt Sexualität zwischen Mann und Frau? Erst auf der Bettkante oder schon bei einer körperlichen Berührung wie bei einem gefühlvollen Händedruck? Schon bei der Einladung zum Abendessen, beim ersten Flirt zwischen zwei Augenpaaren oder bei der ersten intimen Berührung? Sexualität beeinflusst und durchdringt unser Leben weit tiefer, als wir es bisher wahrhaben wollen, und findet nicht erst dort statt, wo sich die Körper von Frau und Mann berühren.

Doch wozu ist Sex da? Wozu hat Gott die Sexualität erschaffen? Sex ist nicht da, um irgendetwas damit zu erreichen. Sex braucht kein Ziel wie beispielsweise das Erzeugen eines Kindes. Das ist nur ein Aspekt der Sexualität. *Sexualität hat ihren Sinn und Wert in sich selbst, einfach dadurch, dass sie existiert – genau wie das Spielen.* Ja, die Sexualität selbst ist als ein großes Spiel gedacht.

Sexualität ist da, um sie zu erleben, oder besser: um uns selbst zu erleben in Freude und Frust, ob tiefgründig oder oberflächlich, ob verspielt oder verklemmt, ob feierlich oder animalisch. Egal wie, jede Art von Sex hat ihre Berechtigung – einfach, weil es sie gibt. Jeder entscheidet selbst, ob er die Geheimnisse und Tiefen der Sexualität ausloten will oder auch mit weniger zufrieden ist.

Unsere sexuellen Erfahrungen spiegeln sowohl unser Bewusstsein als Frau oder Mann wider als auch unser Verhältnis zu uns selbst, zu unserem Körper, unserem Frau- oder Mannsein sowie zu den Männern und Frauen dieser Welt und unsere Beziehung zum Leben insgesamt. In der Sexualität zeigt sich, wie viel Nähe wir zulassen können, nicht nur körperlich, sondern auch seelisch, wie weit wir uns öffnen können für einen anderen Menschen sowie für die eigenen inneren Regungen, Wünsche und Impulse. In der Sexualität zeigt sich, wie gut wir empfangen und loslassen können, wie sehr wir uns fallen lassen können und wie stark wir uns begrenzen. In der Sexualität kommen wir mit allen Aspekten des Menschseins in Berührung. Die Sexualität ist eines der wichtigsten Felder für Selbstentdeckung, Selbsterfahrung und inneres Wachstum.

Mein Körper – das ungeliebte Wesen

Sex hat immer mit unserem Körper zu tun. Und da geht das Problem auch schon los. Wir mögen unseren Körper meist nicht so, wie er ist. Wir akzeptieren ihn nicht, nehmen ihn nicht so an, wie er ist. Hier sind es die hängenden oder schiefen Brüste, dort ist es der Bauch, hier die Cellulitis, die breiten Pobacken, die Hüften, das schüttere Haar, die Glatze, der angeblich zu kleine Penis. Irgendetwas auszusetzen gibt es fast immer. Wir lieben unseren Körper nicht. Wer das Geld hat, lässt sogar an seinem Körper herumschnippeln und -sägen, vergrößern oder verkleinern – vor allem die Frauen.

Sich selbst so richtig in die Hände zu nehmen, zu liebkosen, zu streicheln, zu massieren, sich wohlzutun, sich einölen ... Spüren Sie selbst, ob Sie selbst bereit sind, Ihrem

Körper Zärtlichkeit, Berührung und Liebe zu schenken und sich auf diese Weise für sein unermüdliches, treues Dienen zu bedanken.

Wir messen unseren Körper an einem Bild, das wir uns von anderen, vor allem von den Medien, dem Massenbewusstsein haben aufzwingen lassen. Wir haben unsere Macht abgegeben, selbst zu entscheiden, was wir für schön halten und annehmen wollen. Wir vergleichen unseren Körper ständig mit anderen Körpern. Ich empfehle allen, die mit ihrem Körper auf Kriegsfuß stehen, sich einmal pro Woche, wenn nicht jeden Tag, Zeit zu nehmen, um sich vor einem großen Spiegel langsam, liebkosend, fühlend und lustvoll einzuölen, sich und dem eigenen Körper Freude zu schenken und ihn auf diese Weise zu ehren und zu würdigen.

Wir verurteilen unseren Körper, indem wir sagen: »Du bist nicht so schön, wie ich dich gern hätte.« Wir nehmen unseren Körper nicht an, geschweige denn, dass wir ihn lieben. Wir tun so, als seien wir nicht selbst für sein Aussehen verantwortlich. Dabei sah dieser Körper als Baby und in unseren ersten Lebensjahren sehr schön aus. Ich will niemandem ein schlechtes Gewissen einreden. Es geht hier nicht um Schuld, sondern um Verantwortung. Für das heutige Aussehen unseres Körpers sind wir selbst verantwortlich, denn wir sind jahrzehntelang völlig unbewusst mit ihm umgegangen wie mit einem unpersönlichen Gegenstand. Wir haben ihm zu wenig Bewegung gegeben und ihn mit liebloser Ernährung traktiert, aber vor allem mit unverarbeiteten Gefühlen wie Ärger, Hass, Sorgen, Neid, Eifersucht, Schuld und vor allem Angst, die viel Gift in ihm hinterlassen haben. Wir denken auch nicht liebevoll über ihn. Doch wie wir über uns denken, so erleben wir uns. Und wie wir über unseren Körper denken und ihn folglich behandeln, so wird er. Also beginnen Körpergefühl und auch Sex in unserem Kopf.

Wenn ich mit diesem, meist so ungeliebten Körper die Nähe eines anderen Körpers suche, weil der Eros mich dazu bewegt, kann es mit der Lust schnell kompliziert werden. Denn wie soll ich mich entspannen, frei fühlen, der Lust und dem anderen hingeben können, wenn ich die ganze Zeit dieses Urteil über meinen Körper im Kopf habe? Also geht es zunächst einmal um die Einstellung zum eigenen Körper und zu unserer Körperlichkeit. Diese Einstellung spiegelt sich in unserem Denken. Was denken Sie über Ihren Körper? Und was fühlen Sie ihm gegenüber? Was haben Sie an ihm auszusetzen? Was verachten Sie an ihm? Wofür schämen Sie sich?

Unser Körper lebt, und seine Zellen leben auch. Und jede Zelle hat Bewusstsein. Das heißt, all Ihre vielen Milliarden Körperzellen spüren ganz genau, was Sie über sie, die Organe und Ihren Körper als Ganzes denken und fühlen. Ob Annahme und Liebe da sind oder Abwehr und Abgrenzung. Wann haben Sie Ihrem Körper zum letzten Mal wirklich gedankt für all die Meisterleistungen, die er für Sie erbringt; dafür, dass er Sie gehen, springen, tanzen und laufen lässt, für das Wunder des Sehens, Hörens, Schmeckens, Fühlens, Gebens und Empfangens, Anspannens und Entspannens? Und nicht zuletzt dafür, dass er eine der größten Quellen für Lust, Freude, Befriedigung, Erfüllung und Ekstase ist bzw. sein kann?

Unser Körper ist das größte Geschenk, das wir hier auf der Erde jemals erhalten haben. Erst wenn wir richtig krank werden, beginnen wir dies zu schätzen. Solange er funktioniert, nehmen wir unseren Körper als selbstverständlich hin und übernehmen keine Verantwortung für seinen Zustand. Wir gehen verantwortungs- und lieblos mit ihm um.

Doch was wir nicht lieben, das verlieren wir. Wer seinen Partner nicht liebt, muss ihn verlieren. Wer seine Arbeit nicht liebt, wird sie verlieren. Und wer seinen Körper nicht liebt, wird seine Gesundheit und sein schönes Aussehen verlieren.

Ihr Frauen- oder Männerkörper ist wie ein großer Freund, der Sie täglich beschenkt und Ihnen täglich unendlich viel bietet. Er wünscht sich mehr von Ihnen als Körperhygiene, ein bisschen Bewegung und gutes Essen. Er wünscht sich, dass Sie ein bewusstes, persönliches Verhältnis zu ihm aufbauen, dass Sie mit ihm sprechen, ihm zuhören und seine Botschaften verstehen. Würden wir Letzteres tun, wären wir kaum noch krank, denn vor jeder Krankheit warnt uns unser Körper mit vielen Signalen und sagt uns: »Hier bist du aus dem Gleichgewicht gekommen.« Ich bitte Sie: *Fangen Sie an, eine ganz persönliche, bewusste Beziehung zu Ihrem Körper aufzubauen, und machen Sie ihn zu Ihrem besten Freund. Bringen Sie ihm vor allem Liebe und Dankbarkeit entgegen, denn dies sind die für ihn wertvollsten Energien, die ihn gesund und schön erhalten oder heilen, wenn er krank ist.*

Selbstbefriedigung und Selbstliebe

Zu den wichtigsten Erfahrungen, die wir mit unserem Körper machen können, gehört unser eigener lustvoller Umgang mit ihm. Das fängt nicht erst dort an, wo wir uns selbst einen Orgasmus schenken. Selbstliebe beginnt viel früher. Wer lustvolle und zutiefst befriedigende bis ekstatische Erlebnisse mit einem Partner haben will, darf zunächst beginnen, ein lust- und liebevolles, ehrendes, wertschätzendes und sehr intimes Verhältnis zu diesem Gottesgeschenk

Körper zu entwickeln. Wie bereits angedeutet haben viele Menschen schon lange kein lebendiges, bewusstes Liebesverhältnis zu ihrem eigenen Körper mehr, sondern eher ein funktionelles. Sie gebrauchen und missbrauchen ihn, weil sie unbewusst, lieblos und verurteilend mit ihm umgehen. Sie spüren sich selbst kaum noch und schämen sich nicht selten ihrer Körperlichkeit. Dies kann jeder Mensch ändern, indem er sich zunächst entscheidet, ein Liebesverhältnis mit seinem eigenen Körper zu beginnen.

Dabei hilft neben freundlichen Gedanken und Gefühlen das Berühren mit den Händen. Wir können uns selbst mit Zärtlichkeit und Liebkosungen beschenken, und zwar nicht nur an unserem Geschlecht. Unsere gesamte Hautoberfläche sehnt sich danach. Nehmen Sie sich regelmäßig liebevoll in den Arm. Berühren, streicheln und massieren Sie Ihren gesamten Körper auf dankende und liebende Weise. Schenken Sie Ihrem Körper darüber hinaus all das, was seine Zellen jubeln lässt, zum Beispiel Massage, Sauna, Sonnenbad, Badewanne, Tanzen, sanfte Bewegung, schöne Kleidung, Schmuck, Öle und Düfte. Auf all diese Dinge reagiert unser Körper dankbar und mit Wohlgefühl.

Seit unserer Kindheit wissen wir, auf welche Berührungen unser Körper – und besonders unser Geschlechtsteil – lustvoll reagiert. Die meisten Eltern haben zwar viel getan, um dem Kind das lustvolle Spiel an Vagina und Glied abzugewöhnen, aber das hat die wenigsten davon abgehalten, sich bis heute selbst regelmäßig Lust und Freude zu schenken. Aber viele tun es noch immer mit einem Anflug von schlechtem Gewissen und dem Gedanken, dass dies eigentlich eine Notlösung sei.

Selbstbefriedigung ist ein natürlicher Ausdruck von Selbstliebe. Selbstbefriedigung heißt schlicht: »Ich bereite mir Freude. Ich tue mir etwas Gutes. Ich freue mich an mir selbst.«

Jeder merkt, dass es guttut, und fast jeder tut es. Doch Tausenden von Aufklärungsbüchern zum Trotz ist Onanieren und Masturbieren für die meisten ein peinliches Thema.

Warum sprechen Menschen so gut wie nie über Selbstbefriedigung? Warum ist dieses Thema auch in Beziehungen oft tabu? Stellen Sie sich einmal vor (falls Sie es nicht kennen), wie sich Ihr Partner oder Ihre Partnerin im Bett neben Ihnen selbst befriedigt. Welche Gefühle löst das in Ihnen aus? Sagen Sie sich: »Schön, dass sie/er sich so was Gutes tut«? Oder fragen Sie sich eher, was Sie wohl falsch gemacht haben? Ich möchte Sie ermutigen, mit Ihrem Partner über dieses Thema zu sprechen.

Viele Menschen denken immer noch: »Wenn der Sex zwischen zwei Menschen stimmt, dann braucht sich keiner selbst zu befriedigen.« Das ist so ähnlich, als würden wir sagen: »Du hast doch gerade Spätzle gegessen, was willst du jetzt noch Tiramisu?« Beides schmeckt gut. Selbstbefriedigung ist keine Notlösung, außer Sie entscheiden sich, so darüber zu denken. Und wenn er oder sie keinen Orgasmus beim Geschlechtsverkehr hatte, ist es dann nicht zu begrüßen, dass sie oder er sich ihn selbst schenken kann? *Wer sich selbst liebevoll und zärtlich mit einem Orgasmus beschenkt, der erzeugt Freude in sich und damit sorgt er gut für sich.* Ein Mensch voller Freude ist ein Segen für seine Mitmenschen und besonders für seinen Partner. Er läuft auch nicht Gefahr, seinen Partner zu benutzen, um zu einem Orgasmus zu kommen.

Von unserem entspannten, lockeren Verhältnis zur Selbstbefriedigung, von der Erfahrung, die wir auf diese Weise mit unserem Körper sammeln, hängt eine befriedigende Sexualität mit dem Partner großenteils ab. Wenn wir genau Bescheid wissen, was uns guttut, was erregend auf uns wirkt und was uns zum Orgasmus führt, wenn wir uns selbst liebevoll und zärtlich berühren können, dann ist das eine gesunde Grundlage, um auch mit einem Partner Gleiches zu erleben. Menschen, die sich regelmäßig und liebevoll selbst befriedigen, sind am ehesten in der Lage, befriedigenden und erfüllenden Sex mit einem Partner zu haben, und zwar bis ins höchste Alter.

Den schönsten Orgasmus erleben viele Frauen und Männer, wenn sie ihn sich selbst schenken. Das liegt zum einen daran, dass sie ihren Körper weit besser kennen als jeder andere, und zum anderen, dass sie hier ganz bei sich selbst bleiben und sich sowohl ihrem Körper, ihrer Lust als auch ihren erotischen Fantasien ungestört hingeben können.

Schuld- und Schamgefühle

In den letzten zweitausend Jahren haben wir uns von selbsternannten Autoritäten (Priestern, Lehrern, Wissenschaftlern – es waren fast immer Männer) einreden lassen, körperliche Lust sei nichts Natürliches. Die Sexualität wurde hauptsächlich von der Kirche in den Schmutz gezogen, die sie als etwas Schmutziges und Sündiges dargestellt hat (und dies in weiten Kreisen bis heute tut). Damit hat sie unendliches Leid hervorgebracht, auch in den eigenen Reihen, für das sie bis heute keine Verantwortung übernimmt. Ihren Vertretern ist es zu verdanken, dass bis heute Lust- und Körperfeindlichkeit sowie Angst unser sexuelles Verhalten, das Verhalten unserem eigenen Körper gegenüber und unsere gesellschaftlichen Regeln und Moralvorstellungen prägen. Eine Religion, die das Wort »Liebe« im Mund führt, hat Millionen Menschen in vielen Generationen gelehrt, wie man die Liebe ablehnt und verteufelt und sich selbst, dem eigenen Körper und seiner Sexualität mit Unliebe begegnet.

Den meisten Kleinkindern wird auch heute noch sehr früh deutlich gemacht, dass Lustempfinden an ihrem Genital nicht die Freude und Ermutigung von Papa und Mama findet. Geschlechtsorgan und Anus werden dem Kind ausschließlich im Zusammenhang mit Ausscheidung, Schmutz und Säuberung ins Bewusstsein gebracht, aber nicht als Körperzonen, die der Freude und der Lust dienen.

Zwar wird heute wohl kaum ein Kind mehr gezwungen, mit den Händen über der Bettdecke einzuschlafen. Die negative Bewertung seiner Lustempfindungen geschieht auf subtilere Weise als früher. Es ist vor allem die von Schuld- und Schamgefühlen geprägte Einstellung zur eigenen Sexualität der Mutter und des Vaters, die das Kind unweigerlich aufnimmt. Ein Kleinkind registriert wie ein Seismograf, was die Eltern wünschen und wollen, worauf sie unterstützend, akzeptierend und ermutigend reagieren und was sie im Inneren missbilligen. Und ein Kleinkind versucht immer, sich diesen Bedingungen anzupassen, um die bedingte Liebe der Eltern zu erhalten. Beim Thema Lust sitzt es dann in der Falle. Denn sein eigener Körper signalisiert ihm: »Das tut guuut, das fühlt sich schön an, wenn ich mich hier anfasse, reibe, drücke; das ist herrlich!« Doch von den Eltern erhält es das Signal, dass hier etwas nicht in Ordnung ist. Diese Falle produziert Schuld und Scham, das Gefühl, dass mit ihm etwas nicht in Ordnung ist, und die Angst, die Eltern könnten ihm deshalb ihre Liebe entziehen.

Schamhaftigkeit wird uns bis heute als etwas »Natürliches« verkauft. Wenn einer etwas »unverschämt« oder »schamlos« tut, dann kann das doch nichts Gutes sein, oder? Mit der Natur hat Scham aber so wenig zu tun wie ein holländischer Gouda mit einem richtigen Bergkäse. Scham ist –

zusammen mit Schuld – eine negative, hemmende, begrenzende Energie, die uns von Kind auf eingeredet und eingeimpft wird: »Schäm dich was!« Oder: »Du solltest dich was schämen!« *Wir lernen, uns für etwas zu schämen, das völlig natürlich zu unserem Menschsein gehört.* Und wenn wir erwachsen sind, ist unser feinstofflicher Emotionalkörper vollgestopft mit dieser Energie der Scham, die unsere Lebensfreude dämpft und unseren physischen Körper sehr belastet.

Die Energien von Schuld, Scham und Angst, die wir seit unserer Kindheit als Reaktion auf das Verhalten anderer in uns erzeugt und genährt haben, gehören zu den größten und zugleich subtilsten Kräften, die uns die Freude am Leben, an uns selbst und auch an der Sexualität nehmen. Für diese Emotionen müssen wir selbst die Verantwortung übernehmen und lernen, sie durch bejahendes Fühlen zu verwandeln.

Was denken und fühlen Sie wirklich über Sex?

Sich zur Lust am eigenen Körper und zur Freude an der Sexualität zu bekennen, gilt immer noch als unanständig, als gegen Sitte und Moral verstoßend. Wenn eine Frau deutlich macht, dass sie körperliche Lust, sprich: Sex in vollen Zügen genießt … Na Sie wissen selbst, was dieser Dame blüht, auch heute noch. Sie landet zwar nicht mehr auf dem Scheiterhaufen oder wird gesteinigt (ein paar Tausend Kilometer südlich wird auch das noch praktiziert), aber sie gilt als »Schlampe« oder »Flittchen« und wird – vor allem von anderen Frauen – ausgegrenzt, gesellschaftlich geächtet und auch von Männern nicht in ihrer Gesamtpersönlichkeit als Frau geachtet, sondern vor allem als Lustobjekt wertgeschätzt. Ihr gesellschaftlicher Ruf ist dahin. Als Frau brauchen Sie noch heute eine Menge Mut und Selbstbe- wusstsein, um voller Lust durchs Leben zu gehen.

Einem Mann wird sein Ja zu sexueller Lust – auch au- ßerhalb der ehelichen Beziehung – weniger angekreidet. Im Gegenteil: Ein anerkennendes Zwinkern von beiden Ge- schlechtern lässt ihn eher als »tollen Hecht« oder »poten- tes Mannsbild« dastehen.

Unser Verhältnis zum Sex beginnt im Kopf. Hier spielt sich das Wesentliche ab. Wollen wir also unsere sexuellen Erfahrungen verändern, und zwar in Richtung einer tiefen, befriedigenden, lustvollen, fröhlichen Sexualität, müssen vor allem drei Schritte getan werden:

1. Wir müssen/dürfen herausfinden, was wir tatsächlich über Sex denken und fühlen. Denn unsere diesbezüg- lichen Gedanken und Gefühle sind uns weitgehend nicht bewusst.
2. Wir dürfen uns entscheiden, was wir über Sex den- ken und fühlen *wollen* und was unsere tiefsten Wün- sche und Sehnsüchte sind.
3. Wir müssen herausfinden, welche unserer Emotionen eine erfüllende Sexualität mit uns selbst und mit an- deren Menschen bisher verhindert haben. Hier geht es vor allem um die Energien von Angst, Scham und Schuld.

Wenn Sie dies erforschen wollen, dann lesen Sie die folgen- den Sätze einmal laut und machen nach jedem Satz min- destens zehn Sekunden Pause. Lauschen Sie in sich hinein, und finden Sie heraus, welche Gedanken und Gefühle als Reaktion auf diese Sätze auftauchen. Prüfen Sie, wie weit Sie zustimmen:

- Sex ist das wunderbarste körperliche Erlebnis, das ich kenne, und ich gönne es mir reichlich.
- Beim Sex ist alles erlaubt, was Spaß macht. Und Sex selbst ist der größte Spaß im Leben.
- Beim Sex erlaube ich mir, all meine Fantasien und Wünsche auszuleben.
- Ich habe ein natürliches Recht auf Sex und bin mir selbst eine befriedigende, erfüllende Sexualität schuldig.

Ihre Reaktionen sollen Sie ermutigen, ab heute für sich herauszufinden, was genau Sie über Sex denken und fühlen wollen. Wir können uns entscheiden, neu über Sex zu denken, damit sich auch unser Sexleben verändern kann.

»Hat eigentlich mit Sex alles seine Richtigkeit?«

In seinem Bestseller »Gespräche mit Gott« fragt Neale Donald Walsch Gott: *»Hat eigentlich mit Sex alles seine Richtigkeit?«* Und Gott antwortet:

»Natürlich hat mit dem Sex ›alles seine Richtigkeit‹. Wenn ich nicht wollte, dass ihr bestimmte Spiele spielt, hätte ich euch nicht die entsprechenden Spielzeuge gegeben. Gebt ihr euren Kindern Dinge, mit denen sie gar nicht spielen sollen?

Spielt mit Sex. *Spielt* damit! Es macht *großen* Spaß. Es ist doch der größte Spaß, den ihr überhaupt mit eurem Körper *haben* könnt, falls du allein von der physischen Erfahrung sprichst.

Aber zerstört um Himmels willen die sexuelle Unschuld, das Vergnügen und die Reinheit des Spaßes und der Freude nicht dadurch, dass ihr den Sex missbraucht. Setzt ihn nicht aus Machtgründen oder für verborgene Zwecke ein, zur Befriedigung des Egos oder um jemanden zu beherrschen; nicht für irgendwelche Zwecke außer denen der geschenkten und miteinander geteilten reinsten Freude und höchsten Ekstase.«*

Weitverbreitete Urteile und Meinungen über Sex

Schauen wir uns einige der Urteile, Meinungen und Ideen über Sex an, die auch heute noch in vielen Köpfen, vor allem im Unterbewusstsein vieler Menschen, ihr Unwesen treiben:

- Sex ist eine ernste Angelegenheit, damit spielt man nicht.
- Sex ist vor allem ein Trieb wie beim Tier und nichts, worauf wir stolz sein sollten.
- Aufgrund von Sex entsteht viel Unglück zwischen den Menschen.
- Sex tut meist weh. Entweder körperlich oder seelisch.
- Mit Sex verbinde ich etwas Schmutziges oder Verbotenes.
- Wenn es Sex nicht gäbe, sähe die Welt besser aus.
- Sex führt immer wieder zu Enttäuschungen.
- Beim Sex kommt vor allem der Mann auf seine Kosten.
- Wenn man geistig/spirituell wachsen will, sollte man Sex irgendwann überwinden.

Stellen wir diesen Ansichten einmal die Ansicht unseres Schöpfers entgegen, wie sie in *Gespräche mit Gott* nachzulesen ist:

* Walsch, Neale Donald: *Gespräche mit Gott*, Bd. 1, S. 305f.

»Jedermann weiß, dass die sexuelle Erfahrung die liebevollste, aufregendste, machtvollste, anregendste, erfrischendste, energetisierendste, bestätigendste, intimste, regenerierendste *physische* Einzelerfahrung sein kann, zu der Menschen fähig sind. Nachdem ihr das erfahrungsgemäß entdeckt habt, habt ihr euch stattdessen dazu entschieden, frühere Urteile, Meinungen und Ideen über Sex zu akzeptieren, die von *anderen* verbreitet wurden – welche alle ein Eigeninteresse daran haben, wie und was ihr denkt. [...] Die Folge ist, dass ihr eure eigene tiefe Wahrheit über dieses Thema verratet – mit katastrophalen Ergebnissen.«*

Erlaubt ist, was Spaß macht!

Auf kaum einem Gebiet wie auf dem der Sexualität gibt es so viele Urteile und Vorurteile darüber, was sich gehört, was anständig oder unanständig, normal oder unnormal, gesund oder krankhaft ist. Die Sexualität jedoch hat nichts Schmutziges, Unanständiges an sich – nur in unseren Gedanken existiert dieses Urteil. Diese Gedanken jedoch haben wir vor langer Zeit übernommen von Eltern und anderen Schlüsselpersonen, die selbst kein freies Verhältnis zu ihrer Sexualität und Lust hatten. Es ist das Denken des domestizierten Normalmenschen, der sich angepasst hat an das, was man tut und was man nicht tut. »Sei anständig« und »Mach uns keine Schande« waren für viele Mahnungen der Eltern, die noch heute in ihren Ohren klingen. Sie haben Ängste, Scham- und Schuldgefühle in den meisten Menschen erzeugt, die sich bis heute nicht trauen, ihre Lust auszuleben. Wer ein lustvolles Leben leben will, der darf ler-

---

* Walsch, Neale Donald: *Gespräche mit Gott*, Bd. 1, S. 105f.

nen, lustvoll zu lieben. Wer sich hierzu entschließt, den kann nichts und niemand hiervon abhalten.

Besonders beim Thema Sexualität ist es unerlässlich, sich selbst zu fragen: »Welche Gedanken, Vorstellungen, Wünsche, Fantasien und Erfahrungen, die ich schon einmal gemacht habe, lösen bei mir Lust, Freude, Erregung, Sehnsucht aus? Was fühlt sich für mich guuut an?«

Wer sich dies nicht genau anschaut, sich seine tiefsten Wünsche und erregenden Fantasien nicht freimütig selbst eingesteht, der begrenzt sich in dem, was er lebt. Und dafür bezahlt er mit Lebensfreude. Sex ist wie ein Spiel, das unbegrenzt ist, ein echtes Spiel ohne Grenzen in den Möglichkeiten des äußeren und inneren Erlebens. Wenn Sie allerdings denken »Sex ist halt so, wie ich ihn bisher erlebt habe, und nicht anders«, schließen Sie die Tür für neue Erfahrungen.

»Ja, wenn Sie meinen Partner kennen würden ...«

Oft habe ich in Beratungsgesprächen von Menschen, die an Veränderungen ihres Sexuallebens interessiert sind, Sätze gehört wie: »Ja, sagen Sie das mal meinem Partner/meiner Partnerin. Wenn er/sie anders wäre, dann ...« Und vielleicht denkt es auch in Ihnen: »Hätte ich nicht diesen Partner, dann wäre ich freier, dann könnte ich wählen, dann könnte ich was Neues ausprobieren, dann könnte ich ...«

Mir geht es nicht darum, dass Sie sich von Ihrem jetzigen Partner trennen. Ich halte es sogar für ausgesprochen wichtig, dass jeder zunächst einmal die volle Verantwortung für all das übernimmt, was er bisher in seinem Leben erlebt hat – auch in puncto Sexualität. Alle schönen Erlebnisse, alle Momente, in denen wir uns geborgen, glücklich, erfüllt und beglückt fühlten, haben wir uns selbst erschaffen. Aber auch alle schmerzlichen, enttäuschenden, traurigen und verletzenden Ereignisse waren unsere eigene Schöpfung. Wir selbst erschaffen unsere Realität.

Auch unseren jetzigen Partner haben wir angezogen, und deshalb ist er im Moment genau der Richtige für uns. Solange wir uns als »Opfer« unseres Partners betrachten – und das tun wir, wenn wir sagen »Wenn er doch anders wäre ...« –, ist das ein Zeichen dafür, dass wir nicht wirklich etwas an unserer jetzigen Situation verändern wollen. Unser Partner dient uns in diesem Fall als Ausrede für unseren eigenen fehlenden Mut, uns tatsächlich mit unserem Leben, mit unserer Sexualität auseinanderzusetzen.

Achten Sie, während Sie dies lesen, bitte immer wieder darauf, was es in Ihnen denkt und fühlt. Hören Sie auf die inneren Kommentare, mit denen Sie sich selbst beschwichtigen wollen. Entscheiden Sie sich, radikal ehrlich zu sich selbst zu sein, und genau zu erforschen, welche Ihrer inneren Einstellungen, Gedanken und Gefühle zu Ihrer heutigen Situation rund um Lust und Sexualität geführt haben. Kennen Sie Sätze wie die folgenden von sich selbst?

- Ja wissen Sie, wenn Sie zwanzig Jahre verheiratet sind ...
- Man kann nicht alles haben im Leben.
- So wichtig ist Sex nun auch wieder nicht.
- Man muss im Leben auch Kompromisse machen.
- Das Leben ist doch nicht nur zum Vergnügen da.
- Ja, wenn ich könnte, wie ich wollte ...

Fragen Sie sich bitte: »Wünsche ich mir richtig guten Sex, das heißt: befriedigend, erfüllend, fröhlich, spielerisch, lustvoll, zärtlich und wild?« Wenn es hierzu JA in Ihnen sagt, dann entscheiden Sie sich innerlich für diesen Wunsch und dafür, ihn in Ihrem Leben zu verwirklichen.

Auf kaum einem anderen Gebiet habe ich von Frauen wie Männern so viele Klagen über den Partner gehört wie bezüglich der Sexualität. Frau sagt häufig:

- Mein Mann kümmert sich nicht genug um mich. Den interessiert wenig, ob ich auf meine Kosten komme.
- Der legt sich auf mich und bedient sich. Wenn er seinen Orgasmus gehabt hat, ist die Sache für ihn auch bald erledigt. Ich will nicht mehr Ersatz für ein langweiliges Fernsehprogramm sein.
- Das geht im Bett jetzt schon viele Jahre so, ohne wirkliche Freude. Es ist ein Trauerspiel.

Und Mann sagt:

- Meine Frau, die hat die Kinder im Kopf und den Haushalt. Sex, das passt irgendwie nicht zu einer Hausfrau.
- Meine Frau kann sich nicht wirklich fallen lassen. Und ich halte mich auch immer zurück aus Angst, etwas verkehrt zu machen oder ihr wehzutun.
- Ich habe immer das Gefühl, bei meiner Frau unter Leistungsdruck zu stehen. Spaß macht mir das nicht.

Und was zwischen den Zeilen dieser Klagen steht, liest sich immer wieder ähnlich: *»Wenn mein Partner nicht so wäre, wie er ist, ginge es mir besser. Ich leide unter meinem Partner. Ich erwarte nicht mehr viel Neues …«*

- Erkennen Sie sich hier wieder? Bedauern auch Sie in Ihrer Beziehung dieses und jenes?

- Führen Sie Unerfülltheit, Frust und Enttäuschung auf das Verhalten oder die Eigenschaften Ihres Partners zurück?
- Reden oder denken Sie in diesem Zusammenhang von Schuld?
- Machen Sie Ihrem Partner Vorwürfe – ausgesprochen oder nicht?
- Machen Sie sich selbst Vorwürfe?

Wenn Sie eine dieser Fragen oder alle mit Ja beantwortet haben, dann prüfen Sie, ob Sie sich neu entscheiden wollen: Übernehmen Sie die Verantwortung (nicht die Schuld) für alles, was Sie sich in Ihrer Beziehung gemeinsam mit Ihrem Partner erschaffen haben. Ihre Beziehung und auch Ihr Sexleben sind immer eine Gemeinschaftsproduktion. Ihr Partner ist nicht mehr dafür verantwortlich als Sie selbst.

Sexualität und Nähe

Was macht beglückenden Sex so schwierig? Sexualität bringt uns in eine Nähe zum anderen, die wir ohne die sexuelle Anziehung nicht unbedingt suchen würden. Zur Nähe aber haben wir ein höchst ambivalentes Verhältnis. Einerseits wünschen wir uns Nähe, Geborgenheit, Liebe, Harmonie, Wärme, Berührung, Verschmelzung und Einssein mit dem anderen, andererseits haben wir Angst davor. Genauer gesagt: Wir haben Angst davor, verletzt zu werden und uns dadurch, dass wir uns öffnen, verletzlich zu machen.

Wir alle haben seit unserer frühesten Kindheit viele Verletzungen gesammelt (auch wenn Sie sich nicht mehr daran erinnern). Und die meisten haben sich irgendwann – meist lange vor der Pubertät – gesagt: »Ich will nicht wieder verletzt werden. Ich will nicht, dass man mir wehtut!« Schon früh haben wir angefangen, eine Mauer um unser Herz zu bauen. Wir haben uns abgewöhnt zu fühlen. Unsere Strategie, nicht mehr verletzt zu werden, mündete damals in die Entscheidung: »Ich will nicht mehr fühlen!« Wir haben geglaubt, uns auf diese Weise vor Verletzungen schützen zu können. Aber die Mauer kann noch so dick sein, hin und wieder trifft es uns doch.

Und nachdem wir uns entschlossen haben, unser Leben über das Denken, über unseren Kopf zu meistern, statt mit fühlendem, offenem Herzen durchs Leben zu gehen, wird es in unserem Sexleben schnell kompliziert. Der Sex wird zu einer Angelegenheit des Körpers und des Denkens, aber nicht mehr des wirklichen Fühlens. Dadurch verliert er den Charakter einer Herzensangelegenheit. Dann begegnen sich nicht mehr zwei Seelen, sondern zwei Körper auf der Suche nach Befriedigung und Entladung sexueller Spannung. Das ist auch der Grund für den Suchtcharakter, den Sex im Leben mancher Menschen bekommt. Wir suchen den Kick, aber nicht die wirkliche Befriedigung. Zu der kann es nämlich nicht kommen, solange die Angst verhindert, dass wir uns seelisch nackt und verletzlich zeigen. Sex wird traurig, weil keine Begegnung der Seelen mehr stattfindet. Sexuelle Akte sind daher oft Akte der Einsamkeit.

Wenn ich schon im »normalen« Leben, im Alltag nicht mehr bereit bin, meine Gefühle wahrzunehmen und anzunehmen, meine Freude, meine Trauer, meine Lebenslust, meine Wut, meinen Neid, meine Angst, meine Eifersucht, meinen Stolz, meine Überheblichkeit und meine Verletztheiten, dann kann ich nicht damit rechnen, dass mein sexuelles Zusammensein zu einer wirklich intimen Begegnung zweier Seelen wird – auch wenn ich mit diesem Partner schon zwanzig Jahre verheiratet bin. Der Wunsch nach »Sex mit Herz«, also nach einer Verbindung von Sexualität und Liebe, ist also eine Aufforderung zu fühlen, sich zu öffnen und wieder verletzlich zu zeigen.

Auf dem Weg zu einer erfüllten Sexualität werden wir nicht darum herumkommen, uns all das in uns anzuschauen, was wir bisher nicht anschauen und fühlen wollten: all die Seiten von uns, die wir bisher ablehnen oder sogar als unangenehm empfinden. Sexualität ist daher immer ein Weg der Selbsterfahrung.

Sex ist eine Gelegenheit, sich zu entscheiden

Sex bietet uns – wie jede Beziehung und jede Begegnung – eine Gelegenheit, uns zu entscheiden, wer wir sein wollen. Hier einige Fragen, die deutlich machen, wofür Sie sich entscheiden können:

- Wollen Sie mit Leib und Seele beim Sex sein oder nur mit dem Körper?
- Wollen Sie nur auf Ihre körperliche Erregung hören oder auch auf Ihr Herz?
- Wollen Sie Sexualität in und mit Liebe leben oder ohne?
- Wollen Sie weiterhin Ihre Erregung verurteilen und sich deshalb schlecht fühlen?
- Wollen Sie sich selbst, Ihrem Herzen untreu sein oder ihm folgen?
- Wollen Sie weiter »Opfer« spielen und so tun, als seien Ihr Partner/Ihre Expartner, Ihre Eltern oder die

Kirche für Ihre bisherigen sexuellen Erfahrungen verantwortlich? Oder sind Sie bereit, Ihr Sexleben bewusst in die Hand zu nehmen, bewusst Schöpfer Ihres eigenen Lebens zu sein?

- Wollen Sie Ihre wahren Empfindungen und Gefühle weiterhin verstecken, weil Sie sich ihrer schämen oder weil Sie glauben, Ihr Partner könne damit nicht umgehen? Oder wollen Sie anfangen, Ihre Gefühle (ohne Vorwürfe) auszudrücken und zu Ihrer Wahrheit zu stehen?
- Wollen Sie weiter andere, die öffentliche Meinung oder wessen Meinung auch immer darüber bestimmen lassen, wie Sie Ihre Sexualität leben?
- Wollen Sie weiterhin alten, anerzogenen Gefühlen wie Angst, Scham, Schuld und Minderwertigkeit erlauben, Ihnen die Lebensfreude zu nehmen und Sie zu bremsen?

Sex ist – wenn Sie es zulassen – eine heilige Begegnung zweier göttlicher Wesen, die sich erinnern, dass sie aus ein und derselben Quelle stammen. Sex in Liebe, mit Herz und mit Achtsamkeit für sich selbst und den anderen gelebt, mit der Aufmerksamkeit auf das Fühlen, auf das, was jetzt da ist, dieser Sex weckt in uns die Erinnerung daran, wer wir wirklich sind: ein vollkommenes göttliches Wesen auf Erfahrungsreise in einem menschlichen Körper, ein Wesen voller Liebe und voller Licht – eben göttlich –, das seine Göttlichkeit und die Wahrheit des Einsseins mit allem, was ist, mit der gesamten Schöpfung im Sex entdecken kann.

Häufige Klagen über Sex

Im Zusammenhang mit der erlebten Sexualität wird viel geklagt, von Frauen wie von Männern. Die Klagen der Frauen hören sich oft so an: »Ich komme nicht auf meine Kosten. Bevor ich richtig in Fahrt komme, ist er schon fertig. Ich bin immer wieder enttäuscht, weil ich keinen Orgasmus habe. Das macht mir keinen Spaß. Ich wünsche mir mehr Gefühl, mehr Streicheln, mehr Romantik, mehr Zeit …« Das heißt: Sex wird als zu einseitig, zu kurz und zu unbefriedigend empfunden. Er steckt ihn rein, rubbelt ein wenig und hat seinen Orgasmus. Das ist auch heute noch gängige Praxis in Millionen von Betten.

Er sagt oft: »Sie ist mir einfach zu langweilig und passiv im Bett. Fast nie sagt sie von sich aus, dass sie Lust hat, oder fängt damit an. Sie fasst mich nie an ›meinem besten Stück‹ an, und wenn sie's tut, kann sie damit nicht umgehen oder mag es nicht. Ich wünsche mir mehr Leben im Bett oder auch mal draußen in der Natur.«

Natürlich gibt es noch viele andere Probleme und entsprechende Klagen, aber die meisten ähneln sich. Viele Klagen kreisen um das Thema Orgasmus, der so häufig nicht gelingen will. Ohne Übertreibung kann man sagen: Viele Frauen warten auf ihren Orgasmus – oder haben resigniert bzw. sich einen hübschen Vibrator als Lustfreund zugelegt, mit dem es ihnen leichtfällt, ihren Höhepunkt zu erreichen. Die überwiegende Mehrheit aller Frauen scheint entweder nie oder nur selten einen Orgasmus zu erleben, während sie körperlich mit einem Mann zusammen ist. Interessanterweise tun sehr viele dieser Frauen ihrem Partner gegenüber so, als erlebten sie einen Orgasmus. Das heißt: Sie täuschen einen Orgasmus vor. Hierfür lassen sich mehrere plausible Gründe finden:

1. Viele Frauen glauben immer noch, sie seien ein Einzelfall und andere Frauen hätten dieses Problem nicht. Sie glauben, sie seien nicht normal bzw. frigide und unfähig zu großem Lustempfinden und haben in diesem Zusammenhang häufig Schuld-, Scham- und Minderwertigkeitsgefühle. Dass sie dies ihrem Partner nicht erzählen wollen, ist angesichts der mangelnden Offenheit in vielen Beziehungen verständlich.

2. Viele Frauen haben noch nie einen Orgasmus erlebt. Sie wissen also gar nicht, wie sich das anfühlt. Da sie erregt sind und auch spüren, dass ihr Partner positiv reagiert, wenn sie diese Erregung mit Geräuschen kundtun, stöhnen sie halt ein wenig. Daraufhin denkt der Mann, sie käme gerade zum Höhepunkt, was er mit Befriedigung feststellt, denn er hält es für sein Verdienst und fühlt sich als Mann bestätigt.

3. Frauen wissen oder spüren, dass es für das Selbstwertgefühl des Mannes wichtig ist, die Frau zum Höhepunkt zu bringen. Der Mann wünscht sich, dass sie durch sein Tun einen Orgasmus hat, damit er als potent dasteht. Also tut sie ihm oft den Gefallen, um ihn nicht zu verletzen, nachdem er sich so abgerackert hat.

4. Wenn der Sex nicht sonderlich befriedigend – und nicht selten auch noch schmerzhaft – für die Frau ist, verkürzt sie diese Tortur mit einem Scheinorgasmus. Denn viele Männer warten, bis die Frau scheinbar oder wirklich einen Orgasmus hat, und lassen dann ihren eigenen Orgasmus folgen. Damit ist der Sexabend meist vorbei.

5. Ein weiteres Motiv für die Vortäuschung eines Höhepunkts ist natürlich auch die Angst der Frau, ihr Mann könne zu einer anderen gehen, die kein Problem mit dem Orgasmus hat und bei der es ihm mehr Spaß macht.

Warum erleben viele Frauen keinen Orgasmus?

Warum erleben Frauen so häufig keinen Orgasmus, und warum bleibt Sexualität oft so unbefriedigend für beide, für Frau und Mann?

1. Die am weitesten verbreitete Form von Sexualität ist noch heute die, dass der Mann auf der Frau liegt und mit seinem harten Penis und dem Gewicht seines Unterleibs mehr oder weniger heftig in und auf das Geschlechtsteil der Frau stößt. Keine Klitoris der Welt wird durch solche Attacken erregt werden. Bei vielen Frauen ist die Klitoris sogar so empfindlich, dass ihre direkte Berührung mit dem Finger des Partners schon fast zu viel ist. Die Standardmethode im Sexverhalten von Männern führt also zum Gegenteil von Erregung und Orgasmus: Sie »turnt« schlicht ab.

2. Ein Mann hat in aller Regel wenig Probleme, zu einem Orgasmus zu gelangen oder, besser gesagt, zu einem Samenerguss. Bei den meisten ist das innerhalb von fünf Minuten möglich. Eine Frau braucht hierfür – zusammen mit einem Partner – in der Regel länger, wenn sie nicht schon vorher erregt ist. Allein macht sie es sich mit dem Finger oder einem Vibrator in wenigen Minuten. Die eingespielte Routine des Sex-

lebens und allgemein des Zusammenlebens führt dazu, dass sich der Mann im Laufe der Jahre immer weniger darum bemüht, seiner Frau durch Zärtlichkeit, Achtsamkeit, Zusammenspiel und so weiter Freude und Erregung zu schenken. Und viele Frauen finden sich mit dieser Lieblosigkeit stillschweigend ab.

Für diese Entwicklung sind jedoch beide verantwortlich. Die Damen unter Ihnen, die den »Herren der Schöpfung« den Schwarzen Peter zuschieben wollen, möchte ich fragen: Wie lange wollen Sie noch das Opfer spielen, indem Sie Ihren eigenen Anteil an dieser Koproduktion leugnen? Wann wollen Sie die Verantwortung für Ihr Sexleben, für Ihre Freude und Ihren Orgasmus übernehmen? Entscheiden Sie sich bitte, wie lange Sie dieses unbefriedigende »Spiel« noch mitmachen wollen. Es gibt hier keine Opfer und keine Täter, sondern nur zwei Verantwortliche, zwei Schöpfer.

3. Der Orgasmus wird häufig als Ziel des sexuellen Zusammenseins betrachtet. Diese Fixierung macht Sex zu einer recht verkrampften Angelegenheit und führt häufig dazu, dass dieses Ziel nicht erreicht wird. Unsere Grundeinstellung zum Sex ist, bedingt durch unsere Erziehung, meist immer noch nicht die, dass wir ihn als selbstverständliche, natürliche Quelle für Freude, Lebenslust und Begeisterung betrachten. Und etwas tief in uns bestreitet immer noch, dass uns diese Freude natürlicherweise zusteht, dass wir sie so oft wie möglich genießen und unser Leben dadurch erfrischend, erquickend, fröhlich, erfüllend, energetisierend und ekstatisch gestalten dürfen. Sex will als Spiel erfahren werden – ohne Ziel und nur, weil es Freude

macht, zu erkunden und zu erfahren, zu geben und zu empfangen.

Die Angst, die Kontrolle zu verlieren

Ein wichtiger Grund, warum wir Sex nicht als herrliches Spiel mit offenem Ausgang praktizieren (also ohne Fixierung auf den Orgasmus) und warum so viele Frauen keinen Orgasmus bekommen, liegt in der grundsätzlichen Einstellung von Frauen und Männern dem Leben gegenüber. Damit eine Frau einen Orgasmus bekommen kann, ist ein Mindestmaß an Vertrauen, an Loslassen, an Hingabe notwendig.

Dies aber ist nicht die Haltung, mit der wir durchs Leben gehen. Wir alle, Frauen wie Männer, haben uns an eine Einstellung des Festhaltens und Zurückhaltens gewöhnt. Wir stecken voller Angst und fürchten ganz besonders im Sex, die Kontrolle zu verlieren. Das, was hier in uns und mit uns geschieht, entzieht sich ja zum großen Teil der Kontrolle unseres Verstandes. Dennoch versuchen wir, mit dem Verstand Sex zu machen. Viele Menschen sind beim Sex mit Denken beschäftigt. Lust aber will Hingabe, und jede Angst, jedes ängstliche Festhalten am Denken wirkt auf die Lust ähnlich wie ein Tropfen Zitrone in einem Liter Milch: Sie gerinnt. Sie verschwindet oder kommt gar nicht erst auf. Ein richtiger Orgasmus ist jedoch nichts anderes als totale Hingabe an das, was jetzt in uns geschieht.

Diese Angst vor Kontrollverlust hat oft etwas mit schmerzhaften und traumatischen Erlebnissen in der Kindheit der Frau zu tun. Dabei muss es sich nicht gleich um sexuellen Missbrauch handeln, auch wenn derartige Erfahrungen oft den Hintergrund für solche Ängste bilden.

Die Angst, die Kontrolle zu verlieren, hat unsere ganze Gesellschaft erfasst. Sie beruht auf Vorsicht und Misstrauen dem Leben gegenüber. Haben wir in der Kindheit oft erfahren, dass wir dem Leben bzw. anderen Menschen nicht naiv und blind Vertrauen schenken können, wurden wir enttäuscht und verletzt – und diese Erfahrung machen so gut wie alle Kinder –, dann treffen wir häufig schon sehr früh bewusst oder unbewusst die Entscheidung »Ich will nie wieder vertrauen!« oder »Ich muss immer aufpassen!«. Der Glaubenssatz »Vertrauen ist gut, Kontrolle ist besser!« hat nichts von seiner Aktualität eingebüßt.

Solche Ängste können nur überwunden werden, wenn wir den Mut aufbringen, ihnen wirklich zu begegnen, sie bejahend zu fühlen und nicht mehr vor ihnen davonzulaufen oder sie zu unterdrücken. Es gilt sich zu entscheiden, alle unterdrückten, verleugneten Gefühle wieder zuzulassen und zu verwandeln. Sie können sich jedoch erst dann verwandeln und aus unseren Zellen verschwinden, wenn sie angenommen und bejahend gefühlt werden.

Der Verrat am eigenen Herzen

Der ausbleibende Orgasmus kann auch ein Zeichen dafür sein, dass Sex mit dem derzeitigen Partner nicht der Wunsch Ihres Herzens ist. Fragen Sie sich so ehrlich wie möglich: »Ist es meine freie Wahl, ist es mein Wunsch und mein Sehnen, mich diesem Partner so intim und nah zu fühlen, dass ich ganz mit ihm verschmelzen möchte, dass ich mich ihm hingeben möchte und offen bin für alle Erfahrungen, die ich dabei machen mag?«

Die ehrliche Antwort so mancher Frau, oft in einer langjährigen Beziehung, lautet: »Nein!« Trotzdem denken viele

Frauen, sie müssten mit ihrem Partner schlafen. Sie trauen sich oft nicht einmal, sich selbst die Wahrheit einzugestehen, weil sie die Folgen fürchten.

Überall dort, wo Macht, oft verbunden mit Geld, im Spiel ist, rebelliert die Seele und verweigert sich über den Körper – zu Recht. Frauen, die finanziell und oft auch psychisch von ihrem Partner abhängig sind, können dem Mann auch in der Sexualität nicht als Ebenbürtige begegnen. Wenn sie ehrlich wären, müssten sie sich eingestehen, dass ihre sexuelle Bereitschaft die Gegenleistung ist, die sie dem Mann für seine Gaben (Geld, Geschenke, materielle Sicherheit u. a.) schuldig sind. Solche zutiefst unfreien Frauen fühlen sich häufig als Opfer. Aber das Aushalten in solchen Opferrollen ist ein Betrug an der eigenen Person wie auch am anderen. Diese Frauen sind immer auch Täter. Denn der andere, der Macht über uns ausübt, der unsere Freiheit einschränkt, braucht unser klares Nein, unsere Abgrenzung, damit er auf seinem eigenen Weg weiterkommen und wachsen kann.

Solch eine Opfersituation ist nie zufällig entstanden, wir selbst haben sie unbewusst erschaffen. Sie bietet uns eine Gelegenheit, uns zu entscheiden, wer wir wirklich sein wollen. Wollen wir weiterhin das Opfer spielen? Oder wollen wir beginnen, bewusste Schöpfer unseres Lebens zu sein?

Warum haben so viele Männer Erektionsprobleme?

Nicht erst seit Viagra ist bekannt, dass sehr viele Männer Potenzschwierigkeiten haben. Das hängt mit mehreren Dingen zusammen. Ich habe bereits dargestellt, warum die Sexualität bei vielen Paaren zu einer schlaffen Angelegenheit geworden ist – ohne Spannung, Neugier,

Spiel und Lust. Wie sollen Menschen lustvoll lieben, wenn sie nicht gelernt haben, lustvoll zu leben? »Zeig mir, wie du lebst, und ich sag dir, wie du liebst«, könnte man sagen.

Ich habe bereits erläutert, warum es heute so viele unmännliche Männer gibt, Männer, die nicht fest und selbstbewusst in ihrem Mannsein stehen, weil ihnen nicht klar ist, was ein »richtiger« Mann ist. Dies liegt zum einen daran, dass junge Männer vor allem Muttersöhne sind, weil ihre Väter entweder ganz oder emotional abwesend sind und ihnen daher kein Vorbild sein können. Die Mutter hingegen überbewertet ihr Mutterdasein häufig und versucht unbewusst, sich ihre Lebensfreude durch oder über die Kinder zu holen. Nicht selten wird der kleine Sohn sogar zum Ersatz für den fehlenden Partner gemacht. Dadurch entsteht ein extrem starker emotionaler Klebstoff zwischen Mutter und Sohn, und später bleibt der Mann oft der Muttersohn, auch in seiner Beziehung zu einer Frau. Es bedarf eines besonderen Kraftaufwands seitens des Mannes, sich aus dieser Mutterbindung zu lösen und in seine männliche Kraft zu kommen.

Der abwesende oder schwache Vater der Kindheit kann ebenfalls eine Ursache für die mangelnde männliche Potenz sein. Es stärkt den Mann, wenn sein Vater im Unsichtbaren anerkennend und liebend hinter ihm steht und dahinter die lange Kette der männlichen Ahnen. Hierdurch fließt dem Mann eine große Energie zu, die ich als väterlich-männliche Kraft bezeichne. Jeder Mann kann sich Zugang zu dieser Kraft verschaffen, wenn er bereit ist, innerlich Kontakt zu seinem Vater aufzunehmen, ihm seine Abwesenheit oder seine Schwächen zu vergeben, ihn als seinen Vater anzuerkennen, ihm zu danken und ihn zu würdigen.

Eine weitere wichtige Ursache für die Potenzschwäche des Mannes liegt darin, dass er sich nach dem Abschied von zu Hause zu früh auf eine Frau einlässt, dass er sich zu eng an sie bindet und unbewusst versucht, von ihr Anerkennung und Bestätigung seiner Männlichkeit zu erhalten. Das muss buchstäblich »in die Hose« gehen. Viele Männer nutzen ihre Jungmannzeit (in der sie noch nicht wirklich Mann sind) nicht, um sich als Mann in der Welt zu erfahren und herauszufinden, wer sie sind, was sie können und was sie wollen.

Der junge Mann ist zu diesem Zeitpunkt – nach etwa zwanzig Jahren Abhängigkeit – auf das Höchste mit seiner Mutter und ihren Erwartungen und Wünschen verstrickt. Unbewusst versucht er immer noch, diese Wünsche zu erfüllen oder sich von ihnen abzugrenzen. Aus dieser inneren Abhängigkeit heraus sucht er sich oft eine Frau, die in ihrer Art seiner Mutter ähnelt.

Da er aber noch weit davon entfernt ist, im Leben seinen Mann zu stehen und sich selbst Klarheit, Ordnung, Struktur, Selbstwert, Entscheidungskraft, Beharrlichkeit und andere Eigenschaften des männlichen Prinzips anzueignen (zumal der Vater nicht hinter ihm steht), erschlafft sein »kleiner Mann« im Bett auch sehr schnell. Sexuelle Potenz entsteht nicht dadurch, dass man(n) möglichst oft Sex hat. Sie entsteht dort, wo der Mann beginnt, seinen ganz eigenen Weg zu gehen, sich dankend und würdigend von den Eltern abzugrenzen, seinem Herzen zu folgen und sein Ding zu machen. Der von sich selbst, seinen Talenten und seiner Arbeit begeisterte – im eigentlichen Sinne »selbstständige« – Mann, der das Feuer seines erigierten Phallus nicht nur in einer Vagina zur Abkühlung bringen will, sondern sich mit seiner männlichen Kraft begeistert durch die Welt bewegt, um genau das zu tun, was sein Herz zum

Singen bringt, dieser Mann steht im Leben wie sein Penis im Bett.

Oft sucht sich der unsichere Mann allerdings einen vermeintlich »sicheren« Beruf oder versucht, auch von seinem Ersatzvater Chef die Bestätigung zu erhalten, dass er gut ist. Er sucht also in der Firma wie bei einer Frau jenen Halt, den er sich selbst noch nicht geben kann.

Die Wiederentdeckung der Langsamkeit

Eine der häufigsten Klagen der heutigen Zeit – wir könnten sie auch als das größte westliche Mantra bezeichnen – lautet: Ich habe keine Zeit! (Varianten: Mir läuft die Zeit davon! Die Zeit geht viel zu schnell vorbei!) Warum ist das so? Eine der mir am meisten einleuchtenden Antworten auf diese Frage fand ich in dem schönen Büchlein *Die Seele der Zeit* von Jacob Needleman. Da steht: »[...] die Zeit rast, weil wir uns nicht weit genug auf das Leben einlassen. Zu wenig von uns selbst ist an unserem eigenen Leben beteiligt. Vom Leben verschlungen werden heißt, sich nicht genug auf das Lebendigsein eingelassen zu haben. Wenn unser Leben uns auffrisst, heißt das vielmehr, dass das Selbst, unser eigenes Selbst, nicht anwesend ist.« *

Was bedeutet das für unseren Sex? Ich habe den Eindruck gewonnen, dass unsere Art, Sex zu treiben oder Liebe zu machen, der Art ähnelt, wie wir essen. Wir schlingen, anstatt zu genießen. Wir – unser Selbst – sind nicht wirklich da, nicht wirklich in Achtsamkeit und Bewusstheit präsent, nicht ganz im Geschehen und im Gefühl für den Augen-

---

* Needleman, Jacob: *Die Seele der Zeit*, © Krüger, Frankfurt am Main 1998

blick. Was wir auch im Sex wieder dringend brauchen, ist die Wiederentdeckung der Langsamkeit – ein äußerst langsames, liebevolles und genüssliches Erkunden mit unseren Sinnen und unserer Seele.

DAHER LAUTET MEINE EMPFEHLUNG:

1. Machen Sie nur Sex ohne jeden Zeitdruck. Setzen Sie sich kein Zeitlimit und lassen Sie sich keins setzen. Machen Sie *Sex open end*. Und fangen Sie nicht kurz vor Mitternacht am Ende eines arbeitsreichen Tages damit an, sondern am frühen Abend zur »besten Sendezeit« oder an freien Tagen morgens oder am Nachmittag.

2. Werden Sie sehr viel langsamer beim Sex, werden Sie sehr langsam. Und sagen Sie sich: Wir haben alle Zeit der Welt. Wenn Sie daran denken, dass Sie morgen um sechs Uhr wieder aufstehen müssen, und Angst haben, zu wenig Schlaf zu bekommen, können Sie nicht wirklich präsent sein. Dann kann sich nichts Neues entwickeln, dann spulen Sie nur ein altes Programm ab. »Präsent« (sein) heißt nicht nur da sein, sondern bedeutet auch Geschenk. Ohne wirklich präsent zu sein, können Sie das Geschenk der Sexualität nicht empfangen.

3. Halten Sie immer wieder inne! Vereinbaren Sie sogar ein Stoppzeichen oder sagen Sie: »Halt an!« Und dann nehmen Sie nur wahr und spüren, riechen, schmecken, fühlen und sind einfach präsent. Wenn Sie häufig gewandert sind, haben Sie vielleicht schon mal erfahren, dass Sie etwas – den Geruch eines Strauches, die Schön-

heit der Pflanzen, die Musik der Vögel, die Zartheit des Windes – erst dann wirklich intensiv wahrnehmen können, wenn Sie ganz ruhig stehen bleiben und lauschen, riechen, fühlen. Nur dann, im ganz ruhigen Sein, sind Sie da und erfahren etwas wirklich.

Beim Sex ist es genauso. Solange wir uns bewegen, hat der Kopf zwar den Eindruck, es passiere gerade viel, aber was da passiert, kann nicht tief hineingehen, kann uns nicht tief berühren. Wenn wir uns bewegen, sind wir nicht da – außer wir werden bewegt, und die Bewegung entzieht sich unserer bewussten Kontrolle. Es ist eine völlig andere Wahrnehmung, wenn wir still sind, horchen, unseren Atem und unseren Herzschlag hören, die ungeheure Schönheit im Außen wie im Innen erfahren. Darum machen Sie es im Sex wie beim Wandern und halten Sie immer wieder inne, um die Köstlichkeit des Augenblicks zu genießen.

Sex mit Herz – ohne Kompromisse

So wie der menschliche Körper das größte Geschenk ist, das der Mensch hier auf der Erde erhalten hat, so ist auch die Sexualität das Schönste, Wunderbarste und zugleich Geheimnisvollste, was Frauen und Männer mit sich selbst und miteinander erfahren können. Entrümpeln Sie Ihren Geist von allem, was die Sexualität zu etwas Niederem, Anstrengendem oder Schlechtem macht, und erlösen Sie sich von sämtlichen Emotionen, die einen natürlichen und leichten Umgang mit der Lust verhindern.

Sexualität ist als ein großartiges Spiel gedacht, als Quelle und Ausdruck von Freude und Lebenslust. Wer als Frau oder als Mann Frieden und kraftvollen Selbstausdruck findet, wer mit seiner Vergangenheit aufräumt und authentisch zu sich und der Stimme seines Herzens stehen lernt, der findet auch den Weg zum Sex mit Herz. Allein unser Herz kennt die Wahrheit, die von uns gelebt werden will – im Bett wie im Leben. Finden Sie diese Wahrheit Ihres Herzens und folgen Sie ihr kompromisslos. Menschen, die das noch nicht tun, werden Sie vermutlich dafür verurteilen, denn das ist der Lieblingssport des unglücklichen Normalmenschen. Er hat Angst vor der Freiheit, sein Leben in voller Lust zu leben. Und wer nicht lernt, lustvoll zu leben, wird auch nicht lustvoll lieben lernen.

Wir dürfen und können heute mit der unseligen Tradition vieler Generationen brechen, die das Leben und die Sexualität zu einer komplizierten und leidvollen Angelegenheit gemacht haben und nicht wussten, dass sie selbst Schöpfer dieser Erfahrung waren. Lassen Sie sich von niemandem vorschreiben oder einreden, was für Sie die richtige Art ist, mit der Lust und der Liebe umzugehen. Hören Sie ausschließlich auf Ihr Herz. Entscheiden Sie sich für ein Leben in Leichtigkeit, Lust und Liebe. Niemand kann Sie daran hindern, dies zu leben – außer, Sie geben die Macht über Ihr Leben an andere ab.

Deinem eigenen Selbst sei treu

»Verrat deiner selbst,
um nicht einen anderen zu verraten,
ist trotz allem Verrat.
Es ist der höchste Verrat.

Euer Shakespeare hat es anders ausgedrückt:

›Deinem eigenen Selbst sei treu,
und es folgt daraus wie die Nacht dem Tag,
dass du gegenüber keinem Menschen
treulos sein kannst.‹«

Neale Donald Walsch*

---

* Walsch, Neale Donald: *Gespräche mit Gott*, Bd. 2, S. 153

Kapitel 14
Eifersucht – Treue – Fremdgehen

Viele Männer und Frauen haben Angst, ihr Partner könne mit einem anderen Menschen eine intime Beziehung eingehen, und für die meisten ist oder wäre das ein Grund, sich zu trennen. Dieses Thema belastet viele Beziehungen und löst Ratlosigkeit, Hilflosigkeit, Ängste und Wut aus. Daher empfehle ich jedem, sich seine Gedanken und Gefühle zu diesem Thema anzuschauen, sie zu klären und nicht davon auszugehen, dass ihm oder ihr so etwas nicht passieren könne.

Angesichts der schmerzlichen Erfahrung, verlassen zu werden, die viele Menschen in ihrer Kindheit gemacht haben, ist der Wunsch nach Sicherheit und nach der Treue des Partners nur verständlich und menschlich. Ich wünsche jedem, der sich bei diesem Thema unwohl und ängstlich fühlt, dass er dies nutzt, um zu einer neuen inneren Freiheit zu gelangen, die sich auf seine Beziehungen oder seine Ehe sehr segensreich auswirken wird. Wir leiden nämlich weniger darunter, dass unser Partner fremdgehen könnte, sondern mehr unter unseren eigenen Gefühlen hierzu. Das sind vor allem Ängste, Eifersucht, Minderwertigkeitsgefühle, Scham, Wut und Ohnmacht.

Hinter jeder Eifersucht steht die Angst, wir könnten etwas verlieren, was wir jetzt haben. Wir denken und sagen »Ich habe einen Partner« und meinen »Der gehört jetzt mir und keinem anderen«. Dieser Gedanke ist die Grundlage dafür, dass wir irgendwann einmal schmerzhaft aufwachen und erkennen müssen, dass es sich hierbei um eine Täuschung gehandelt hat.

Wir können keinen anderen Menschen besitzen

Ob mit Trauschein und Treueversprechen oder ohne, wir können einen anderen Menschen nie »haben« oder besitzen. Wir *haben* auch keine Beziehung, wie wir immer sagen, sondern wir *sind* in einer Beziehung. Dieses In-einer-Beziehung-Sein ist nie ein statischer Zustand. Vielmehr ist jede Beziehung ein lebendiges, sich ständig veränderndes Energiegebilde – genau wie Ihr physischer Körper. Alles im Leben befindet sich in ständiger Bewegung und Veränderung. Es gibt keinen Stillstand, alles fließt und alles bewegt sich.

Vielen ist dieser Gedanke unangenehm. Aufgrund der Erfahrungen, die viele in der Kindheit gemacht haben, in der sie sich oft nicht geborgen, allein, einsam, verlassen oder ungeschützt fühlten, sehnt sich das Kind in ihnen nach einem Zustand der Sicherheit. Nachdem unsere Eltern uns diese Sicherheit nicht bieten konnten, hoffen wir nun auf einen Menschen, der uns verspricht, ganz für uns da zu sein und uns nie mehr zu verlassen. Bitte spüren Sie selbst, wie groß diese Sehnsucht in Ihnen ist.

Daher begegnen sich immer wieder ängstliche Kinder in erwachsenen Körpern, schwören sich ewige Treue und hoffen, dass es dieses Mal gut gehen möge. Wir können jedoch weder einen Menschen besitzen, noch kann uns irgendjemand garantieren, dass er auch morgen mit keinem anderen, sondern nur mit uns ins Bett geht. Je größer die Befürchtung ist, dies könne passieren, desto eher muss genau das eintreten.

Wer weiß, dass er eifersüchtig und ängstlich ist, darf und muss irgendwann die Verantwortung für diese Gefühle übernehmen und seine Verlassenheitswunde heilen, wenn er nicht immer wieder schmerzhafte Erfahrungen machen will.

Wenn jemand fremdgeht, macht es sich unser urteilender Verstand zu leicht, indem er den Schuldigen ausmacht und ihn verurteilt. Vordergründig ist die Sache schnell klar: Er oder sie hat mit einem anderen Menschen Sex gehabt. Also – denken wir – hat er mich verletzt, und ich darf sauer auf ihn sein. Mit Liebe hat das aber nichts zu tun, es ist nur ein unreifes und unbewusstes Verhalten.

Warum gehen Menschen mit Dritten ins Bett?

Die Gründe und Auslöser dafür, dass unser Partner sexuell nicht treu bleibt, obwohl er es vielleicht hoch und heilig versprochen hat, sind vielfältig. Den ersten möglichen Grund habe ich bereits genannt: Was Sie befürchten, das ziehen Sie an. Ihre eigene Eifersucht ist schon Grund genug, dass irgendwann genau das eintritt, was Sie befürchten.

Dann müssen wir uns anschauen, wie die Beziehung aussieht, in der einer von beiden die Nähe eines anderen Menschen sucht. Der Hintergrund liegt zunächst in dem Glauben an die Exklusivität einer Beziehung, an dem Ausschließen aller anderen aus dieser vermeintlichen Einheit zweier Menschen. Wir glauben, nur einen Menschen wirklich lieben und gleichzeitig den Rest der Menschheit von unserer Liebe ausschließen zu können. Dies widerspricht der Liebe jedoch völlig und hat nichts mit ihr zu tun. Die Liebe und das Lieben lassen sich nicht durch Verträge oder Versprechen begrenzen. Die Liebe trennt nicht, sie begrenzt nicht, sie lässt sich nicht einsperren. Unser Herz sehnt sich danach zu lieben, während sich unser ängstlicher Verstand nach Sicherheit sehnt. Hier gehen Herz und Verstand zwei völlig verschiedene Wege.

Die meisten Gründe, warum ein Partner fremdgeht, sind im letzten Kapitel bereits deutlich geworden. Darum werde ich hier nur auf einige weitere Gründe näher eingehen.

Die Kaugummi-Beziehung

Je enger und starrer zwei Menschen ihre Beziehung gestalten, je mehr sie aneinander kleben, anstatt dem anderen in würdigendem, respektvollem Abstand zu begegnen, desto schneller geht einem von beiden die Luft zum Atmen aus und die anfängliche Liebe erstickt. Gewöhnung, Routine und Langeweile sind neben dem Besitzergreifen des anderen die Beziehungskiller Nummer eins. Wer glaubt, der andere gehöre ihm jetzt ganz allein, wer nicht neugierig auf das eigene Wesen sowie auf das Wesen des anderen und der Liebe bleibt, der entzieht seiner Beziehung den Lebenssaft und erschafft eine Kaugummi-Beziehung: Je länger Sie darauf herumkauen, desto schaler wird sie.

Darum ist es kein Wunder, dass Ehepaare bereits nach fünfjährigem Zusammensein ihre sexuellen Aktivitäten um die Hälfte reduziert haben. Offensichtlich ist der andere für die meisten nach dieser Zeit nicht mehr so interessant wie zu Anfang. Und je uninteressanter der Partner wird, je unlebendiger und starrer die Beziehung verläuft, je weniger wirkliche Begegnungen zwischen beiden stattfinden, desto reizvoller wird das Unbekannte, das Neue, das uns in anderen Menschen begegnet. Sexuelle Attraktivität braucht, ähnlich wie die Liebe, einen guten Abstand, eigene Räume und Zeiten, in denen nicht die Partnerschaft im Vordergrund steht, sondern die Aufmerksamkeit für sich selbst. Aus dieser Selbstzentriertheit heraus können wir unserem Partner immer wieder neu begegnen.

Das Doppelbett als Liebestöter

Wer jede Nacht im Doppelbett schläft, darf sich fragen, ob dies der Liebe und dem Sex wirklich zuträglich ist. Ich halte das starre Doppelbett ohne Ausweichmöglichkeit für einen der größten Liebestöter. Warum? Weil Sie jede Nacht im Energiefeld Ihres Partners schlafen und dadurch nicht wirklich zu sich selbst kommen können. Wir Menschen brauchen die Bewegung, den Rhythmus von Abstand und Nähe, Rückzug und Annäherung, Alleinsein und Zusammensein.

Schon ein Doppelbett, dessen Betthälften man auseinanderrollen kann, kann sich sehr segensreich auf den Schlaf des Einzelnen und auf die Qualität der Beziehung auswirken, aber ein eigenes Zimmer für jeden mit Schlafmöglichkeit für zwei wäre noch vorteilhafter. Wenn Paare einander in der Nacht besuchen können, kann jeder Partner schnell spüren, ob es für ihn in dieser Nacht stimmig ist, sich dem anderen zu nähern oder mit ihm Sex zu haben. Im starren Doppelbett fällt es viel schwerer, dies wahrzunehmen und zu entscheiden.

Sex als Verpflichtung

Ohne es auszusprechen, glauben viele Männer und nicht wenige Frauen, sie hätten einen Anspruch darauf, dass der andere mit ihnen schläft. Aus Angst, den Partner zu verärgern und den Haussegen in Schieflage zu bringen, lassen sehr viele Frauen den Sex über sich ergehen, und viele Männer glauben auf der anderen Seite, ihren Frauen etwas bieten zu müssen. Sie fühlen sich entweder unter sexuellem Leistungszwang oder glauben, ihre Frau sei dazu da, dass sie sich bei ihr und in ihr sexuell »entladen« können.

Je unbefriedigender die sexuelle Beziehung wird, desto attraktiver wird die Möglichkeit, sich mit einem dritten Menschen zu treffen, zu dem man eine erotische Anziehungskraft spürt und wo solche Ansprüche und Zwänge nicht auftauchen. Das Gegenteil von Verpflichtung ist Freiheit, und daher genießen unzählige in einer Beziehung lebende Frauen und Männer die absolut freiwillige sexuelle Begegnung mit einem anderen Menschen. Die Frauen haben auf diesem Gebiet in den letzten Jahrzehnten mächtig aufgeholt. Sie haben sich – oft nach jahrzehntelangem, würdelosem Sex als Pflichtübung – aus Liebe zu sich selbst entschieden, eine Beziehung zu einem Liebhaber zu pflegen.

Wer, aus welchen Gründen auch immer, glaubt, diese Menschen verurteilen zu müssen, der darf das weiter tun, aber das wird nichts daran ändern, dass auch in Zukunft immer mehr Menschen ihrer Sehnsucht folgen und Freude in ihr Leben, in ihre Körper und in ihre Herzen holen – wie und mit wem auch immer.

Einer hat Lust, der andere nicht

In vielen Beziehungen geschieht es, dass einer der Partner nach einiger Zeit – unabhängig von der Liebe zum anderen – keine oder kaum noch Lust auf körperliche Nähe oder Sexualität im engeren Sinn, also auf die geschlechtliche Verbindung hat. Das hat mit der Beziehung oft gar nichts zu tun. Wer glaubt, Liebe zwischen Mann und Frau müsse immer mit Sex einhergehen, der irrt. Die Liebe hat mit der Sexualität erst einmal gar nichts zu tun. Sie können ja auch Sex haben, ohne den anderen zu lieben.

Was würden Sie persönlich einem Menschen raten, der zu Ihnen kommt und sagt, er habe noch große Lust auf Sex, sein Partner aber eindeutig nicht mehr – und das nicht nur mit ihm, sondern dieser habe generell Abschied genommen von der Sexualität mit anderen? Ich habe in meinen therapeutischen Sitzungen viele Männer über fünfzig, sechzig und manchmal sogar siebzig erlebt, die berichteten, dass ihre Frau – oft nach zwanzig oder dreißig Jahren Ehe – eindeutig keine Lust mehr auf die Freuden der Sexualität habe, während sie selbst noch »gut im Saft« ständen. Die Beziehung zwischen diesen Männern und ihren Frauen war oft von Vertrauen, liebevollem Zusammensein und Verständnis füreinander geprägt. Manche dieser Frauen wussten von den außerhäuslichen Sextreffen ihres Mannes, andere nicht. Aber ich denke, dass die meisten Frauen es sowieso wissen oder spüren und auch tolerieren.

Wer glaubt, sich hierüber aufregen zu müssen, darf sich fragen, welche Gefühle da in ihm ausgelöst werden. Ich halte es für eine Anmaßung, wenn jemand von außen hingeht und anderen vorschreiben will, was »richtig«, »normal« und »gesund« sei. Wer seinen Partner liebt, der wird sein Herz befragen dürfen, ob es Liebe ist, die dem anderen vorschreiben will, wann er seine sexuellen Aktivitäten einstellen oder auf »Handbetrieb« umstellen möge. Mein Herz jedenfalls beantwortet diese Frage mit einem eindeutigen Nein. Wer seinen Partner wirklich liebt, dem liegt etwas daran, dass es ihm gut geht, und diese Liebe wird er oder sie in Toleranz und im Respekt vor dem anderen zum Ausdruck bringen und ihm seine sexuellen Freuden gönnen.

Fremdgehen bedeutet nicht das Ende der Beziehung

Ich bin mir bewusst, was es für Betroffene emotional bedeuten kann, wenn sie erfahren, dass ihr Partner mit einem anderen Menschen ins Bett gegangen ist, und es liegt mir fern, einem solchen Menschen zuzurufen: »Mach dir nichts draus! Das machen doch viele so.« Mir liegt daran, dass wir verstehen lernen, warum dies geschieht, und dass der Betroffene erkennt, was es mit ihm zu tun hat. Das Fremdgehen selbst ist keine Katastrophe, aber wir können es dramatisieren und auf diese Weise eine Katastrophe daraus machen. Dies geschieht aber nur, solange wir selbst mit alten Verletzungen belastet sind.

Wir müssen erkennen, wie viele unwahre Gedanken wir über Sexualität, Beziehung, Treue und Fremdgehen denken, und die Verantwortung übernehmen für alles, was in unserem Leben geschieht. Bitte öffnen Sie sich für den Gedanken, dass es nicht das Ende Ihrer Beziehung bedeuten muss, wenn Ihr Partner nicht nur mit Ihnen Sex hatte oder hat. Wenn das so wäre, dann wären viele Tausend Männer und Frauen heute kein Paar mehr.

Wenn jemand fremdgeht, kann sich das sogar sehr segensreich auf die Beziehung auswirken, vorausgesetzt, beide Partner gehen liebevoll damit um. Solange der eine jedoch denkt, der andere habe sich schuldig gemacht, und der Betroffene glaubt, er habe Schuld auf sich geladen, werden sich der Sinn und das Geschenk, die letztlich auch in dieser Erfahrung auf uns warten, nicht offenbaren.

Zwei Menschen sind keine Firmen, die miteinander einen Vertrag abschließen, bei dem es um eine Dienstleistung samt Bring- und Holschuld geht. Doch solange die Liebe unbewusst als eine Ware betrachtet wird, handeln und denken Menschen so, und das führt in der Beziehung zu Enttäuschung und Lieblosigkeit.

Dass sich zwei Menschen in der besten Absicht geschworen haben, sich sexuell treu zu sein, sagt nichts darüber aus, wie es nach einigen Jahren in diesen Menschen aussieht. Jeden Tag verändert sich etwas in jedem Menschen, und das ist in einer Beziehung nicht anders. Wer von seinem Partner fordert, sich an das zu halten, was er vor Jahren versprochen hat, der kann auch gleich von ihm verlangen, sich auf keinen Fall zu ändern. Das jedoch widerspricht dem Leben ebenso wie der Liebe. Im wahren Sinn treu sein kann man daher nur dem eigenen Herzen, der eigenen inneren Stimme. Stellt jemand die Wünsche und Ängste des Partners über die Stimme des eigenen Herzens, verrät er damit sein Herz.

Der andere kann nicht anders

Wenn jemand mit einem Dritten ins Bett geht, und sein Partner entdeckt dies, dann glaubt dieser, der andere habe ihn verletzt, und fühlt sich oft gleichzeitig als Versager und Betrogener. Wenn es in einem Menschen denkt »Mein Partner hat mich betrogen«, dann lade ich denjenigen ein, diesen Gedanken auf Wahrheit zu überprüfen. In meinen Seminaren haben Teilnehmer ausnahmslos herausfinden können, dass die Wahrheit lautet: »Ich selbst habe mich betrogen.« Wie betrügen wir uns? Indem wir nicht auf unser Herz hören, wenn es uns Signale sendet und auffordert, nach innen zu gehen, oder uns zeigt, dass manches in unserem Leben nicht mehr stimmt.

Solche Signale werden von den meisten Menschen oft lange Zeit ignoriert – ebenso wie die Botschaften des Körpers, der uns lange vor Ausbruch einer Krankheit durch viele Empfindungen (Herzstiche, Atembeschwerden, Engegefühle, Schmerzen usw.) auf Unstimmigkeiten und Ungleichgewichte aufmerksam machen will. Wir betrügen uns, weil wir die eigene innere Wahrheit nicht erforschen und entsprechende Signale verdrängen und verleugnen. Geschieht dies über längere Zeit, muss das Leben zu anderen Mitteln greifen, um uns wachzurütteln und zum Weitergehen zu bewegen.

Wenn jemand fremdgeht, dann muss er das tun. Das ist kein dummer Ausrutscher, kein Fehler, keine Charakterschwäche des Betreffenden. Alles, was im Leben geschieht, muss geschehen. Sonst würde es nicht geschehen. Und alles, was geschieht, hat einen Sinn und eine Berechtigung. Wir glauben oft, der andere hätte in diesem Fall die Wahl gehabt, der Versuchung zu widerstehen und die Finger von diesem dritten Menschen zu lassen. Das halte ich für einen Irrtum. Der Mensch hat zwar grundsätzlich die Freiheit der Wahl, in welche Richtung er sein Leben ausrichten will, zum Beispiel in Richtung Frieden, Freiheit, Freude und Fülle. Aber gleichzeitig wirken Kräfte durch uns, die oft stärker sind als der Verstand. Die Kraft des Eros gehört dazu. Das bedeutet nicht, dass wir gezwungen sind, mit jedem uns attraktiv erscheinenden Menschen ins Bett zu gehen; aber wenn es geschieht, dann soll es auch geschehen. Dann ist es gut, wenn wir uns dieser erotischen Kraft hingeben und die Freuden des Körpers in vollen Zügen genießen können.

Plagen den »Fremdgeher« anschließend Schuldgefühle und ein schlechtes Gewissen, weil er noch nicht mit ganzem Herzen hinter seinem Handeln stehen kann, ist es seine Aufgabe zu klären, nach welchen Maximen er sein Leben führen möchte, und was ihm diese Erfahrung mitteilen will.

Treiben ihn die Schuldgefühle dazu, dem Partner seinen »Fehltritt« zu gestehen, dann ist dies häufig der unbewusste Versuch, sich von der Sache zu entlasten. Mit Ihrem Geständnis belasten Sie Ihren jetzt eingeweihten Partner nach dem Motto: »Ich habe es gestanden. Jetzt kannst du zusehen, wie du damit klarkommst.« Damit hat der andere das Problem. Ich habe schon öfter Menschen in meinen Seminaren getroffen, darunter viele Frauen, die mir sagten: »Ich gönne es mir, ab und zu einen Mann zu treffen, der weiß, wie man im Bett mit einer Frau umgeht – zärtlich, einfühlsam und kraftvoll. Aber ich würde das nie meinem Mann sagen, denn ich liebe ihn. Und das würde ihn nur verletzen.« Ich überlasse es Ihnen, verehrter Leser, ob Sie diese Frauen verurteilen wollen oder ob Sie sie verstehen können.

Warum gehen Millionen Männer zu einer Prostituierten?

Ist es nicht erstaunlich, dass Millionen Männer mehr oder weniger regelmäßig zu einer Prostituierten gehen, einen Orgasmus haben und dafür oft über hundert Euro zahlen? Warum tun diese Männer das, obwohl die überwiegende Mehrzahl von ihnen verheiratet ist? Weil sie hier etwas bekommen, was sie zu Hause nicht erhalten, und das aus unterschiedlichen Gründen. Zum einen fragt die Prostituierte nicht, warum er schon wieder Sex haben will, zum anderen muss er nicht darauf achten, dass sie auf ihre Kosten kommt. Dafür zahlt er ja. Ein anderer Grund, dass er hier zu einer Erregung fähig ist, die sich bei seiner Frau nicht einstellt. Außerdem braucht er sich nicht auf einen Menschen einzulassen, der verstanden werden will, sondern kann sich ganz auf sich und seine sexuelle Erregung konzentrieren und wird dafür nicht verurteilt. Natürlich ist das oft nur eine kurze Entladung der sexuellen Spannung, aber besser als gar nichts oder als der häusliche »Handbetrieb«, bei dem man sich von der Frau nicht erwischen lassen darf, weil sie das zum Anlass nehmen würde, zu fragen, ob denn mit ihr und ihrer Attraktivität etwas nicht stimme.

Nicht wenige Männer wechseln neuerdings von der Prostituierten zur Tantra-Massage. Das zeigt, dass diese Männer weit mehr wünschen als einen kurzen Orgasmus. Hier lässt sich der Mann in einem schönen Ambiente bei Duft und Kerzenlicht liebevoll eine Stunde oder länger am ganzen Körper massieren, und am Ende wird auch sein Penis manuell in Hochform gebracht bis zum Höhepunkt. Für diese Stunde zahlt der Mann zwischen einhundert und zweihundert Euro.

Während dieser Ganzkörpermassage kann sich der Mann völlig hingeben, braucht keinen Finger zu rühren und kann sich fallen lassen, also das weibliche Prinzip leben. Genau das ist vielen in der sexuellen Begegnung mit ihrer Partnerin zu Hause nicht möglich, sei es, weil die Liebe schon lange fehlt oder auch die Offenheit, miteinander über die eigenen Wünsche und Bedürfnisse zu sprechen. Oder weil sie unter dem Druck stehen, ihrer Frau etwas bieten zu müssen. Männer wollen beides. Sie wollen gern aktiv sein, aber nicht aktiv sein müssen, um ihre Potenz im Bett zu beweisen. Leistungsstress ist auf Dauer immer ein Lustdämpfer.

Interessanterweise berichten viele Prostituierte und Tantra-Damen, dass es den Männern oft genauso wichtig sei, über sich, ihr Leben und ihre Probleme zu erzählen, und dass manche sie vor allem zu diesem Zweck aufsuchen. Das deutet auf die Sprachlosigkeit hin, die in vielen langjährigen Beziehungen herrscht, weil Gewohnheit, Unverständnis, unwahre Gedanken, alte Verletzungen, Schamgefühle und Ängste Männer und Frauen davon abhalten, sich dem Partner zu öffnen.

Darum sind die »Damen des Milieus« in Wirklichkeit ein Segen für die Gesellschaft, für den nicht nur die Männer, sondern auch ihre Frauen dankbar sein dürfen. Bei uns werden sie und ihre Dienstleistungen – ihr Dienen – bis heute nicht gewürdigt, während sie in früheren Hochkulturen ein weit höheres Ansehen genossen. Im alten Griechenland zum Beispiel traten die am meisten angesehenen und gebildeten Prostituierten bei den heiligen Festen als Tempeltänzerinnen auf. Und Gautama Buddha wurde laut Hermann Hesses *Siddhartha* von einer Edelprostituierten nicht nur in der Kunst der »Penetration« unterwiesen.

»Es interessiert mich nicht, ob das, was du mir erzählst, wahr ist. Ich will wissen, ob du andere enttäuschen kannst, um dir selbst treu zu bleiben; ob du den Vorwurf des Verrats ertragen kannst, um deine eigene Seele nicht zu verraten; ob du treulos sein kannst, um vertrauenswürdig zu bleiben.«

Oriah Mountain Dreamer *

* Dreamer, Oriah Mountain: *Die Einladung*, © Goldmann, München 2000, S. 7f.

Kapitel 15
Die Liebe lässt immer frei

Können Beziehung, Partnerschaft oder Ehe mit vollkommener Freiheit einhergehen? Diese Frage verneinen die meisten Menschen bis heute. Sie denken: Wenn man einen Menschen »für sich« haben will, dann muss man dafür bezahlen, und zwar mit einem gewissen Maß an Unfreiheit. Man müsse Kompromisse machen, sagen sie.

Wir sind seit frühester Kindheit so sehr an Unfreiheit gewöhnt, dass wir uns kaum vorstellen können, wie es wäre, ein Leben in absoluter Freiheit zu führen. Dies ist menschlich und verständlich. Objektiv sind wir frei, wenn wir unser Elternhaus verlassen. Aber wir haben gesehen, wie vielfältig die Unfreiheiten in unserem Inneren sind. Gedanken, die wir über uns selbst und das Leben zu denken gelernt haben, Muster und Gewohnheiten des Verhaltens, die wir von anderen übernahmen, sind die »alten Schuhe«, die uns von innen heraus in Begrenzung und Unfreiheit halten. Auch die vielen Emotionen, die wir von Kind auf erschufen, die Verletzungen, die wir erfahren haben, verhindern bisher, dass wir ein Leben in Freiheit leben, ob allein oder mit einem anderen Menschen.

Zudem sind wir, wenn wir »unser eigenes Leben« leben wollen, aufs Engste mit unserer Vergangenheit und den Menschen verstrickt, die uns einmal nahegestanden haben. Aufgrund all dieser Unfreiheiten ist der Normalmensch über Jahrzehnte seines Erwachsenenlebens gar nicht in der Lage, sein Leben in Selbstbestimmtheit zu leben. Vom ungefähr zwanzigsten bis zum vierzigsten oder fünfzigsten Lebensjahr führen die meisten Menschen ein Leben in Unbewusstheit, voller Enttäuschungen und Verletzungen. Der Mensch muss dies anscheinend bis heute tun, damit er versteht, wie sehr er sich getäuscht hat, wie sehr er unwahren Gedanken über sich selbst, das Leben und seine Mitmenschen aufgesessen ist. Diese Enttäuschungen sind also letztlich segensreich, weil sie uns aufwecken und motivieren, den Weg in die Freiheit zu gehen.

Der Weg unseres Lebens beginnt in absoluter Unfreiheit, und es ist die Aufgabe eines jeden Menschen, die Unfreiheiten wahrzunehmen und zu erkennen, dass es keine Macht über ihm gibt, die ihn unfrei hält. Er allein ist es, der sich durch das Übernehmen vieler unwahrer Grundgedanken angewöhnt hat, unbewusst immer wieder die Unfreiheit zu wählen. Unfreiheit ist eine Wahl. Und Freiheit ist eine andere Wahl. Das Leben fragt uns jeden Tag: »Wofür entscheidest du dich heute? Willst du es auch heute wieder anderen recht machen? Willst du auch heute wieder hoffen, dass die anderen dich mögen und nicht ablehnen? Willst du auch heute wieder faule Kompromisse mit deinem Herzen machen?«

Der Gedanke an Freiheit macht vielen Menschen Angst. Darum fangen sie gar nicht erst an, darüber nachzudenken. Was könnte nicht alles passieren, wenn wir absolut frei wären und auch unserem Partner absolute Freiheit zugestehen würden? Doch wer die Liebe entdecken und erfahren möchte, muss sich für die Freiheit entscheiden. Und wer Freiheit leben will, muss sich für die Liebe entscheiden. Liebe ohne Freiheit ist genauso wenig vorstellbar wie Freiheit ohne Liebe. Beide bedingen sich gegenseitig.

Der Mensch ist von seiner Natur her ein Wesen der Liebe. Liebe ist unsere Natur, aber das haben wir vergessen. Dieses Vergessen gehörte zu unserem Plan. Wir kommen aus der Liebe, wir sind Liebe und wir haben uns entschieden, hier auf der Erde, in der scheinbaren Abwesenheit von Liebe, Erfahrungen zu machen. Wir haben vergessen, wer und was wir wirklich sind. Und wir sind hier, um uns wieder daran zu erinnern. Die Liebe ist unsere wahre Heimat ebenso wie die Freiheit. Wir sind Liebe, weil wir ein untrennbarer Teil der All-Liebe sind, die wir Gott nennen. Wir sind nicht nur Kinder, sondern auch Erben Gottes, und darum sind wir eins mit der Liebe. Dass diese Liebesnatur unserem Verstand nicht bewusst ist, kann weder etwas an unserer Herkunft noch an unserem wahren Wesen ändern.

Unser Herz weiß das alles. Es sehnt sich und drängt uns, uns wieder zu erinnern. Der Mensch ist auf dem Weg, sich daran zu erinnern, dass er ein grenzenloses, herrliches, ewiges, machtvolles und unbegrenzt schöpferisches Wesen der Liebe ist, ausgestattet mit der Freiheit zu wählen. Das menschliche Leben ist ein Prozess des Sich-Erinnerns an unsere wahre Liebesnatur.

Mann und Frau gehen in das Leben und glauben, die Liebe beim anderen suchen zu müssen. Dies erklärt sich aus den Erfahrungen der Kindheit, denn ein Kind braucht die Aufmerksamkeit derer, die um es herum sind. Es gibt dem Kind Energie, wenn sich ihm jemand zuwendet, wenn jemand ihm signalisiert: »Schön, dass es dich gibt. Du bist wunderbar. Du machst das gut. Ich bin stolz auf dich. Ich liebe dich.« Diese Art der Zuwendung erhalten wir in unserer Kindheit jedoch nur in geringem Maße und, wie wir gesehen haben, meist nur gegen Leistung, Anpassung und Gehorsam.

Mann und Frau dürfen erkennen, dass die Liebe schon lange da ist, dass sie in ihnen ist. Es ist die Liebe, die uns erhält, die uns atmet, die uns jeden Tag begegnet, in jedem Baum, in jeder Blume, im Wind und im Regen, im Sonnenschein und im Sonnenuntergang, in jedem Tier. All das ist die Liebe. Ständig fragt die Liebe: »Siehst du mich nicht? Ich bin doch da, in dir selbst und um dich herum.« Wir selbst sind von Natur aus Liebe, denn wir sind aus der Liebe geboren. Die Liebe ist unsere Quelle, und von dieser Quelle sind wir nie wirklich getrennt, auch wenn es sich in vielen Lebenssituationen so anfühlt. Durch Unbewusstheit und trennendes, verurteilendes Denken haben wir vergessen, wer wir wirklich sind, und hierdurch haben wir Mangelzustände im Inneren wie im Außen erschaffen.

Wir haben als Menschheit wie als einzelne Menschen begonnen, zwischen Innenleben und äußerem Leben zu trennen, und halten das Äußere für die Wirklichkeit. Wir suchen im Außen und im anderen nach Glück, Liebe und Erfüllung. Das Äußere ist aber nichts anderes als ein Spiegel des Inneren, des Geistes und des Feinstofflichen. Alles, was wir in unseren äußeren Lebensbereichen vorfinden, in unserer Arbeitswelt, in unseren Beziehungen und auch in unseren Körpern (unser Körper gehört bereits zur Außenwelt), muss zuvor auf der Ebene des Geistes erschaffen worden sein und sich dann zunächst auf der unsichtbaren Ebene des Feinstofflichen, auf der ätherischen Ebene, gezeigt haben.

Darum fragt uns das Leben jeden Tag: »Mein Lieber/ meine Liebe, wes Geistes Kind bist du heute? Was denkst du, was fühlst du, was sprichst du und wie handelst du? Bist du jemand, der sich selbst würdigt und achtet? Bist du jemand, der gut für sich sorgt? Bist du neugierig herauszufinden, wer und was du bist? Hörst du auf dein Herz oder auf deinen Verstand? Bist du ein Verurteilender oder einer, der verbindet? Fragst du dich, woher du kommst, und verbindest du dich wieder mit deiner Quelle? Oder sagst du: ›Quelle, Gott, Liebe – all das brauche ich nicht. Ich komme auch allein klar.‹?«

Und genauso, wie wir das Äußere dem Inneren vorgezogen haben, haben wir das Haben dem Sein vorgezogen. Wir sagen nicht: »Ich bin, weil ich bin.« Wir sagen: »Ich bin etwas, wenn ich etwas habe. Haste was, biste was. Haste nichts, biste nichts.« Und viele denken: »Habe ich keinen Partner, dann bin ich weniger wert als der, der einen hat. Also brauche ich einen Partner, damit ich etwas wert bin und damit ich durch den Partner etwas bekomme.« Das ist die Grundlage jener Unfreiheit, in der sich die meisten Paare schon nach kurzer Zeit wiederfinden, wenn sie mit einem Menschen zusammen sind.

Keine Partnerschaft kann zu Glück und Erfüllung führen, in der auch nur einer von beiden sagt: »Ich brauche den anderen. Mein Mann soll mir bestätigen, dass ich attraktiv bin und schön. Meine Frau soll mir bestätigen, dass ich ein Mann bin.« Hier beginnt die Unfreiheit, hier fängt es an auseinanderzugehen. Wir wollen einen Partner für uns haben, wir wollen eine Beziehung haben. Wir sagen nicht: »Ich will mich für einen anderen öffnen. Ich will entdecken, was ich bin und wer mein Gegenüber ist. Ich will die Liebe entdecken, die ich bin, und mit meinem Partner die Liebe und das Lieben feiern.«

Wenn wir beginnen, uns unserem Herzen zuzuwenden, nehmen wir Kontakt mit der Liebe in uns auf. Es ist das Herz, das uns die Impulse für unser Handeln schickt. Es ist das Herz, das uns dazu drängt, unsere wahre Liebesnatur zu entdecken und als Menschen die Liebe zu sein, die wir sind. Es ist das Herz, das uns sagt, was unsere Wahrheit ist. Das Herz ist der einzige wahre Führer durch dieses Leben, denn es ist »online« mit unserer Quelle verbunden, mit Gott.

Um diese unerschöpfliche Quelle der Freude und Erfüllung, des Friedens und der Freiheit zu entdecken, die Liebe heißt, ist es für Männer wie Frauen notwendig, sich nach innen zu wenden und Zeit für sich selbst zu nehmen, anstatt das, wonach wir uns alle sehnen, im anderen zu suchen. Tun wir dies nicht, irren wir wie Blinde durch die Gegend, glauben, jemanden zu brauchen, und spielen das Spiel des gegenseitigen Missbrauchs. Dieses Spiel können wir jetzt beenden, nachdem wir festgestellt haben, dass dieser Weg nicht ins Glück führt. Männer und Frauen haben in Jahrtausenden genug Erfahrungen mit Trennung, Verurteilung, Verstrickung und Unliebe gemacht. Jetzt ist die Zeit gekommen, um zu erkennen, dass wir von Haus aus Kinder der Liebe sind, und die Liebe zu feiern – jeder für sich, Männer mit Männern, Frauen mit Frauen und Frau mit Mann.

Kämpfen führt nicht zur Freiheit – nur das Lieben

Vielen Frauen wurde von Vertreterinnen der Frauenbewegung eingeredet, sie müssten sich von der Unterdrückung durch den Mann befreien, indem sie kämpfen. Dies hat sich als Irrtum erwiesen. Denn wer kämpft, braucht einen Feind. Und wer einen Feind braucht, macht sich zum Opfer und den Feind zum Täter. Solange Frauen Männer gedanklich verurteilen, solange sie glauben, der Mann müsse sich ändern, damit es ihnen besser ginge, sitzen sie einer Täuschung auf, die wiederum zu Enttäuschung führen muss.

Die Frau braucht den Mann nicht, um frei zu sein. Sie braucht den Mut und die Neugier, sich selbst neu anzuschauen und zu entdecken, was für ein kraftvolles, weises und wunderbares Wesen sie ist. Von hundert Frauen sind heute keine zehn stolz auf ihr Frausein. Frauen lieben sich als Frauen nicht. Das haben ihnen ihre Mütter vorgelebt, und sie haben sich bis heute nicht von dieser Selbstverachtung und Selbstverurteilung gelöst. Wie viele Frauen kennen Sie, die ihren besonderen Wert darin erkennen, eine Frau zu sein, die gern Frau sind und die ihren weiblichen Körper von ganzem Herzen lieben und ehren? Der schneidende Hass, den Frauen anderen Frauen entgegenbringen – was in hauptsächlich von Frauen besetzten Abteilungen vieler Firmen beobachtet werden kann – spricht Bände. Dagegen sind die Männer im Umgang mit ihresgleichen fast Engel. Die Frau kämpft gegen sich selbst und gegen die Männer.

Wer gegen andere kämpft, ist noch nicht bei der Liebe angekommen und kämpft in Wirklichkeit gegen sich selbst. Denn das, was wir im Außen oder im anderen bekämpfen, sind die ungeliebten, verdrängten und abgelehnten Teile in uns selbst. Diese von unserem Bewusstsein und von unserer Liebe abgetrennten Schattenteile wollen neugierig wahrgenommen, als zu uns gehörig angenommen und wieder integriert werden, ebenso wie alle Angst, alle Wut und aller Hass. Die Wut, die Frauen in ihrem Opferbewusstsein gegen Männer gerichtet haben, hat sie selbst getroffen und macht ihre Körper kaputt. Möge sich jede Frau, die den Mann oder die Männer, den eigenen Partner oder den Vater der Kindheit noch verurteilt und als Gegner braucht, klarmachen, was sie da mit sich selbst anstellt, wie viel Unliebe sie sich selbst entgegenbringt und wie krank und unglücklich sie sich dadurch macht.

Der Weg in die Freiheit führt immer über die Liebe. Liebe ist die einzige Kraft, die wirklich befreit. Sie ist die größte Kraft im Himmel und auf der Erde. In Liebe dürfen wir erkennen, wie wir Leiden erschaffen haben und aufrechterhalten. In der Liebe sind wir in der Lage zu erkennen, dass wir unwahren Gedanken über uns selbst und die anderen, über Männer und Frauen gefolgt sind. Die Liebe zeigt uns, wie sehr wir uns innerlich verstrickt haben und bis heute verstrickt sind mit den Menschen unserer Vergangenheit und mit unserer eigenen Biografie. Die Liebe ist es, die Erkennen, Heilung und Selbstbefreiung ermöglicht.

Frauen müssen sich wieder auf sich selbst konzentrieren, statt dem ersten Frauensport nachzugehen, Männer verändern zu wollen. Solange Frauen darüber klagen, dass sich die Männer nicht bewegen, solange sie glauben, sie müssten am eigenen Partner herumdoktern, solange sie klagen und anklagen, werden sie Opfer ihres eigenen Denkens und Verurteilens bleiben. Die Kraft und Macht der Frau liegt in ihr selbst. Solange sie sich selbst nicht wertschätzt, ehrt und liebt, wird sie die Trennung zwischen Frau und Mann unbewusst aufrechterhalten. Und solange die Männer nicht entdecken, dass sie ihren Wert in sich selbst tragen, unabhängig von der Frau an ihrer Seite, werden sie darunter leiden, dass die Frauen sie abwerten, sich über sie beklagen und sie nicht verstehen.

Frauen und Männer werden sich einander annähern, wenn sie sich wieder sich selbst und ihrem eigenen Geschlecht zuwenden. Männer brauchen Männer, und Frauen brauchen den Kontakt, die Nähe und den liebenden Umgang mit Frauen, um sich selbst wieder lieben und ihren ganz eigenen Wert erkennen zu können. Ein Mann, der sich selbst liebt und ehrt und der es liebt, ein Mann zu sein, ist zwar für Frauen attraktiv, aber er braucht die Anerkennung einer Frau nicht, um sein angeknackstes Selbstbewusstsein aufzupäppeln. Und eine Frau, die ihre einzigartige Schönheit und ihren inneren Schatz erkennt und zu schätzen weiß, strahlt dies aus und zieht Männer an, die sie achten, ehren und lieben. Ja, sie wird sich vor solchen Männern kaum retten können.

Unser Verstand ist voll von unwahren Gedanken über das Leben, die Liebe und uns selbst. Solange wir diese unwahren Gedanken einfach glauben, nähren wir die seit der Kindheit erzeugten Ängste. Diese Ängste sind es, die uns bisher vom Lieben und von einem Leben in Freiheit abhalten. Damit können wir jetzt Schluss machen, indem wir uns unseren Ängsten und den sie erzeugenden und nährenden unwahren Gedanken stellen.

Der »Normalmensch« hat Angst vor dem Gedanken, er könne ein vollkommen freies Leben führen und alles tun, was sein Herz zum Singen bringt. Stellen Sie sich vor, jeder von uns würde genau das tun, was er will und was ihm Freude macht; jeder von uns würde lieben, wen und was er will, und das von ganzem Herzen. Was für eine Welt wäre das in Ihren Augen? Die einen sagen, das wäre die Hölle. Mein Herz sagt, das wäre das Paradies. Und so wird es kommen auf dieser Erde.

Letztlich muss die Angst der Liebe weichen, denn sie sehnt sich danach, geliebt zu werden. Jeder unglückliche, sich unfrei fühlende Mensch ist randvoll mit selbst erschaffenen Ängsten und sehnt sich nach der Liebe. Er hat nur vergessen, dass diese Liebe immer da war und dass sie in seinem Herzen ist. Angst ist der Ort, an dem die Liebe noch nicht ist. Angst ist eine Art Liebesvakuum. Wird die Angst geliebt, muss sie weichen und verwandelt sich in Freude, Vertrauen, Geborgenheit. Wer ganz liebt, der hat keine Ängste mehr, der ist am Platz größter Sicherheit und größter Freude angekommen: in seinem Herzen. Unser Herz will nur lieben und sich freuen. Darum ist die Quelle der Liebe, nach der wir uns alle sehnen, in uns selbst.

Folgen Sie also der Sehnsucht Ihres Herzens nach Liebe, aber suchen Sie nicht im Außen danach. Wer seinem Herzen und der Liebe folgt, kann keinen Fehler machen. Er befreit zunächst sich selbst und wird dann durch sein freies Lieben zum Licht der Welt, wie Jesus sagt. Dies ist die Bestimmung, das Ziel eines jeden Menschen. Der Mensch kommt aus der Liebe, und die Liebe bleibt immer bei ihm und in ihm, selbst wenn er sich in seiner Unbewusstheit mit der tiefsten Dunkelheit verstrickt. Er hatte vergessen, dass er ein Wesen der Liebe ist. Nur so konnte er die Erfahrung der Unliebe, der scheinbaren Abwesenheit von Liebe machen, um sich jetzt als Einzelner wie als Gemeinschaft wieder an seine wahre, göttliche Liebesnatur zu erinnern. Das dunkle Zeitalter der Menschheit, die Ära scheinbarer Abwesenheit von Liebe, das Zeitalter der Angst und der Unfreiheit geht jetzt zu Ende und immer mehr Menschen wittern Morgenluft.

Liebe ist die einzige Wirklichkeit

»Liebe ist die einzige Wirklichkeit und ist immer gegenwärtig;
also verwirklicht, dass dieses Immer-Gegenwärtige Ewigkeit ist,
von allen Bedingungen frei.
Dunkelheit ist nur die Abwesenheit von Licht.
Wenn eure Herzen voll von Liebe sind,
kann es keine Dunkelheit in der Seele geben,
denn Liebe ist das Licht der Welt.
Wahrheit ist das Suchen nach dem Licht der Welt;
Liebe ist der Urgrund; und wenn ihr diese Wahrheit findet, habt
    ihr alles gefunden.
Wie Liebe Furcht ausschließt, so schließt Liebe alles aus,
was im Gegensatz steht zum wahren Wesen ...

Liebe ist Kraft und des Lebens wahrer Ausdruck.
Liebe ergießt sich in einem fortwährenden Strom aus ihrem Quell
und ist die einzige Macht, die es wirklich gibt.

Liebe ist die Lebenskraft, die den Körper durchzieht.
Liebe ist eine Regung mächtiger Kraft im Herzen.
Liebe ist die schützende Tätigkeit in jeder lebenden Seele.
Liebe strömt durch alle Ebenen des Seins;
Liebe ist die Grundlage aller göttlichen Handlungen
und ist die Erlösung des Menschengeschlechts.

Wenn ihr realisiert, dass diese Liebe in euch selbst ist,
dann wächst diese mächtige Kraft aus eurem Innern.
Keine Kraft kommt von außen.
Liebe ergießt sich aus ihrem Ursprung in einem fortwährenden
  Strom
und ist die einzige wirkliche Macht, die es gibt.
Seele und Leib werden durch sie erhalten.
Sie ist die Begeisterung im Herzen, die Beschützerin von Seele
  und Leib.
Jedes göttliche Walten beruht auf der Liebe Gottes.

Liebe ist die einzige Macht, die in dem ganzen Universum
  existiert:
Alles antwortet auf sie. Blumen, Tiere, Menschen und Engel,
alle sind empfänglich für die Bezeugung der Liebe.«

*Murdo MacDonald-Bayne **

* MacDonald-Bayne, Murdo: *Göttliche Heilung von Seele und Leib.*
Vierzehn Reden aus dem Geist des gegenwärtigen Christus © Aurum
im J. Kamphausen Verlag GmbH, Bielefeld 2002, S. 34ff.

Die Zukunft von Frau und Mann

Die Menschheit geht, wie schon erwähnt, in diesen Jahren durch große Veränderungsprozesse, die seit Langem vorausgesagt wurden. Es werden die stärksten Umbrüche sein, welche die Erde seit Jahrtausenden erlebt hat. Sie werden alle Bereiche des Lebens im Großen wie im Kleinen durchdringen und revolutionieren. Weder die Politik und die Wirtschaft noch irgendeine Gemeinschaft oder der Einzelne werden sich diesen Veränderungen entziehen können. Diese Prozesse beruhen keineswegs nur auf dem Wunschdenken einiger spiritueller Lehrer, sondern werden inzwischen auch von Wissenschaftlern mit Verwunderung zur Kenntnis genommen.

Das Energiefeld der Erde und die Energiefelder im Kosmos sind seit Jahren dabei, ihre Schwingungsfrequenz zu erhöhen. Die Entwicklungen im Kosmos gehen nicht immer langsam und linear vor sich, sondern sind immer wieder durch Sprünge gekennzeichnet. Vor einem solchen Sprung stehen wir gerade, besser: Wir sind schon mittendrin. Dies hat nicht nur einen großen Einfluss auf die energetischen Zustände unserer hochempfindlichen Körper, die schon immer von den elektromagnetischen Feldern der Erde und des Kosmos abhängig waren. Erde und Menschheit stehen vor einem Quantensprung, der das Bewusstsein der Menschen verändern wird. Manche sprechen vom Sprung in die fünfte Dimension.

Was in den letzten Jahrzehnten mit Zusammenbrüchen und Umbrüchen auf der politischen und wirtschaftlichen Weltkarte begann und zurzeit auf seinen Höhepunkt zustrebt, wird sich in einem neuen Bewusstseinsgrad und im Wunsch vieler Menschen nach freier Entfaltung fortsetzen. Noch nie hatte der Mensch so viele Möglichkeiten, seinen eigenen Lebenslauf frei zu gestalten, noch nie stand ihm so viel Wissen zur Verfügung und noch nie hatte er die unbegrenzten Kommunikations- und Informationsmöglichkeiten, wie sie das Internet heute bietet. Und das ist erst der Anfang.

Nachdem die Kirchen und ihre Funktionäre mehr und mehr in alten Macht- und Denkstrukturen erstarrt sind und ihre Kirchenbauten verkaufen müssen, wendet sich der selbstständig denkende und nach dem Sinn des Lebens suchende Mensch mehr und mehr nach innen und findet dort erstaunliche Antworten und neuen Halt. Er begreift, dass Führung nicht von außen kommt, sondern von innen. Er begreift, dass der Verstand uns nicht glücklich machen kann. Es ist das liebende Herz, das uns zu Freiheit, Freude und Frieden führen will und kann, wenn wir auf seine Stimme hören und ihm folgen. Dies wird unserem Verstand, unserem Denken eine neue Grundlage geben. Das Herz wird in Zukunft den Ton angeben. Es wird der Chef sein und der Verstand sein Diener. Herzensqualität wird ein Schlüsselwort der neuen Zeit sein.

Immer mehr Menschen begreifen, dass alles, was sie haben und besitzen, nichts wert ist ohne die Liebe. Diese Liebe kann man nirgendwo kaufen, und man kann sie auch nicht durch Eheverträge oder andere Handelsverträge erwerben oder absichern. Wir dürfen heute mehr und mehr erkennen, dass wir in unserem wahren Wesen Liebe sind und dass diese Liebe – und damit wir alle – nie getrennt war von unserer Quelle, der All-Liebe, Gott. Die Veränderungen dieser Jahre werden viele Menschen verstehen und spüren lassen, dass sie die geliebten Kinder und zugleich Erben Gottes sind, waren und immer sein werden. Wir erinnern uns jetzt mehr und mehr daran, dass wir von unserer Natur her durch und durch göttliche, heilige Wesen sind, die dies im Laufe vieler Menschengenerationen vergessen hatten.

Natürlich wird sich dieses neue Bewusstsein radikal auf das Verhältnis zwischen Männern und Frauen sowie auf das Zusammenleben von Menschen in allen Gruppierungen, Gemeinschaften, Organisationen und in der gesamten Menschheit auswirken. Wie werden sich Männer und Frauen morgen begegnen? Wie werden sie miteinander umgehen?

Sie werden zunächst entdecken, und das geschieht in diesen Jahren bereits, dass sie selbst es waren, die auf unbewusste Weise ihr eigenes Leid, ihre Einsamkeit und ihre Bedürftigkeit erschaffen haben. Sie werden lernen, sich diesen Grundirrtum einzugestehen und zu vergeben. Sie werden aufhören, sich selbst zu kritisieren und kleinzumachen und dadurch Schuld- und Schamgefühle zu erzeugen. Männer und Frauen werden erkennen, dass sie von Natur aus weit schönere, herrlichere, liebenswürdigere und liebevollere Wesen sind, als sie jemals zu träumen wagten. Frauen und Männer werden sich selbst und einander wertschätzen, ehren, anerkennen und lieben. Sie werden sich in Achtsamkeit und Bewusstheit dazu entscheiden, neu über sich zu denken und sowohl sich selbst als auch das andere Geschlecht in einem völlig neuen Licht zu betrachten. Sie werden begreifen, dass alles Lieblose aus Unbewusstheit entsteht und dass alles Unbewusste zur Bewusstheit und damit zur Liebe drängt. Aus diesem Grund war und ist die Erfahrung des Lieblosen die Voraussetzung für die Erfahrung der Liebe. Und das verurteilende Denken in Opfer-Täter-Mustern wird ein Ende haben.

Mehr und mehr Frauen beginnen bereits, aus Liebe zu sich selbst die Verantwortung für ihre Gesundheit, für ihren Frieden, ihre Freude und die Fülle in ihrem Leben in die eigenen Hände zu nehmen. Es sind vor allem Frauen, die in den letzten zwanzig Jahren vermehrt Seminare und Vorträge zur Selbsterforschung und Selbstentwicklung besucht haben. Und die Männer beginnen ihnen zu folgen, weil sie merken, dass sie nicht stehen bleiben können, wenn sich die Frauen weiterbewegen. Beide verabschieden sich allmählich von der Erwartung, der andere möge ihnen zum Lebensglück verhelfen. Indem sie erkennen, dass es in ihrer eigenen Macht liegt, neue Wege zu gehen, erfahren sie ein bisher nicht gekanntes Maß an Freiheit. Diese Freiheit ist nur durch die Liebe möglich. Liebe ohne Freiheit ist unmöglich, ebenso wenig wie ein Leben in Freiheit ohne Liebe möglich ist.

Nachdem sich die Geschlechter jahrtausendelang gegenseitig das Leben schwer gemacht haben, weil sie sich nicht auf sich selbst konzentriert, sondern ebenso heftig miteinander verstrickt haben, wie sie es bei Mutter und Vater erlebten, und nachdem sich nun mehr und mehr Frauen aus der ökonomischen Abhängigkeit von ihren Männern lösen, wird der Weg frei für eine neue Annäherung der Geschlechter und für qualitativ neue Beziehungen, die von gegenseitiger Wertschätzung und Würdigung geprägt sind.

Männer müssen und werden sich wieder auf das konzentrieren, was ihr Mannsein ausmacht und dieses neu definieren. Frauen werden sich erinnern, was das Spezifische und Unterscheidende ihres Frauseins ist. Solange sie diese grundsätzlichen Unterschiede nicht erkennen und anerkennen, können sie weder sich selbst noch den anderen ehren, würdigen und lieben. Männer und Frauen wird es immer zueinander hinziehen – bedingt durch die Kraft des Eros, die durch sie wirkt. Aber sie werden aufhören, sich wie Süchtige aufeinanderzustürzen und den anderen in Besitz zu nehmen, um ihre eigene Bedürftigkeit und Selbstverurteilung, ihre Minderwertigkeit und ihre Ängste zu verdrängen. Sie werden aufhören, die Liebe vom anderen abzuziehen, sich an ihm zu weiden oder ihr Selbstwertgefühl durch ihn oder sie zu erhöhen. Vielmehr werden sie die Quelle der Liebe in sich selbst entdecken.

Qualität, Tiefe und Dauer einer Beziehung hängen davon ab, wie sehr die Frau in sich selbst schwingen und der Mann in seinem Mannsein stehen kann. Jeder Mann und jede Frau muss sich selbst als vollständiges, liebenswertes Wesen begreifen und das eigene Geschlecht in den Brüdern und Schwestern ehren und lieben lernen. Es muss und wird für Mann und Frau wieder ein Hochgenuss sein, Mann oder Frau zu sein. Aus der Fähigkeit heraus, in sich selbst stehen zu können, begegnet der Mann der Frau, und sie begegnet ihm in Neugier, Achtung und Wertschätzung. Den anderen an sich binden oder besitzen zu wollen, um seinen eigenen Wert künstlich zu erhöhen oder seine Ängste vor Verlust und Einsamkeit zu verdrängen, werden Verhaltensweisen sein, über die man in Zukunft milde lächeln wird: Erinnerungen an die Steinzeit der Mann-Frau-Beziehung.

Frauen und Männer repräsentieren zwei Qualitäten Gottes auf dieser Erde. Gott, der weder männlich noch weiblich ist, sondern all-liebende Ein-heit, bringt sich in unserer Welt auf zwei scheinbar getrennte Weisen zum Ausdruck: in Frau und Mann. Da beide aus derselben Quelle stammen, sind sie fasziniert voneinander. Diese Faszination entsteht gerade aus der polaren Unterschiedlichkeit, die sie spüren, wenn sich ihre elektromagnetischen Felder berühren und überlagern. Aber diese Faszination wird in Zukunft gepaart sein mit der Faszination und der Freude am Spezifischen des eigenen Geschlechts. Wenn der Mann mit Liebe seine Männlichkeit feiert und ehrt und die Frau ihre Weiblichkeit, werden sie in angemessenem Abstand voreinander stehen und sagen: »Mein Gott, wie schön, wie großartig, wie göttlich du bist!« Und weil sich jeder seiner Herrlichkeit bewusst ist (das heißt selbst-bewusst), wird er den anderen nicht haben, besitzen und benutzen, sondern mit ihm sein wollen, und das auf sehr vielfältige Weise. Aus dem Miteinander-Sein und dem Sich-mit-dem-anderen-Erfahren werden die unterschiedlichsten Formen von Beziehung und Partnerschaften hervorgehen, von denen die Ehe nur eine sein wird. Aber diese Ehe wird eine neue Ehe sein, die mit den heutigen, großteils von Routine, Langeweile und Schlaffheit geprägten Ehen nichts mehr gemeinsam haben wird.

Die Beziehungsqualität der Zukunft wird gekennzeichnet sein von Freiheit, Würdigung und Liebe. Wer dies noch nicht leben kann oder will, wird weiterhin Leid erzeugen und erfahren. Aber er wird sein von der Liebe getrenntes Denken und Verhalten nicht lange aushalten und aufrechterhalten können in einem drastisch erhöhten Schwingungsumfeld, das der Liebe jetzt Bahn bricht. Das neue Zeitalter, das gerade beginnt, wird ein Zeitalter der Liebe sein. Wer dies für ein Märchen hält, wird sich bald die Augen reiben. Hätte jemand unseren Eltern oder Großeltern vor fünfzig Jahren etwas von Internet, Handys und Mauerfall erzählt, sie hätten ihn für verrückt erklärt – genauso wie die Kirche Galileo Galilei, Giordano Bruno und Tausende andere für verrückt erklärte und umbrachte, weil sie den Mut hatten, mit dem Denken ihrer Zeit zu brechen und ihre Wahrheit öffentlich kundzutun.

Ich lade alle Männer und Frauen ein, sich jetzt in dieses neue Zeitalter, in dieses neue Verständnis der Liebe und des Liebens hineinzubewegen, Verantwortung als großartige Schöpferwesen zu übernehmen und sich an ihre ureigene Liebesnatur zu erinnern. Wir können als Individuen wie als Kollektiv jetzt bewusst die Entscheidung treffen, uns selbst und dem anderen Geschlecht in Neugier, Bewunderung und Verehrung zu begegnen und sowohl unsere eigene als auch Gottes Schönheit in seinen Schöpfungen zu erkennen und zu feiern.

Es lebe die Liebe in jedem Menschen. Es lebe die Liebe zwischen Männern und Frauen. Es lebe die Liebe zwischen Gott, Erde und Mensch. Es lebe die Liebe.

Nachwort

Dieses Buch ist das Ergebnis der Zusammenarbeit zwischen mir und Philippo, meinem Begleiter aus der geistigen Welt. Einen solchen Begleiter hat jeder an seiner Seite, auch wenn er (noch) keinen persönlichen Dialog mit ihm führt, wie ich es jetzt seit über zwölf Jahren tue. Unsere Brüder und Schwestern aus der geistigen Welt begleiten uns Menschen mit großer Liebe und Aufmerksamkeit auf unserem Weg des Erwachens und Erinnerns an unsere wahre Natur. Wer sich hierfür aufgeschlossen zeigt und Fragen stellt, erhält unendlich wertvolle Antworten. Ich habe in den letzten Jahren viele Fragen gestellt und bereichernde und oft überraschende Antworten erhalten, unter anderem zum Verhältnis zwischen Frauen und Männern, das mich seit über dreißig Jahren brennend interessiert und fasziniert.

In diesem Buch habe ich schwerpunktmäßig erläutert, warum wir uns in Beziehungen so schwertun, miteinander glücklich zu sein. Es hat mit den vielen »alten Schuhen« zu tun, in denen wir laufen gelernt haben, das heißt: mit unserem gewohnten Denken, Sprechen und Handeln und mit den vielfältigen Verstrickungen mit Eltern, Ahnen und anderen Personen unseres Lebens.

In einem zweiten Band mit dem Titel *Zersägt eure Doppelbetten* * kommt die geistige Welt mit ihren herzerfrischenden und zugleich spannenden Antworten auf meine Fragen zur Frau-Mann-Beziehung und zur Zukunft von Menschheit und Erde zu Wort. Die Antworten werden vermittelt

---

* Betz, Robert: *Zersägt eure Doppelbetten*, Ansata, München

durch Andrea Schirnack aus Prien am Chiemsee, die dieser medialen Tätigkeit seit vielen Jahren mit Präzision und Liebe nachgeht und der ich für ihre wunderbare Arbeit von Herzen danke.

Wer diesem Buch wertvolle Informationen und Anregungen entnehmen konnte, wird von den Inhalten des zweiten Bandes begeistert sein. Ich freue mich auf Ihre Rückmeldungen zu beiden Büchern, die Sie mir unter robert-betz@robert-betz.de zuschicken können.

Namaste – ich grüße das Göttliche in Ihnen und wünsche Ihnen für Ihren Weg durch dieses Leben ein Höchstmaß an Freude, Frieden, Freiheit und Erfüllung.

Robert Betz

Über den Autor

Robert Theodor Betz, Dipl. Psych., geboren am 23. 9. 1953 im Rheinland bei Köln, ist einer der bekanntesten Bestseller-Autoren der Lebenshilfe-Literatur und gehört zu den erfolgreichsten Seminarleitern und »Top-Speakern« im deutschsprachigen Raum. Seine lebensnahen, lebendig gestalteten und humorvollen Vorträge, zu denen bereits 50.000 Besucher pro Jahr kommen, begeistern mehr und mehr Menschen quer durch alle Bevölkerungs- und Altersgruppen. Sie erläutern in einer für alle verständlichen Sprache, wie wir trotz materieller Fülle und vielen Jahrzehnten des äußeren Friedens Mangelzustände, Krankheiten und Unzufriedenheit sowie Verletzungen und Enttäuschungen in unseren zwischenmenschlichen Beziehungen erschaffen. Darüber hinaus zeigen sie jedoch zugleich wirkungsvolle Schritte auf, mit denen der Mensch sich selbst helfen und seinem Leben eine neue Richtung geben kann.

Er selbst tat dies im Alter von 42 Jahren, als er aus seiner Position als »Vice President Marketing Europe« in einem amerikanischen Industrieunternehmen ausschied, sich eine längere Zeit der inneren Klärung gönnte und sich später in München und Lindau als psychologischer Therapeut niederließ und Ende der 90er-Jahre mit ersten Vorträgen und Seminaren begann.

In den Jahren danach entwickelte er aus einer christlich-spirituellen Grundhaltung heraus, die weder an eine Kirche noch an eine Religion oder irgendeine Glaubensgemeinschaft oder Organisation gebunden ist, einen eigenen therapeutischen und zugleich Selbsthilfeweg unter der Bezeichnung »Transformations-Therapie nach Robert Betz«®. Seit 2002 bildete er zusammen mit eigenen Ausbildern Therapeuten in dieser Richtung aus. Das Menschenbild, das seiner Arbeit zugrunde liegt, sieht den Menschen von Natur aus als ein Wesen der Liebe, dessen Herz nichts als lieben will, das jedoch seine Verbindung zu seiner wahren Natur verloren bzw. vergessen hat. In diesen Jahren der großen Transformation, des Wandels von Mensch und Erde, erinnert sich der Mensch, so Robert Betz, wieder an seine göttliche Herkunft und wird sich seiner Liebesnatur wieder bewusst. Diese Wieder-Erinnerung wird nach seiner Überzeugung zu einem grundlegenden Wandel im Menschen und in der Gesellschaft führen.

Der Beziehung zwischen Frau und Mann widmet Robert Betz einen großen Teil seiner Arbeit, da sie neben den »Bühnen« Körper, Psyche und Firmen im Mittelpunkt der großen Umbrüche dieser Zeit stehe. Zu diesem Thema finden sich in seinem Angebot zahlreiche Vorträge und geführte Meditationen.

Sein Top-Bestseller *Willst du normal sein oder glücklich* steht seit 2 Jahren konstant auf der Spiegelbestseller-Liste.

Informationen über seine Angebote und die anderer Top-Seminarleiter, die von ihm ausgebildet wurden, unter anderem über die beliebten Urlaubs-Seminare auf der griechischen Insel Lesbos finden sich auf seiner Website www.robert-betz .com. Seminar- und Ausbildungsunterlagen können angefordert werden unter info@robert-betz.de oder ausbildung@ robert-betz.de

Literaturhinweise

Bartholomew: *Bartholomew's Lachende Weisheit*, Falk Verlag, Seeon 1989

Betz, Robert: *Willkommen im Reich der Fülle*, Koha, Burgrain 2007

Betz, Robert: *Raus aus den alten Schuhen*, Integral, München 2008

Betz, Robert: *Der kleine Führer zum Erfolg*, Roberto und Philippo, München 2008

Biddulph, Steve: *Männer auf der Suche*, Heyne, München 2003

Bly, Robert: *Eisenhans. Ein Buch über Männer*, Rowohlt, Reinbek 2005

Bourbeau, Lise: *Dein Körper sagt: Liebe dich!*, Windpferd, Oberstdorf 2000

Byron Katie: *Lieben, was ist*, Goldmann, München 2002

Byron Katie: *Ich brauche deine Liebe – stimmt das?*, Goldmann, München 2008

Byron Katie: *Byron Katie über Liebe, Sex und Beziehungen*, Goldmann, München 2008

Caddy, Eileen: *Herzenstüren öffnen*, Greuthof, Gutach i. Br. 2006

Chopich, Erika J. & Paul, Margaret: *Aussöhnung mit dem inneren Kind*, Ullstein, Berlin 1998

Deida, David: *Der Weg des wahren Mannes*, J. Kamphausen, Bielefeld 2006

Deida, David: *Du bist Liebe*, J. Kamphausen, Bielefeld 2008

Dreamer, Oriah Mountain, *Die Einladung*, Goldmann, München 2000

Ein Kurs in Wundern, Foundation for Inner Peace, Greuthof, Gutach i. Br. 2006

Estés, Clarissa P.: *Die Wolfsfrau*, Heyne, München 1997

Ferrini, Paul: *Zusammen wachsen. Schritte zum liebevollen Miteinander*, Schirner, Darmstadt 1999

Ferrini, Paul: *Stille im Herzen*, Kamphausen, Bielefeld 2005

Ferrini, Paul: *Die Wunder der Liebe*, J. Kamphausen, Bielefeld 2003

Ferrini, Paul: *Denn Christus lebt in jedem von euch*, J. Kamphausen, Bielefeld 2003

Ferrini, Paul: *Die Gesetze der Liebe*, J. Kamphausen, Bielefeld 2006

Ferrini, Paul: *Die 12 Schritte der Vergebung*, Schirner, Darmstadt 2007

Gibran, Khalil: *Der Prophet*, Patmos, Düsseldorf 2006

Gibran, Khalil: *Die Rückkehr des Propheten*, Patmos, Düsseldorf 2006

Green, Glenda: *Unendliche Liebe – Jesus spricht*, Koha, Burgrain 2002

Holey, Johannes: *Alles ist Gott*, Ama Deus, Fichtenau 2002

Hornstein, Harvey A.: *Die Tyrannei der edlen Ritter*, Rowohlt, Reinbek 1994

Jampolsy, Gerald: *Lieben heißt die Angst verlieren*, Goldmann, München 2005

Kassl, Jahn J.: *Die Jesus Biographie – Mein Leben auf Erden, Teil 1*, Smaragd, Woldert 2008

King, Jani: *P'taah, Botschaften des Lichts*, Ansata, München 2000

King, Jani: *P'taah, Hoffnung und Liebe für Erde und Menschheit*, Ansata, München 2001

Liedloff, Jean: *Auf der Suche nach dem verlorenen Glück*, C. H. Beck, München 1999

MacDonald-Bayne, Murdo: *Göttliche Heilung von Seele und Leib*, J. Kamphausen, Bielefeld 2002

Mary, Michael, *Fünf Lügen, die Liebe betreffend*, Hoffmann und Campe Verlag, Hamburg 2001

Naimy, Mikhail: *Das Buch des Mirdad*, Rozekruiz Pers, Haarlem 1986

Needleman, Jacob: *Das kleine Buch der großen Liebe*, Fischer, Frankfurt am Main 2000

Needleman, Jacob, *Die Seele der Zeit*, Krüger, Frankfurt am Main 1998

Nidiaye, Safi: *Die Stimme des Herzens*, Verlagsgruppe Lübbe, 2000

Nidiaye, Safi: *Liebe ist mehr als ein Gefühl*, Ullstein, Berlin 2004

Osho: *Liebe, Freiheit, Alleinsein*, Goldmann, München 2002

Osho: *Sex – das missverstandene Geschenk*, Goldmann, München 2005

Osho: *Das Buch vom Ego*, Ullstein, Berlin 2004

Osho: *Das Buch der Männer*, Ullstein, Berlin 2004

Osho: *Das Buch der Frauen*, Ullstein, Berlin 2004

Osho: *Mut – Lebe wild und gefährlich*, Ullstein, Berlin 2004

Osho: *Träume ... und werde wach*, Innenwelt, Köln 2006

Powers, Rhea: *Von Herz zu Herz*, J. Kamphausen, Bielefeld 2007

Richardson, Diana & Richardson, Michael: *Zeit für Gefühle*, Innenwelt, Köln 2006

Richardson, Diana: *Zeit für Liebe*, Innenwelt, Köln 2004

Richardson, Diana: *Zeit für Weiblichkeit*, Innenwelt, Köln 2004

Riedl, Michaela: *Yoni Massage*, Hans Nietsch, Freiburg 2006

Riedl, Michaela & Becker, Klaus Jürgen: *Lingam Massage*, Hans Nietsch, Freiburg 2008

Ruiz, Don Miguel: *Vollendung in Liebe*, Ullstein, Berlin 2004

Ruiz, Don Miguel: *Die vier Versprechen – Ein Weisheitsbuch der Tolteken*, Ariston, München 2005

Schellenbaum, Peter: *Das Nein in der Liebe*, dtv, München 1993

Vödisch, Barbara: *Lady Nada. Botschaften der Liebe*, Smaragd, 1999

Walsch, Neale Donald: *Gespräche mit Gott, Band 1*, Goldmann, München 2007

Walsch, Neale Donald: *Gespräche mit Gott, Band 2*, Goldmann, München 2007

Walsch, Neale Donald: *Gespräche mit Gott, Band 3*, Goldmann, München 2007

Walsch, Neale Donald: *Was Gott will*, Goldmann, München 2008

Walsch, Neale Donald: *Zuhause in Gott – Über das Leben nach dem Tode*, Goldmann, München 2007

Weinberg, Steven L. (Hrsg.): *Ramtha – Das weiße Buch*, In der Tat, Peiting 2003

Williamson, Marianne: *Rückkehr zur Liebe*, Goldmann, München 2007

Zurhorst, Eva-Maria: *Liebe dich selbst und es ist egal, wen du heiratest*, Goldmann, München 2007

Vorträge und Meditationen
von Robert Betz auf CD

VORTRÄGE:

Gemeinsam statt einsam
Wie sich Singles und Paare aus der Isolation befreien

Wer liebt, der leidet nicht!
Warum Liebespartner sich das Leben oft so schwer
machen

Sex mit Herz
Die Lust am Körperlichen in Liebe feiern lernen

Warum Partner fremdgehen
Über Untreue, Eifersucht, Sex und Liebe

Lust auf Liebe? Lust auf Lust?
Aufruf zu einem lust- und liebevollen Leben

Männer – das schwache Geschlecht?!
Warum Frauen an Männern (fast) verzweifeln

Frauen – das starke Geschlecht?!
Warum Männer Frauen kaum verstehen

Sei nicht gut – sei wahrhaftig
Einladung zu einem Leben als Original

Das Herz führt immer zum Erfolg
Wie du Erfolg, Wohlstand und Glück in dein Leben ziehst

Wie Frauen gesund, erfolgreich und glücklich werden

Entschleunige dein Leben und besinne dich auf das Wesentliche!
Wie wir Stress, Druck, Erschöpfung hinter uns lassen können und Harmonie, Gesundheit und Zufriedenheit erschaffen

Unsere Kinder: Spiegel, Lehrer und Führer
Wie wir Kinder besser verstehen und ihnen gute Wegbegleiter sein können

Mich selbst lieben lernen
Selbstwertschätzung und Selbstliebe als Grundlage glücklichen Lebens

Willst du normal sein oder glücklich
Mut schöpfen für deinen ganz eigenen Weg

MEDITATIONEN:

Bring frischen Wind in deine Partnerschaft!
Innere Begegnungen mit deinem Partner

Rosenkrieg oder endlich Frieden
Mit deinem Ex-Partner in den Frieden kommen

Frieden mit meinen »Arsch-Engeln«
Verstrickte und zerstrittene Beziehungen verstehen und
verwandeln

Mein Partner hat mich verlassen!
Wie wir die Wunde der Verlassenheit heilen können

Meine Sexualität wieder kraftvoll leben
Wie wir sexuelle Blockaden aus diesen und anderen
Leben verwandeln

Abschied nehmen von einem geliebten Menschen

Der Mann und die Frau in dir

*Zeugung, Schwangerschaft und Geburt noch einmal
bewusst erleben*
Den Beginn unseres Lebens durch Liebe wandeln

Mir selbst vergeben, mich selbst annehmen

Mich aus alten Begrenzungen befreien
Reinigung von Emotionen und Auflösung alter
Schwüre

Deine Großeltern und Eltern
Begegnungen für Klarheit, Frieden und Freiheit

Eltern helfen ihrem Kind und sich selbst
Innere Begegnungen mit kleinen oder erwachsenen
Kindern

Meditationen und Gebete am Morgen
Anleitungen für einen bewussten Beginn eines neuen
Tages

Mit meinem Krafttier in Schwung kommen!
Wie wir Schwäche, Erschöpfung und Müdigkeit
verwandeln

Nimm deinen Thron wieder ein!
Meditationen, mit denen du deine wahre Größe erkennst

Robert Betz

Das Leben aktiv selbst gestalten und glücklich werden

Robert Betz
Dein Basis-Paket
10 Vortrags- und Meditations-CDs
ISBN: 978-3-9425-8169-1
Verlag Robert Betz

Über www.robert-betz.com
erhältlich

4 Vortrags-CDs:

Erkenne dich in den Spiegeln deines Lebens

Raus aus den alten Schuhen

Angst, Wut, Schmerz in Freude verwandeln

Glücklich in einem gesunden Körper – ein Leben lang

6 Meditations-CDs:

Befreie und heile das Kind in dir

Mein Vater und ich

Meine Mutter und ich

Nimm deinen Thron wieder ein

Morgenmeditationen von der Insel der Liebe, Lesbos

Negative Gefühle in Freude verwandeln

Robert Betz

Entscheide dich für
deine Einzigartigkeit!

Robert Betz
Willst du normal sein
oder glücklich?
272 Seiten
ISBN: 978-3-453-70169-4

Robert Betz
Willst du normal sein
oder glücklich?
Hörbuch, 5 CDs
ISBN: 978-3-94258111-0
Verlag Robert Betz

Über www.robert-betz.com
erhältlich

Robert Betz

Neue Impulse,
um wirklich als Mann zu leben

Robert Betz
So wird der Mann ein Mann!
288 Seiten
ISBN: 978-3-7787-9218-6

INTEGRAL

Robert Betz
So wird der Mann ein Mann!
Hörbuch, 7 CDs
ISBN: 978-3-9425-8101-1
Verlag Robert Betz

Über www.robert-betz.com
erhältlich

Robert Betz

Das mitreißende Motivationsbuch für Selbsterkenntnis und persönliches Wachstum

Robert Betz
Raus aus den alten Schuhen
272 Seiten
ISBN: 978-3-7787-9195-0

INTEGRAL

Robert Betz
Raus aus den alten Schuhen
Hörbuch, 6 CDs
ISBN: 978-3-9405-0388-6
Verlag Robert Betz

Über www.robert-betz.com
erhältlich

Veranstaltungen mit Robert Betz und seinem Team

Live-Vorträge
in Deutschland, Österreich und der Schweiz
(ca. 75 pro Jahr)

Tagesseminare am Sonntag
Ca. 25 pro Jahr zu verschiedenen Themen

Die Transformationswoche
7 Tage

Männer- und Frauen-Tage
Als Tagesseminar oder als Intensiv-Seminar über
vier Tage

*The Work nach Byron Katie – neu gestaltet durch
Robert Betz*
4 Tage

Dein Transformationsprozess
5-monatige Seminarreihe für ein glückliches und
erfolgreiches Leben. Das Seminar umfasst 23 Seminartage
und startet mit 1 Woche auf Lesbos.

Ausbildung in Transformations-Therapie
Die Ausbildung dauert 5 Monate, beginnt im Oktober
und endet im Mai. Die erste Woche und die beiden letzten
Wochen finden auf der Insel Lesbos statt.

Ausbildung zum Transformations-Coach für die Wirtschaft
Die Ausbildung dauert 5 Monate.

Urlaub & Seminar auf Lesbos
Auf der Insel Lesbos finden zwischen Mai und Oktober ca. 40 verschiedene Seminare statt, die von Robert Betz und seinem Team organisiert werden.

Zu allen Vorträgen, Seminaren, Ausbildungen und zu den Publikationen von Robert Betz finden Sie ausführliche Informationen auf seiner Website unter www.robert-betz.com

Wenn Sie regelmäßig per E-Mail informiert werden möchten, tragen Sie sich bitte auf der Website ein, oder fordern Sie unseren Katalog an, den wir zweimal pro Jahr verschicken.

Robert Betz

Die Wahrheit über die Liebe, die uns glücklich macht

Robert Betz
Wahre Liebe lässt frei!
Wie Frau und Mann zu sich selbst
und zueinander finden

Hörbuch, 8 CDs
ISBN: 978-3-9405-0389-3

Verlag Robert Betz

Über www.robert-betz.com *erhältlich*